新能源汽车

驱动电机及控制系统检修

主　　编　吴常红
副主编　刘尚达　魏　星　郭星辰
参　　编　黄显祥　苏学园　张东军　杨　辉

机械工业出版社

本书是新能源汽车相关专业“岗课赛证”综合育人系列教材，主要内容包括了新能源汽车“三纵”［纯电动汽车、插电式混合动力（含增程式）汽车、燃料电池汽车］中插电式混合动力汽车和纯电动汽车的驱动电机及控制系统的相关知识。

本书共分为 4 个项目，包括新能源汽车驱动电机及控制系统的认知、新能源汽车驱动电机的检修、新能源汽车电机控制器的检修和新能源汽车驱动电机控制系统的检修。

本书编写从“岗课赛证”综合育人理念出发，融“岗”“赛”“证”要素于“课”为一体。教材编写通过“岗课融通”“课赛融通”及“课证融通”，加强学生对最新的前沿技术、新标准规范等内容的学习，每一个任务均以任务目标、任务框图、任务导入、任务分组、获取信息、工作计划、进行决策、任务实施和评价反馈九个环节为主线，帮助学生在动手操作和了解行业发展的过程中领会团结合作的重要性，培养执着专注、精益求精、一丝不苟、追求卓越的工匠精神。在每个项目结尾都有情智课堂环节，将爱国、爱党、爱业、爱史与爱岗教育融入其中。

本书可作为职业教育新能源汽车技术、汽车检测与维修技术、汽车电子技术、汽车制造与试验技术、新能源汽车检测与维修技术等专业教材，也可供从事本专业工作的工程技术人员参考。

为方便教学，本书配有电子课件等资源，凡选用本书作为授课教材的教师均可登录 www.cmpedu.com，以教师身份注册后免费下载，或来电咨询相关编辑，咨询电话：010-88379201。

图书在版编目（CIP）数据

新能源汽车驱动电机及控制系统检修 / 吴常红主编. —北京：机械工业出版社，2023.7（2025.8重印）

ISBN 978-7-111-73523-6

Ⅰ.①新… Ⅱ.①吴… Ⅲ.①新能源－汽车－驱动机构－控制系统－车辆修理－职业教育－教材 Ⅳ.①U469.703

中国国家版本馆CIP数据核字（2023）第132228号

机械工业出版社（北京市百万庄大街22号 邮政编码100037）
策划编辑：师 哲 责任编辑：师 哲
责任校对：韩佳欣 张 薇 封面设计：王 旭
责任印制：单爱军
中煤（北京）印务有限公司印刷
2025 年 8 月第 1 版第 4 次印刷
210mm × 285mm · 11.75 印张 · 305 千字
标准书号：ISBN 978-7-111-73523-6
定价：53.00 元

电话服务	网络服务
客服电话：010-88361066	机 工 官 网：www.cmpbook.com
010-88379833	机 工 官 博：weibo.com/cmp1952
010-68326294	金 书 网：www.golden-book.com
封底无防伪标均为盗版	机工教育服务网：www.cmpedu.com

编审委员会

主　任

董大伟　吉林铁道职业技术学院

顾　问

吴立新　行云新能科技（深圳）有限公司

副主任

孙志刚　吉林铁道职业技术学院
邢海波　吉林铁道职业技术学院
刘尚达　吉林铁道职业技术学院
刘斯源　深圳市比亚迪锂电池有限公司
王　珍　比亚迪汽车工业有限公司
罗忠良　比亚迪汽车工业有限公司
罗红斌　比亚迪汽车工业有限公司

委　员

付　寅　比亚迪汽车工业有限公司
黄前好　比亚迪汽车工业有限公司
樊高杰　比亚迪汽车工业有限公司
秦世嵘　比亚迪汽车工业有限公司
荀　猛　比亚迪汽车工业有限公司
许云龙　比亚迪汽车工业有限公司
黄　辉　比亚迪汽车工业有限公司
李传博　比亚迪汽车工业有限公司
张庆锋　比亚迪汽车工业有限公司
李　明　比亚迪汽车工业有限公司
杨应葵　比亚迪汽车工业有限公司
徐细亮　比亚迪汽车工业有限公司
禹　炜　比亚迪汽车工业有限公司
许亚兰　比亚迪汽车工业有限公司
曾清波　比亚迪汽车工业有限公司
童少军　比亚迪汽车工业有限公司

前言 Preface

随着新能源汽车的不断发展，对新能源汽车电驱动系统的要求越来越高。发展新能源汽车一方面能够解决能源问题与环境问题，推进节能减排，另一方面也是我国从汽车大国迈向汽车强国的必由之路。

我国新能源汽车发展以“三纵三横”为技术路线，以纯电动汽车、插电式混合动力（含增程式）汽车、燃料电池汽车为“三纵”，布局整车技术创新链。以动力蓄电池与管理系统、驱动电机与电力电子、网联化与智能化技术为“三横”，构建关键零部件技术供给体系。由此可知，新能源汽车的电机及其控制系统的重要性。电驱动系统是新能源汽车的核心部件，是新能源汽车的关键系统，具有良好性能的电驱动系统将成为各大车企的核心竞争力，新能源汽车的质量与形式效率等都与电驱动系统有直接的关系，选择合适的电驱动系统，采用完善的控制技术，不断完善相关系统，才能够保证新能源汽车朝着稳定且良好的方向不断发展。

教材开发团队参照《职业教育专业目录 2021》汽车相关专业调研了主机厂、主机厂指定服务商、配件厂、各类汽车维修企业等相关企业和新能源汽车组装、测试、售后、救援等相关岗位，分析了汽车销售顾问、测试工程师、售后服务顾问、维修技师、电机系统工程师等岗位的实际工作任务，依据国家教学标准要求，组织了相关学校教师和企业专家，结合多年的教学经验和实践基础，以比亚迪新能源汽车秦 EV 车型为蓝本，编写了本书。

本书将文化教育与素质教育相融合，以专业人才培养目标为依据，以所在专业能力结构为主线，贯彻落实党的二十大精神，用社会主义核心价值观铸魂育人。文字简洁、通俗易懂、图文并茂、形象直观，在培养学生专业能力的同时，关注学生身心的健康发展，坚定学生的理想信念，加强职业道德与爱国主义的教育，激发学生的家国情怀和使命担当，培养适合新时代发展需要的高素质人才。同时借助“互联网 +”及信息技术，紧抓数字化机遇，将二维码等数字技术融入教材，使本书内容立体化、可视化、数字化，能够满足“人人皆学、处处能学、时时可学”的学习需要，助力学生学习成长，进一步丰富、优化、更新教材数字化资源，推进教育数字化。

本书以“做中学”为主导，以程序性知识为主体，配以必要的陈述性知识和策略性知识，重点强化“如何做”，将必要知识点穿插于各个“做”的步骤中，边学习、边实践，同时将“素质教育”融入课程的培养目标，在实训教学中渗透理论的讲解，使所学到的知识能够融会贯通。让学生具有独立思考、将理论运用于实践的动手能力，成为从事新能源汽车相关工作的高素质人才。

本书由吉林铁道职业技术学院和行云新能科技（深圳）有限公司联合开发，比亚迪汽车工业有限公司审核，吉林铁道职业技术学院吴常红担任主编，吉林铁道职业技术学院刘尚达、魏星、郭星辰担任副主编，参与编写的还有黄显祥、苏学园、张东军、杨辉。

本书在编写过程中，吉利人才发展集团提供了相关的岗位资讯及建议和指导，开阔了编者的思路，在此一并表示衷心的感谢。另外，本书在编写过程中参考了大量的文献资料，在此向文献资料的作者致以诚挚的谢意。

由于编者水平有限，书中不妥或错误之处在所难免，恳请广大读者提出宝贵建议，以便修订时予以纠正。

编　者

二维码索引

目 录 Contents

笔记栏

项目一 新能源汽车驱动电机及控制系统的认知

任务一　新能源汽车驱动电机电磁的基础认知

任务目标

知识目标

1. 了解电磁的基础概念。
2. 掌握电机和发电机的基本运行原理。
3. 了解电机定子绕组的连接方法。

技能目标

1. 具有正确连接电机定子绕组的能力。
2. 具有正确解释电机与发电机运行原理的能力。

素养目标

1. 认真严谨、积极主动、安全生产、文明施工。
2. 与小组成员、同学之间能合作交流，协调工作。
3. 获得分析问题和解决问题的基本方法。
4. 与小组成员交流、讨论学习成果，取长补短，完成自我提升。

任务框图

- 新能源汽车驱动电机电磁的基础认知
  - 电磁的基本概念
    - 电磁感应现象
    - 磁通量
    - 感应电动势
    - 左手定则
    - 安培定则
    - 电磁感应定律
  - 电机、发电机的基本运行原理
    - 电机
    - 发电机
  - 电机定子绕组的连接方法
    - 以定子绕组形成磁极区分
    - 以定子绕组的形状与嵌装布线方式区分

任务导入

在认知新能源汽车的驱动电机和驱动电机控制系统之前，需要先了解一下电机和发电机。你了解电磁的基本概念和电机与发电机的基本运行原理吗？

任务分组

学生任务分配表见表 1-1-1。

表 1-1-1 学生任务分配表

班 级		组 号		指导老师	
组 长		学 号			
组 员	姓名：______	学号：______	姓名：______	学号：______	
	姓名：______	学号：______	姓名：______	学号：______	
	姓名：______	学号：______	姓名：______	学号：______	
	姓名：______	学号：______	姓名：______	学号：______	
任务分工					
（就组织讨论、工具准备、数据采集、数据记录、安全监督、成果展示等工作内容进行任务分工）					

获取信息

引导问题 1：请查阅相关资料，简述电磁感应的概念。

______

______

引导问题 2：请查阅相关资料，简述左手定则的概念。

______

______

引导问题 3：请查阅相关资料，简述安培定则的概念。

______

______

知识点提示

一、电磁的基本概念

1. 电磁感应现象

图 1-1-1　英国物理学家、化学家——迈克尔·法拉第

迈克尔·法拉第（Michael Faraday，1791—1867），英国物理学家、化学家，如图 1-1-1 所示，被称为“电学之父”和“交流电之父”。

1831 年 8 月，法拉第发现，一个通电线圈的磁力虽然不能在另一个线圈中引起电流，但是当通电线圈的电流刚接通或中断的时候，另一个线圈中的电流表指针有微小偏转。法拉第眼前一亮，经过反复实验，证实了当磁作用力发生变化时，另一个线圈中就有电流产生。他又设计了各种各样的实验，比如两个线圈发生相对运动，磁作用力的变化同样也能产生电流。法拉第前后一共做了上百个类似的实验，最终认识到感应现象的暂态性，提出只有在变化时，静止导线中的电流才能在另一根静止导线中感应出电流，而导线中的恒定电流不可能在另一根静止导线中感应出电流。

1831 年 11 月 24 日，法拉第向皇家学会提交报告，把这种现象定名为“电磁感应现象”，并概括了可以产生感应电流的 5 种类型：变化的电流、变化的磁场、运动的恒定电流、运动的磁铁、在磁场中运动的导体。

电磁感应现象是指当闭合电路的一部分导体在磁场中做切割磁感线运动，或者穿过闭合电路的磁感线数量（即磁通量）发生变化时，闭合电路中就会有电流产生。此时产生的电动势称为感应电动势或感生电动势，产生的电流则称为感应电流或感生电流。

电磁感应现象反映电和磁之间的相互联系和转化关系，即当穿过闭合电路的磁通量发生变化时，闭合电路中就有感应电流产生。

小贴士

如图 1-1-2 所示，取一根电线，将其两端接在电流表两极上，再拿一块磁条，将其来回穿过电线围成的圈，同时注意电流表的变化，这就是电磁感应现象。

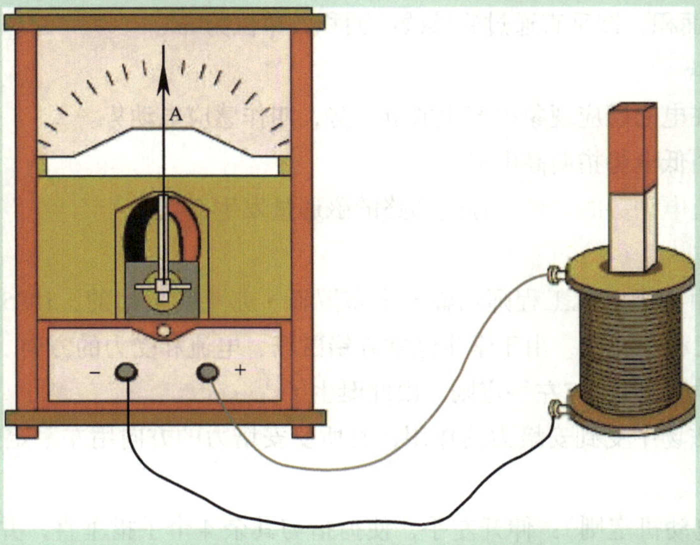

图 1-1-2　闭合电路的部分导体在磁场中切割磁感线

简单来说，电磁感应现象就是利用磁来发电，正是利用这个原理发明了电机和发电机。因此，电机和发电机也被认为是一种依据电磁感应定律实现电能转换或传递的电磁装置。

电磁感应现象的发现是电磁学领域中最伟大的成就之一。它不仅揭示了电与磁之间的内在联系，而且为电与磁之间的相互转化奠定了实验基础，为人类获取巨大而廉价的电能开辟了道路。电磁感应现象的发现，标志着一场重大的工业和技术革命的到来。事实证明，电磁感应在电工、电子、电气化、自动化方面的广泛应用对推动社会生产力和科学技术的发展发挥了重要的作用。

2. 磁通量

设在磁感应强度为 B 的匀强磁场中，有一个面积为 S（有效面积 S，即垂直通过磁感线的面积）且与磁场方向垂直的平面，磁感应强度 B 与面积 S 的乘积，叫作穿过这个面的磁通量，用符号 Φ 表示，如图 1-1-3 所示。

在国际单位制中，磁通量的单位是韦伯，符号为 Wb，是以德国物理学家威廉・爱德华・韦伯（Wilhelm Eduard Weber）的名字命名的，如图 1-1-4 所示。

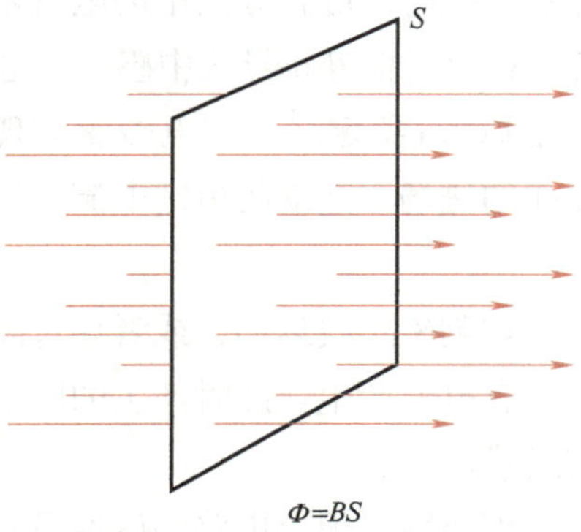

图 1-1-3　磁通量

图 1-1-4　德国物理学家威廉・爱德华・韦伯

故磁通量的计算公式为

$$\Phi=BS$$

式中　Φ——磁通量，单位为 Wb；

B——磁感应强度，单位为 T（特斯拉）；

S——有效面积，即垂直通过磁感线的面积，单位为 m^2。

3. 感应电动势

（1）定义　在电磁感应现象中产生的电动势，叫作感应电动势。

（2）方向　由低电势指向高电势。

（3）产生感应电动势的条件　穿过回路的磁通量发生变化。

4. 左手定则

左手定则是由英国电机工程师约翰・安布罗斯・弗莱明提出的。1885 年，弗莱明担任英国伦敦大学电机工程学教授，由于学生经常弄错磁场、电流和受力的方向。于是，他想用一个简单的方法帮助学生记忆。“左手定则”由此诞生了。

载流导体在磁场中受到安培力的作用，其所受安培力的方向用左手定则判定，如图 1-1-5 所示。

左手定则（电动机定则）：伸开左手，使拇指与其余 4 个手指垂直，并且都与手掌在同一平面内；让磁感线从掌心流入，使四指指向电流方向；拇指所指方向就是通电导线在磁场所受安培力的方向。

安培力是通电导线在磁场中受到的作用力，由法国物理学家A·安培首先通过实验确定。可表述为：以电流强度为 I 的长度为 L 的直导线，置于磁感应强度为 B 的均匀外磁场中，则导线受到的安培力为 F。

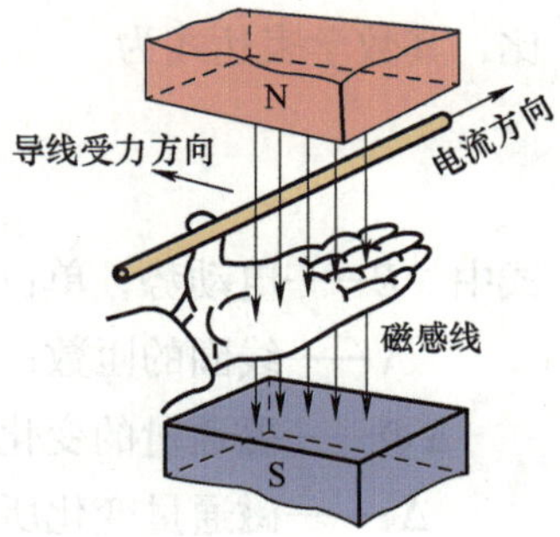

图 1-1-5　左手定则

安培力的计算公式为

$$F=BIL\sin\alpha$$

式中　F——安培力，单位为 N；

B——均匀外磁场的磁感应强度，单位为 T；

I——通电电流强度，单位为 A；

L——导体长度，单位为 m；

α——电流方向与 B 之间的夹角。

在旋转电机中，作用在转子载流导体上的电磁力将使转子受到一个力矩（等于力乘以转子半径），这个力矩称为电磁转矩。电磁转矩在电机的能量形态转换中起到了重要的作用。如果在固定磁场中放置一个通有电流的导体，则会在载流导体上产生一个电磁力。载流导体受力的大小与导体在磁场中的位置有关。当导体与磁感线方向垂直时，所受的力最大，这时电磁力 F 与磁感应强度 B、导体长度 L 以及通电电流强度 I 成正比，如图 1-1-6 所示。

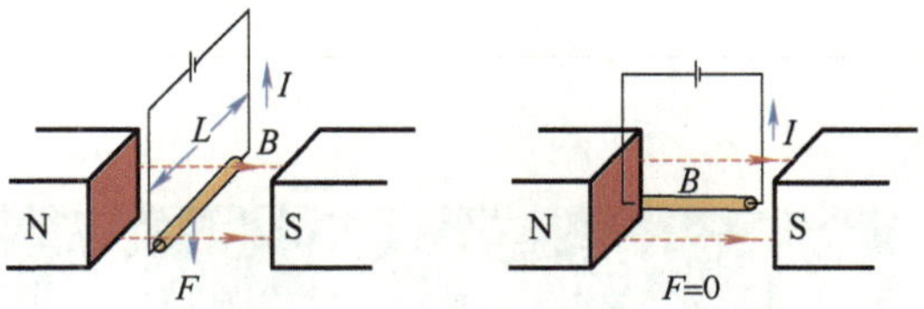

图 1-1-6　旋转电机中转子受力分析

5. 安培定则

电流周围存在磁场的现象称为电流的磁效应（俗称为“动电生磁”）。法国物理学家安培确定了电流产生的磁场方向的判断方法，称为安培定则（也叫作右手螺旋定则）。

（1）直线电流产生的磁场　如图 1-1-7 所示，用右手握住载流直导体，大拇指指向电流方向，则弯曲四指所指的方向就是磁感线的方向。可见，直线电流磁场的磁感线是一些以导线上各点为圆心的同心圆，这些同心圆都在与导线垂直的平面上。

（2）通电螺线管的磁场　用右手握住通电螺线管，弯曲的四指指向电流方向，则大拇指所指的方向为北极（N 极），如图 1-1-8a 所示。可见，通电螺线管的磁场的磁感线与条形磁铁的磁感线类似，是一些穿过螺线管横截面的闭合曲线，如图 1-1-8b 所示，因此，大拇指所指的一端为北极。

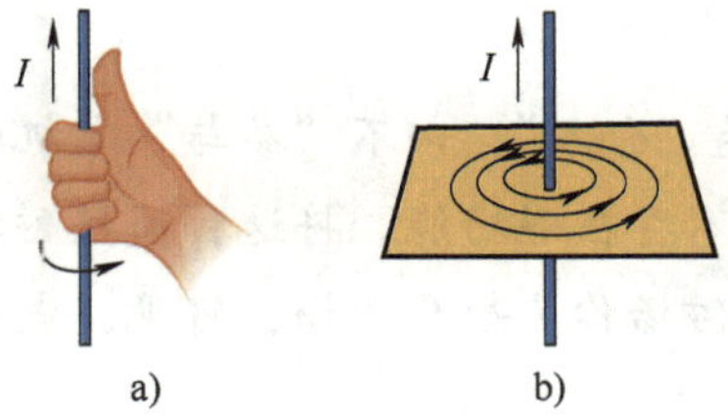

图 1-1-7　直线电流产生的磁场

a）判断方法　b）磁感线

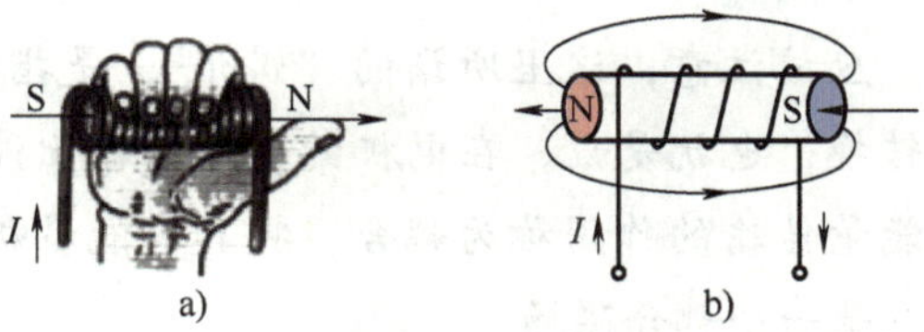

图 1-1-8　通电螺线管的磁场

a）判断方法　b）磁感线

6. 电磁感应定律

线圈产生的感应电动势大小可用法拉第电磁感应定律（简称为电磁感应定律）来计算。法

拉第电磁感应定律指出：闭合线圈产生的感应电动势的大小与穿过回路的磁通量的变化率成正比，其数学表达式为

$$E=N\frac{\Delta\Phi}{\Delta t}$$

式中 E——电动势，单位为 V；

N——线圈的匝数；

$\Delta\Phi$——磁通量的变化量，单位为 Wb；

Δt——磁通量变化所需的时间，单位为 s。

从上式可以看出，与磁铁缓慢靠近或远离线圈相比，磁铁快速靠近或远离线圈时，磁通量 $\Delta\Phi$ 变化相同，但变化所需的时间 Δt 更短，故线圈产生的电动势会更高。

电机工作原理

引导问题 4：请扫描二维码观看动画，并查阅相关资料，简述电机的作用和基本运行原理。

____

____

知识点提示

二、电机、发电机的基本运行原理

1. 电机

电机泛指电动机和发电机。通常，同一台电机既可作为电动机（即电机处于驱动工况时），也可作为发电机。前者是将电能转换为机械能，后者是将机械能转换为电能，电机究竟运行在何种状态，关键取决于能量转换的方向，即能流方向，而不是电机的结构。因此，驱动和发电只是电机的不同运行状态，即电机可逆运行原理。

机械能和电能是属性完全不同的两种能量，两者并没有直接的关联，所以无法直接转换。但是按照法拉第电磁感应定律和毕奥 - 萨伐尔定律，要产生感应电动势 E 和电磁力 F，都必须有磁感应强度 B 的参与，这表明机械能和电能都和磁场能密切相关。由此可知，电机的能量转换，必须借助磁场的“媒介”作用，也就是说，磁场能是电能和机械能相互转换的“桥梁”。

小贴士

应该注意，这里所谓的“媒介”，是指磁场能只是“介入”，却不“参与”电机的能量转换，也就是说，在电机的输入和输出能量中，并不存在磁场能。将这种通过磁场实现能量传输的作用称为耦合，将具有能量耦合作用的磁场称为耦合磁场，可见，电机实质就是一个耦合磁场。

电机利用通电线圈（也就是定子绕组）产生旋转磁场并作用于转子形成电磁转矩。当电机被机械驱动时，它将作为发电机供电。当向电机供给电流时，它处于驱动工况运行。按使用电源的不同，电机可分为直流电机和交流电机，电力系统中的电机大部分是交流电机，可以是同

步电机或者是异步电机（电机定子磁场转速与转子旋转转速不保持同步速）。电机由转子和定子组成，通过动力电子元件和动力蓄电池连接，电机装有一个定子绕组，绕组如同电机一样，可产生一个旋转磁场，如图 1-1-9 所示。

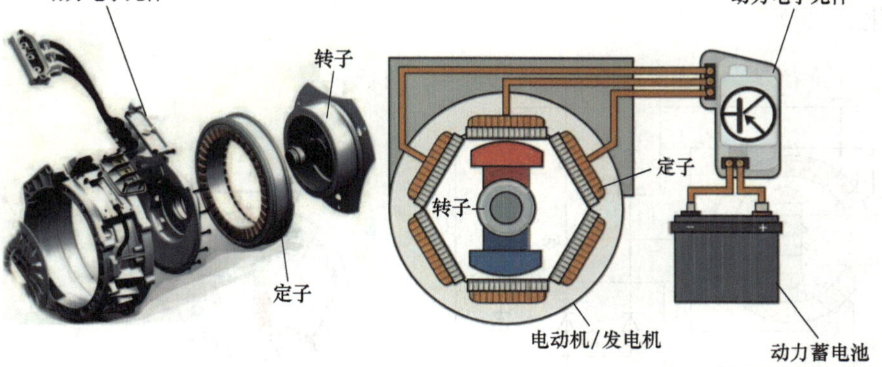

图 1-1-9　电机组成部件和电路连接

如图 1-1-10 所示，当电机为驱动工况时，定子绕组会产生一个旋转磁场。转子是一个可以产生磁场的永磁体。同步电机的转速可通过感应交流电的频率精确控制。系统中装有一个电机控制器，对同步电机转速进行无级调整。转子位置传感器可持续检测转子的位移，控制电子器件以此测定电机的实际转速。

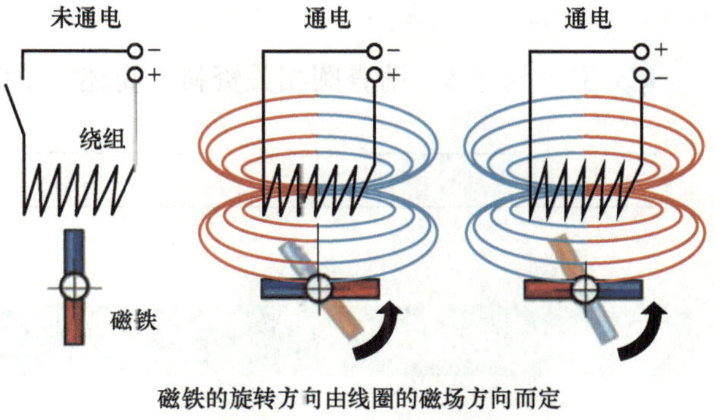

图 1-1-10　电机的工作原理图

如果电机作为发电机工作，转子通过变速器从外部驱动。当转子的磁场通过定子绕组时，每一相的线圈上都会产生感应电动势。转子磁场会依次通过绕组。电力电子装置将获得的电能转化为高压直流电，对动力蓄电池进行充电。

2. 发电机

发电机是利用电磁感应现象制作的。交流发电机由转子总成、定子总成、电刷组件、整流器、电压调节器、风扇和前后端盖等组成。如图 1-1-11 所示，发电机的转子为磁极，其组成包括爪极、励磁绕组、集电环和转子轴等，由发动机带动而产生旋转磁场。如图 1-1-12 所示，发电机的定子为电枢，由定子铁心与对称的三相定子绕组组成，三相绕组彼此相隔 120°，其功用是产生交流电动势。

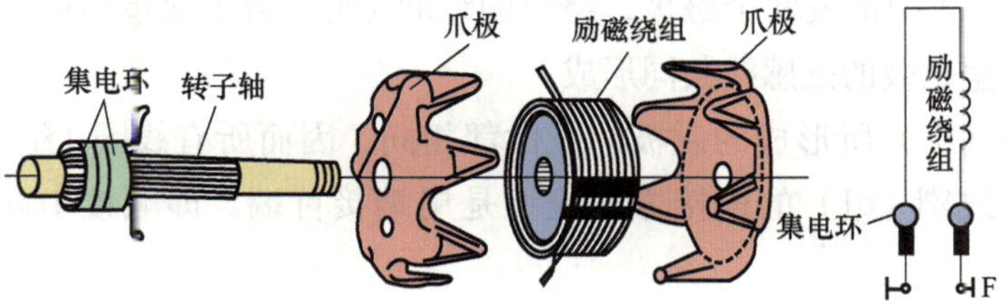

图 1-1-11　交流发电机的转子

图 1-1-12　交流发电机的定子

a）定子铁心　b）定子

交流发电机的基本原理是电磁感应原理。如图 1-1-13 所示，当发电机的转子绕组中通入直流电，转子在发动机的带动下旋转，产生一个旋转的磁场，使相对静止的定子绕组切割磁感线而产生感应电动势。由于转子磁极铁心制作成鸟嘴形的特殊结构，可使定子绕组感应产生的交流电动势近似于正弦曲线波形，如图 1-1-14 所示，因此三相电枢绕组产生的感应电动势按正弦规律变化。

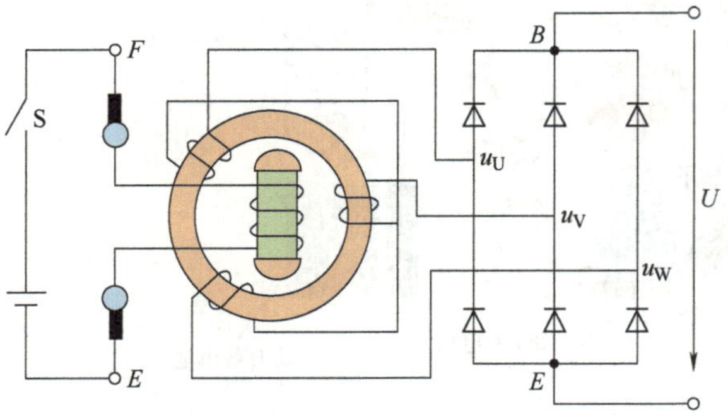

图 1-1-13 交流发电机发电示意图

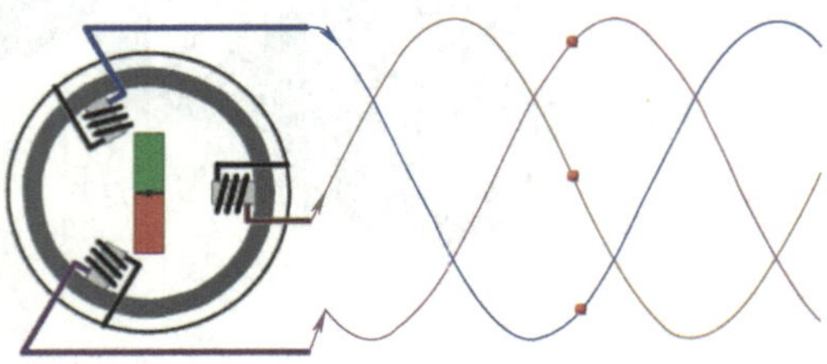
图 1-1-14 感应电动势输出波形示意图

引导问题 5：请查阅相关资料，简述定子绕组的种类与分类方式。

____

____

知识点提示

三、电机定子绕组的连接方法

1. 以定子绕组形成磁极区分

根据电机的磁极数与绕组分布形成实际磁极数的关系，定子绕组可分为显极式与庶极式两种类型。

（1）显极式绕组

1）在显极式绕组中，每个（组）线圈形成一个磁极，绕组的线圈（组）数与磁极数相等。

2）在显极式绕组中，为了要使磁极的极性 N 和 S 相互间隔，相邻两个线圈（组）里的电流方向必须相反，即相邻两个线圈（组）的连接方式必须尾端接尾端，首端接首端，即反接串联方式。

（2）庶极式绕组

1）在庶极式绕组中，每个（组）线圈形成两个磁极，绕组的线圈（组）数为磁极数的一半，因为另半数磁极由线圈（组）产生磁极的磁感线共同形成。

2）在庶极式绕组中，每个线圈（组）所形成的磁极的极性都相同，因而所有线圈（组）里的电流方向都相同，即相邻两个线圈（组）的连接方式应该是尾端接首端，即顺接串联方式。

2. 以定子绕组的形状与嵌装布线方式区分

根据线圈绕制的形状与嵌装布线方式的不同，定子绕组可分为集中式和分布式两类。

（1）集中式绕组　集中式绕组一般仅由一个或几个矩形框线圈组成。绕制后用纱带包扎定型，再经浸漆烘干处理后嵌装在凸磁极的铁心上。直流电机、通用电机的励磁线圈以及单相罩极电机的主极绕组都采用这种绕组。

（2）分布式绕组　采用分布式绕组的电机定子没有凸性的极掌，每个磁极都由一个或几个线圈按照一定的规律嵌装布线组成线圈组。根据嵌装布线排列的形式不同，分布式绕组又可分为同心式和迭式两类。

1）同心式绕组是同一线圈组的几个大小不同矩形线圈按同一中心的位置逐个嵌装排列成回字形的形式。同心式绕组又分为单层与多层。一般单项电机和部分小功率三相异步电机的定子绕组都采用这种形式。

2）迭式绕组是所有线圈的形状大小完全相同（单双圈例外），分别以每槽嵌装一个线圈边，并在槽外端部逐个相迭均匀分布的形式。迭式绕组又分为单层迭式和双层迭式两种。在每槽里只嵌一个线圈边的为单层迭式绕组，或称为单迭绕组；在每槽里嵌两个不同线圈组的线圈边（分上下层）的为双层迭式绕组，或称为双迭绕组。迭式绕组由于嵌装布线方式的变化不同，又有单双圈交叉布线排列与单双层混合布线排列之分；此外，从绕组端部的嵌装形状来看，可分为链形绕组和篮形绕组，其均属于迭式绕组。一般三相异步电机的定子绕组较多采用迭式绕组。

工作计划

按照前面所了解的知识内容和小组内部讨论的结果，制订工作方案，包括资料查阅渠道的落实、任务实施中的内容分工等。工作计划表见表 1-1-2。

表 1-1-2　工作计划表

步骤	工作内容	负责人
1		
2		
3		
4		
5		

进行决策

1）各组派代表阐述资料查询结果。

2）各组就各自的查询结果进行交流，并分享技巧。

3）教师结合各组完成的情况进行点评，并选出最佳方案。

任务实施

1. 电磁感应现象是指当______________的一部分导体在磁场中作切割磁感线运动，或者穿过闭合电路的磁感线数量（即磁通量）发生变化时，闭合电路中就会有电流产生。

2. 左手定则（电动机定则）：伸开左手，使拇指与其余 4 个手指垂直，并且都与手掌在____________内；让磁感线从掌心流入，使四指指向电流方向；____________就是通电导线在磁场所受安培力的方向。

3. 发电机是传统燃油汽车的主要电源，其主要功能是在发动机正常运转时（怠速以上），向所有用电设备（起动机除外）供电，同时为__________充电。

4. 在显极式绕组中，为了要使磁极的极性__________和__________相互间隔，相邻两个线圈（组）里的电流方向必须__________，即相邻两个线圈（组）的连接方式必须__________接__________，__________接__________，即反接串联方式。

5. 在庶极式绕组中，每个线圈（组）所形成的磁极的极性都相同，因而所有线圈（组）里的电流方向都__________，即相邻两个线圈（组）的连接方式应该是__________接__________，即顺接串联方式。

评价反馈

1）各组代表展示汇报 PPT，介绍任务的完成过程。

2）以小组为单位，请对各组的操作过程与操作结果进行自评和互评，并将结果填入表 1-1-3。

表 1-1-3　学生评价表

姓名		学号			班级				组别			
实训任务												
评价项目	分值	等级				评价对象（组别）						
		A	B	C	D	1	2	3	4	5	6	7	8
方案合理	20	20	15	10	5								
团队合作	20	20	15	10	5								
工作质量	20	20	15	10	5								
工作规范	20	20	15	10	5								
汇报展示	20	20	15	10	5								
合计	100	各组得分											
总结与反思													
（如：学习过程中遇到什么问题→如何解决的 / 解决不了的原因→心得体会）													

3）教师对学生工作过程与工作结果进行评价，并将评价结果填入表 1-1-4。

表 1-1-4　教师对学生评价表

姓名			学号	班级	组别	
实训任务						
评价项目			评价标准		分值	得分
考勤（10%）			无故意迟到、早退和旷课的现象		10	
工作过程（60%）	知识目标	获取信息	掌握工作相关知识		10	
		进行决策	制订工作方案，方案合理可行		10	
	技能目标	任务实施	能正确解释电磁的基本概念		10	
			能正确解释电机与发电机的基本运行原理		10	
	素养目标	工作态度	认真严谨、积极主动、安全生产、文明施工		5	
		团队合作	与小组成员、同学之间能合作交流，协调工作		5	
		工作质量	能按照工作方案操作，按计划完成工作任务		10	
项目成果（30%）		工作完整	能按时完成工作任务的所有环节		10	
		工作规范	能在整个操作过程中规范操作，避免意外事故的发生		10	
		汇报展示	能准确表达、汇报工作成果		10	
合计					100	
综合评价	学生评价（50%）		教师评价（50%）		综合得分	
综合评语	（作业过程中存在的问题及改进建议）					

任务二　新能源汽车驱动电机的认知

任务目标

知识目标

1. 了解不同类型的驱动电机性能与优缺点。
2. 了解驱动电机在主流车企中的应用。
3. 掌握驱动电机铭牌的识读方法。
4. 能够准确找到驱动电机铭牌的位置。

技能目标

1. 具有正确认知驱动电机控制系统的铭牌及其技术参数的能力。
2. 具有正确认知驱动电机铭牌的能力。

素养目标

1. 树立“安全第一、预防为主”的安全生产理念。
2. 培养学生的积极性、主动性、创造性。
3. 与小组成员、同学之间能合作交流，协调工作。
4. 获得分析问题和解决问题的基本方法。
5. 与小组成员交流、讨论学习成果，取长补短，完成自我提升。

任务框图

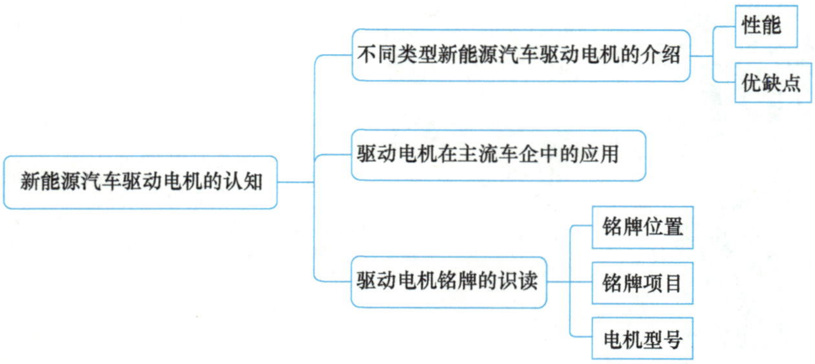

任务导入

电机铭牌就如同电机的“身份证”，从铭牌中就能读出电机的性能以及运用场景。你能从电机铭牌上确认哪些信息呢？

任务分组

学生任务分配表见表 1-2-1。

表 1-2-1　学生任务分配表

班　级		组　号		指导老师	
组　长		学　号			
组　员	姓名：____ 学号：____ 姓名：____ 学号：____ 姓名：____ 学号：____ 姓名：____ 学号：____ 姓名：____ 学号：____ 姓名：____ 学号：____ 姓名：____ 学号：____ 姓名：____ 学号：____				
任务分工					
（就组织讨论、工具准备、数据采集、数据记录、安全监督、成果展示等工作内容进行任务分工）					

获取信息

竞赛指南

在 2019 年中国技能大赛——全国新能源汽车关键技术技能大赛的理论知识竞赛中，汽车电动化的组卷占比有 60% 之多，在汽车电动化模块的出题范围中，就包括了不同类型新能源汽车驱动电机的介绍、应用以及驱动电机铭牌的相关知识。

引导问题 1：请查阅相关资料，简述直流电机的优缺点与应用范围。

____

____

引导问题 2：请查阅相关资料，简述三相交流异步电机的优缺点。

____

____

引导问题 3：请查阅相关资料，简述永磁同步电机的优缺点。

____

____

引导问题 4：请查阅相关资料，简述开关磁阻电机的优缺点。

____

____

知识点提示

一、不同类型新能源汽车驱动电机的介绍

新能源汽车包含插电式混合动力（含增程式）汽车、燃料电池汽车、纯电动汽车等种类。纯电动汽车采用动力蓄电池作为动力源，成本低、无污染，发展潜力大。

纯电动汽车的驱动电机是影响整车性能的关键因素之一，驱动电机类型的选择、车辆驱动方式的确定、电机控制系统的可靠性与安全性是纯电动汽车开发时首先应考虑的问题。

当前，应用于纯电动汽车中的驱动电机主要包括直流电机（DC Machine，DM）、三相交流异步电机（Induction Machine，IM）、永磁同步电机（Permanent Magnet Synchronous Machine，PMSM）和开关磁阻电机（Switched Reluctance Machine，SRM）等类型。

1. 性能

直流电机、三相交流异步电机、永磁同步电机和开关磁阻电机的性能比较见表 1-2-2。

表 1-2-2　四种典型驱动电机的性能比较

项目	直流电机	三相交流异步电机	永磁同步电机	开关磁阻电机
转速范围 /（r/min）	4000~6000	12000~20000	4000~10000	>15000
功率密度	低	中	高	较高
功率因数	—	82~85	90~93	60~65
峰值效率（%）	85~89	94~95	95~97	85~90
负荷效率（%）	80~87	90~92	85~97	78~86
过载能力（%）	200	300~500	300	300~500
恒功率区比例	—	1∶5	4∶9	1∶3
驱动电机重量	重	中	轻	轻
驱动电机外形尺寸	大	中	小	小
可靠性	一般	好	优良	好
结构坚固性	差	好	一般	优良
控制操作性能	最好	好	好	好
控制器成本	低	高	高	一般

2. 优缺点

（1）直流电机　直流电机有控制系统简单、起动转矩大、调速方便、目前技术已经较

为成熟等优点。但是直流电机的电枢电流需要由电刷和机械换向器引入，换向时易产生电火花，从而容易导致换向器烧蚀、电刷磨损之类的问题，需要经常维护；同时，由于电刷部分存在接触磨损，不仅使电机效率降低，还限制了电机运行的最高转速。因为这两个原因，现在纯电动汽车驱动电机很少使用直流电机，但仍有一些小功率的纯电动汽车选用直流电机。

（2）三相交流异步电机　三相交流异步电机，是感应式电机的一种，具有结构简单、工作周期长、成本低和易维护等优点；但也有驱动复杂、效率低的缺点。现在主要通过矢量控制技术改善交流电机的输出转矩特性。三相交流异步电机有绕线型和笼型两种转子结构，笼型电机成本低、效率高，特斯拉纯电动汽车驱动电机就采用笼型转子异步电机。

感应式电机在工业中已有较长时间的应用，具有丰富的生产经验和大量的生产工厂，生产成本较低。

（3）永磁同步电机　永磁同步电机的转子结构使用永磁材料，具有体积小、重量轻、起动转矩大和效率高等优点。这些优点满足了新能源汽车驱动电机的条件。根据转子不同，永磁同步电机有表贴式和内置式两种类型。内置式交直轴电感不同，可产生磁阻转矩，应用得更多。现在我国大部分的电机控制系统都是围绕着永磁同步电机矢量控制为主的闭环控制，这是因为永磁同步电机具有较高的功率密度和效率，矢量控制、反馈控制环节精准稳定。但是，永磁同步电机矢量控制也存在潜在的风险，比如电机的位置传感器故障、电流传感器故障、电机定子绕组断路等，都会影响其安全性和可靠性。另外，多数永磁材料强度较差，有些永磁材料在高温的作用下会发生磁性衰退现象。近年来，不断上升的永磁材料价格也使高效交流异步电动机和开关磁阻电机重新被纳入研究人员的视线。

（4）开关磁阻电机　开关磁阻电机是一种新型电机，在电机的转子上没有集电环和绕组等转子导体和永久磁铁等装置。它的结构比其他电机简单，效率可达 85%~90%，转速可达 15000r/min。其转矩转速特性好，在较宽的转速范围内，转矩和转速可以灵活的控制，并且有起动转矩高和起动功率低等机械特性。开关磁阻电机转子上没有励磁绕组和永磁体，其结构简单坚固，可靠性好，重量轻，便于维修，成本较低，但是开关磁阻电机的控制系统较复杂，调节性能和控制精度要求高。工作时的转矩脉动大，噪声也较大，体积也比同样功率的感应电机要大一些，很少应用在新能源汽车上。

引导问题 5：请查阅相关资料，简述新能源汽车企业选择永磁同步电机作为动力源的理由。

____

____

引导问题 6：请查阅相关资料，简述新能源汽车企业选择交流异步电机作为动力源的理由。

____

____

知识点提示

二、驱动电机在主流车企中的应用

目前，永磁同步电机与交流异步电机是新能源汽车在乘用车领域上的主流选择。

永磁同步电机的永磁是指在电机转子的制造过程中使用了永磁体，提升了其在低速时需要大转矩的性能，这也是永磁同步电机与三相交流异步电机的最大区别。所谓同步，指的是让驱动电机中的转子转速与定子绕组的电流频率始终保持一致，通过控制驱动电机的定子绕组输入电流频率来控制新能源汽车的车速。

交流异步电机由于转子总是在“追赶”定子旋转磁场的转速，并且为了能够切割磁感应线而产生感应电流，转子的转速总要比定子旋转磁场的转速慢，这也就形成了异步运行，即异步感应电机。

永磁同步电机本身具有转矩密度高、功率密度高、效率高和调速性能好等优点，再加上具备体积小、重量轻等优势，相比于其他种类的驱动电机，在相同质量与体积下，永磁同步电机能够为新能源汽车提供最大的动力输出与加速度。新能源汽车驱动电机对空间与自重要求极高，因此新能源汽车企业通常会优先选择永磁同步电机作为动力源。

与永磁同步电机相比，三相交流异步电机则具有结构简单、可靠性较高、拥有较好的高速性能以及电机的温升区间较大，不易造成退磁现象等优势；这也是一些以性能标榜的电动跑车以及中大型 SUV 会偏爱它的原因，如特斯拉 Model S（图 1-2-1）、特斯拉 Model X（图 1-2-2）、蔚来 ES8（图 1-2-3）等都在使用。不过相对来说，它的缺点则体现在转矩密度、功率密度、效率密度偏低，并且还伴随着体积大、重量沉等问题。总体来看，可以理解为搭载永磁同步电机的纯电动汽车续驶里程相对更好一些，搭载交流感应电机的纯电动汽车加速性能更好一些。

图 1-2-1　特斯拉 Model S

图 1-2-2　特斯拉 Model X

图 1-2-3　蔚来 ES8

引导问题 7：请查阅相关资料，简述可以从驱动电机的铭牌上获得哪些信息。

____

____

引导问题 8：请查阅相关资料，简述可以从驱动电机的型号编码上获得哪些信息。

____

____

职业认证

电动汽车高电压系统评测与维修职业技能等级（中级）中的驱动电机总成检查与拆装任务就要求考生掌握驱动电机总成拆装、检查、清洗及相关数值的测量，通过电动汽车高电压系统评测与维修职业技能等级（中级）考核可获得教育部 1+X 证书中的《电动汽车高电压系统评测与维修职业技能等级证书（中级）》。

知识点提示

三、驱动电机铭牌的识读

1. 铭牌位置

驱动电机需要按照国家标准在电机机壳上标注铭牌数据，如图 1-2-4 和图 1-2-5 所示。

图 1-2-4　比亚迪驱动电机控制系统中电机铭牌贴于机壳上

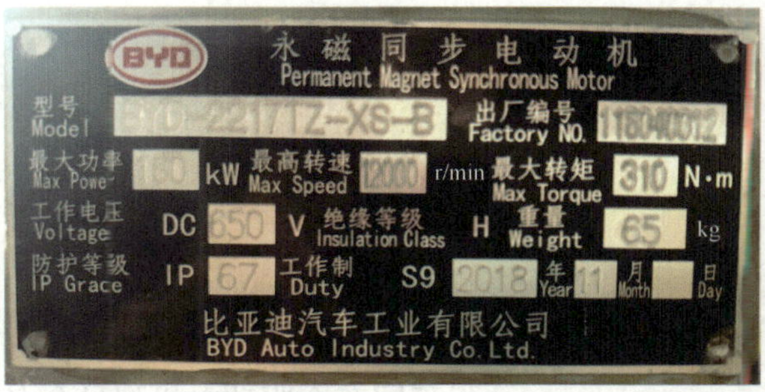

图 1-2-5　比亚迪某款新能源汽车永磁同步电机的铭牌

2. 铭牌项目

学会识读电机的铭牌数据是正确、合理地使用电机的参考和依据，铭牌上标明的主要项目见表 1-2-3。

表 1-2-3　永磁同步电机铭牌项目及说明

序号	项目	说明
1	型号	型号用以表明电机的系列、几何尺寸和极数 由汉语拼音字母、国际通用符号和阿拉伯数字组成
2	额定功率	指电机在额定状态下运行时，电机轴端输出的机械功率，单位为 W 或 kW
3	额定电压	指电机在额定状态下运行时，加在定子绕组上的线电压，单位为 V
4	额定转速	指对应于额定电压、额定电流，电机运行于额定功率时的转速，单位为 r/min
5	峰值功率	指电机在峰值转矩状态下运行时，电机轴端输出的机械功率，单位为 W 或 kW
6	最大转速	指电机正常运行所能达到的最大速度，体现了永磁同步电机调速能力的大小，单位为 r/min
7	最高效率	指电机在整个运行区间内所能达到的最大效率
8	功率因数	指电机有效功率与视在功率的比值，它表征着电机运行时从电网吸收的无功功率的大小。一般来说，对于相同转速的电机，容量越大，功率因数越高。相同容量的电机，转速越高，功率因数越大
9	联结方式	永磁同步电机常用的定子绕组接法主要有星形联结和三角形联结

（续）

序号	项目	说明
10	绝缘等级	指直流电机制造时所用绝缘材料的耐热品级 一般有 B 级、F 级、H 级、C 级
11	冷却方式	为防止电机在工作过程中产生的铜耗和铁耗使电机温升过高，一般需要采取冷却措施。永磁同步电机常用的冷却方式一般有水冷和风冷
12	定额（工作制）	即电机的工作方式，是指电机在正常使用时的延续时间 一般分为连续制（S1）和断续制（S2-S10）

3. 电机型号

驱动电机型号通常由驱动电机类型代号、尺寸规格代号、信号反馈元件代号、冷却方式代号、预留代号 5 部分组成，如图 1-2-6 所示。

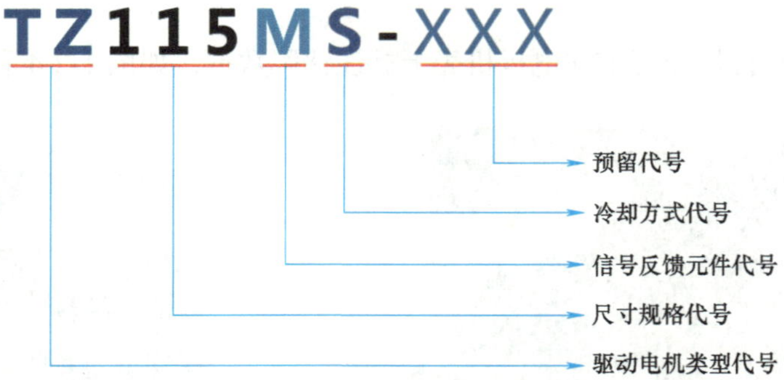

图 1-2-6 驱动电机型号示例

但不同车企驱动电机型号命名规则会有所差异，图 1-2-7 所示为比亚迪某车型永磁同步电机型号，型号中还包含了品牌自定义的部分，即品牌名称与内部编号。

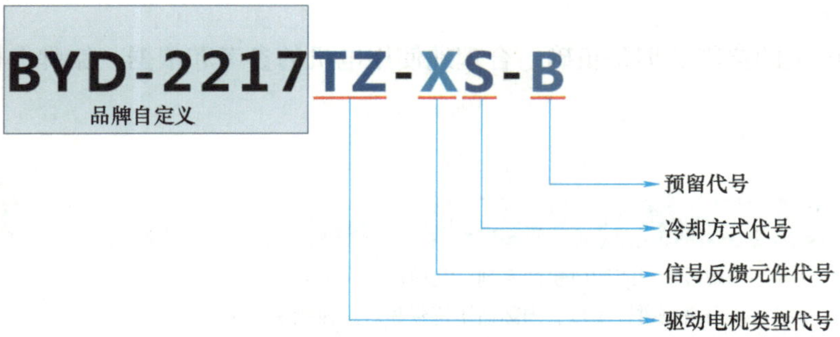

图 1-2-7 比亚迪某车型永磁同步电机型号

驱动电机型号所包含的信息，可根据表 1-2-4 进行解读。

表 1-2-4 驱动电机型号中各代号含义说明

名称	代号	说明	备注
驱动电机类型	KC	开关磁阻电机	其他类型驱动电机的类型代号由制造商参照《旋转电机产品型号编制方法》（GB/T 4831—2016）进行规定
	TF	方波控制型永磁同步电机	
	TZ	正弦控制型永磁同步电机	
	YR	异步电机（绕线转子式）	
	YS	异步电机（笼型）	
	ZL	直流电机	

（续）

名称	代号	说明	备注
尺寸规格	阿拉伯数字	一般采用定子铁心的外径来表示；对于外转子电机，采用外转子铁心外径来表示	—
信号反馈元件	M	光电编码器	无传感器不必标注
	X	旋转变压器	
	H	霍尔元件	
冷却方式	S	水冷方式	非强迫冷却方式（自然冷却）不必标注
	Y	油冷方式	
	F	强迫风冷方式	
预留	英文大写字母或阿拉伯数字组合	其含义由制造商自行确定	

工作计划

按照前面所了解的知识内容和小组内部讨论的结果，制订工作方案，包括资料查阅渠道的落实、任务实施的内容分工等。工作计划表见表 1-2-5。

表 1-2-5　工作计划表

步骤	工作内容	负责人
1		
2		
3		

进行决策

1）各组派代表阐述资料查询结果。
2）各组就各自的查询结果进行交流，并分享技巧。
3）教师结合各组完成的情况进行点评，并选出最佳方案。

任务实施

请复习本任务所学内容，找到秦 EV 的驱动电机铭牌和驱动电机控制系统的铭牌，结合维修手册，并完成表 1-2-6 和表 1-2-7。

表 1-2-6　实训准备

序号	设备及工具图片	设备及工具名称	数量	设备及工具是否完好
1				□是　□否
2				□是　□否
3				□是　□否

（续）

序号	设备及工具图片	设备及工具名称	数量	设备及工具是否完好
4				□是 □否
5				□是 □否
6				□是 □否
7				□是 □否
8				□是 □否
质检意见	原因：			

表 1-2-7 实训工单

姓名		班级（专业）		完成日期	

实训任务 1：驱动电机控制系统的技术参数认知			
序号	操作步骤	记录	完成情况
1	驱动电机的最大输出转矩	技术参数：	已完成□ 未完成□
2	驱动电机的额定转矩	技术参数：	已完成□ 未完成□
3	驱动电机的最大输入功率	技术参数：	已完成□ 未完成□
4	驱动电机的额定功率	技术参数：	已完成□ 未完成□
5	电机最大输出转速	技术参数：	已完成□ 未完成□
6	驱动电机控制系统重量	技术参数：	已完成□ 未完成□
7	变速器润滑油量	技术参数：	已完成□ 未完成□
8	变速器润滑油类型	技术参数：	已完成□ 未完成□
实训任务 2：电机铭牌认知			
序号	操作步骤	记录	完成情况
1	认识电机型号	该电机型号为＿＿＿＿＿＿＿＿	已完成□ 未完成□
2	认识电机类型	根据型号可知，该电机的类型为＿＿＿＿	已完成□ 未完成□
3	认识信号反馈元件	根据型号可知，该电机有无信号反馈元件，若有，其信号反馈元件类型为＿＿＿＿	已完成□ 未完成□
4	认识电机冷却方式	根据型号可知，该电机的冷却方式为＿＿＿	已完成□ 未完成□
6S 现场管理			
序号	操作步骤	完成情况	备注
1	建立安全操作环境	已完成□ 未完成□	
2	清理及整理工具、量具	已完成□ 未完成□	
3	清理及复原设备	已完成□ 未完成□	
4	清理场地	已完成□ 未完成□	
5	物品回收和环保	已完成□ 未完成□	
6	完善和检查工单	已完成□ 未完成□	

笔记栏

评价反馈

1）各组代表展示汇报 PPT，介绍任务的完成过程。

2）以小组为单位，请对各组的操作过程与操作结果进行自评和互评，并将结果填入表 1-2-8。

表 1-2-8　学生评价表

姓名		学号			班级				组别			
实训任务												
评价项目	分值	等级				评价对象（组别）						
		A	B	C	D	1	2	3	4	5	6	7	8
方案合理	20	20	15	10	5								
团队合作	20	20	15	10	5								
工作质量	20	20	15	10	5								
工作规范	20	20	15	10	5								
汇报展示	20	20	15	10	5								
合计	100	各组得分											
总结与反思													

（如：学习过程中遇到什么问题→如何解决的 / 解决不了的原因→心得体会）

3）教师对学生工作过程与工作结果进行评价，并将评价结果填入表 1-2-9。

表 1-2-9　教师对学生评价表

姓名			学号	班级		组别	
实训任务							
评价项目			评价标准			分值	得分
考勤（10%）			无故意迟到、早退和旷课的现象			10	
工作过程（60%）	知识目标	获取信息	掌握工作相关知识			10	
		进行决策	制订工作方案，方案合理可行			10	
	技能目标	任务实施	能够通过驱动电机控制系统的铭牌正确认知其技术参数			10	
			能够正确认知驱动电机铭牌			10	
	素养目标	工作态度	认真严谨、积极主动、安全生产、文明施工			5	
		团队合作	与小组成员、同学之间能合作交流，协调工作			5	
		工作质量	能按照工作方案操作，按计划完成工作任务			10	
项目成果（30%）		工作完整	能按时完成工作任务的所有环节			10	
		工作规范	能在整个操作过程中规范操作，避免意外事故的发生			10	
		汇报展示	能准确表达、汇报工作成果			10	
合计						100	
综合评价			学生评价（50%）	教师评价（50%）		综合得分	
综合评语			（作业过程中存在的问题及改进建议）				

任务三 新能源汽车驱动电机控制系统的认知

任务目标

知识目标

1. 了解驱动电机控制系统的定义、作用、现状、困境及结构。
2. 掌握新能源汽车对驱动电机控制系统的性能要求。
3. 能够准确识别秦 EV 驱动电机控制系统的内部结构。
4. 能够说出秦 EV 驱动电机控制系统主要部件的作用。

技能目标

1. 具备正确认知驱动电机控制系统结构的能力。
2. 具备正确认知永磁同步电机结构的能力。

素养目标

1. 认真严谨、积极主动、安全生产、文明施工。
2. 与小组成员、同学之间能合作交流，协调工作。
3. 获得分析问题和解决问题的基本方法。
4. 与小组成员交流、讨论学习成果，取长补短，完成自我提升。

任务框图

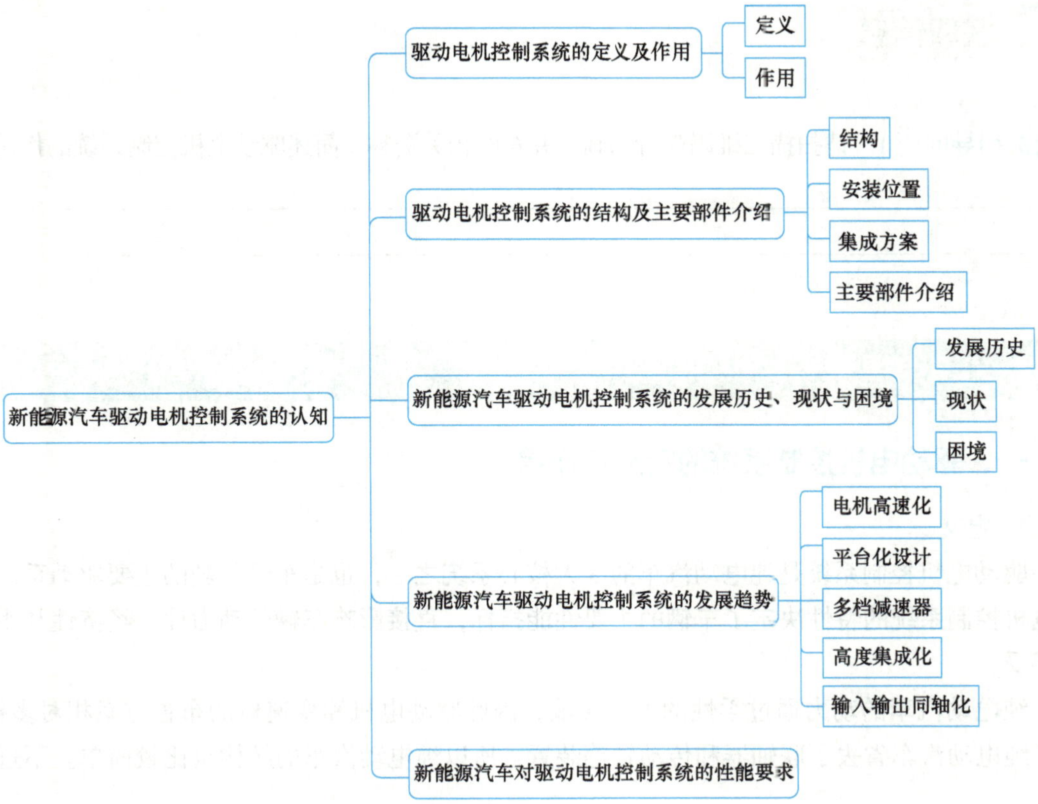

任务导入

新能源汽车的驱动电机控制系统不同于工业用的电机控制系统，由于受到车辆空间限制和使用环境的约束，应用于普通的电机控制系统中的电力电子技术、电机技术已经不能适应其需求。当前新能源汽车领域的驱动电机控制系统开发呈现了怎样的发展趋势？

任务分组

学生任务分配表见表 1-3-1。

表 1-3-1 学生任务分配表

班级		组号		指导老师	
组长		学号			
组员	姓名： 姓名： 姓名： 姓名：	学号： 学号： 学号： 学号：	姓名： 姓名： 姓名： 姓名：	学号： 学号： 学号： 学号：	
任务分工					
（就组织讨论、工具准备、数据采集、数据记录、安全监督、成果展示等工作内容进行任务分工）					

获取信息

驱动电机控制系统介绍

引导问题 1：请扫描二维码观看动画，并查阅相关资料，简述驱动电机控制系统的作用。

____

____

知识点提示

一、驱动电机控制系统的定义及作用

1. 定义

驱动电机控制系统是纯电动汽车的 3 大核心系统之一，也是车辆行驶的主要驱动系统。驱动电机控制系统的特性决定了车辆的主要性能指标，直接影响车辆的动力性、经济性和用户驾乘感受。

纯电动汽车的动力通过柔性的电缆传输，因此驱动电机和变速器的布置方案相对多样化，由于纯电动汽车省去了联轴器和传动轴等装置，所以纯电动汽车的结构也比较简单。不过不论

驱动系统采用哪种布置方案，从结构上来说，纯电动汽车一般都分为整车控制系统、电源系统、驱动电机控制系统、辅助系统等部分，由此可见驱动电机控制系统的重要性。

2. 作用

驱动电机控制系统就像纯电动汽车的神经中枢，它将驱动电机、动力蓄电池和其他辅助系统相互连接，并且加以控制。整车控制器（VCU）会根据其获取到的输入信号（例如加速、制动、档位、旋变、温度等信号），向电机控制器发出相应的控制指令，从而控制驱动电机起动、加速、减速和制动能量回收。

本任务将主要以比亚迪全新秦 EV（下文统称：秦 EV）车型所采用的驱动电机控制系统为例来介绍其相关技术，如图 1-3-1 所示。

该车型是 2019 年采用比亚迪 e 平台的核心技术——33111 所生产的全新一代纯电动轿车，如图 1-3-2 所示。其中，第一个“3”代表的是驱动电机、电机控制器和减速器三合一。e 平台让纯电动汽车的结构更简单、更安全、更可靠。通过对原本繁杂、分立的零部件进行标准化、集成化的设计，让纯电动汽车的核心零部件体积变小、重量变轻，以满足现代新能源汽车轻量化的目的。

图 1-3-1 比亚迪全新秦 EV 外观图

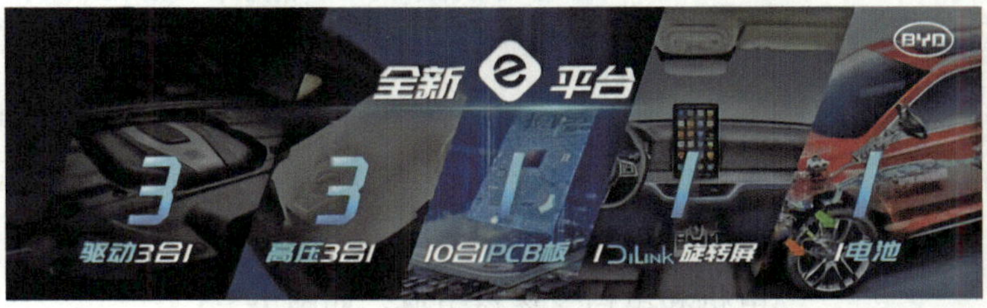

图 1-3-2 比亚迪 e 平台“33111”技术

引导问题 2：请查阅相关资料，简述秦 EV 驱动电机控制系统的组成。

____

____

引导问题 3：请查阅相关资料，简述秦 EV 驱动电机控制系统的安装位置。

____

____

引导问题 4：请查阅相关资料，简述永磁同步电机的组成。

____

____

引导问题 5：请查阅相关资料，简述旋转变压器的作用。

____

____

引导问题 6：请查阅相关资料，简述电机控制器的功能。

____

____

引导问题 7：请查阅相关资料，简述单档变速器的特点。

____

____

知识点提示

二、驱动电机控制系统的结构及主要部件介绍

1. 结构

秦 EV 的驱动电机控制系统也称为前驱电动总成或三合一驱动系统，其主要由电机控制器（MCU）、驱动电机和单档变速器组成，如图 1-3-3 所示。

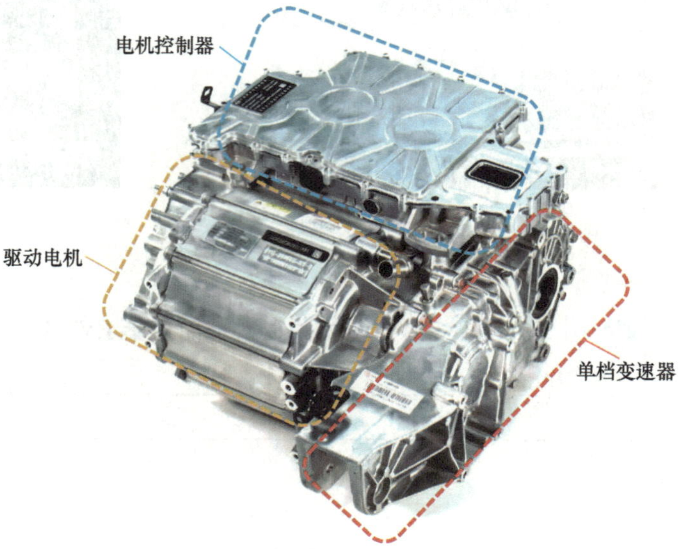

图 1-3-3　秦 EV 驱动电机控制系统的结构

2. 安装位置

秦 EV 的驱动电机控制系统位于前舱中部，在充配电总成的下方，如图 1-3-4 所示。充配电总成的安装位置如图 1-3-5 所示。

3. 集成方案

本着“高品质、高电压、高集成、高转速、高性能、低成本”的开发理念，在秦 EV 的设计中，驱动电机及电机控制器采用了直连的方式，减少了三相电缆、驱动电机和电机控制器共用的冷却系统（通过整车控制器控制电子水泵、电子风扇进行循环冷

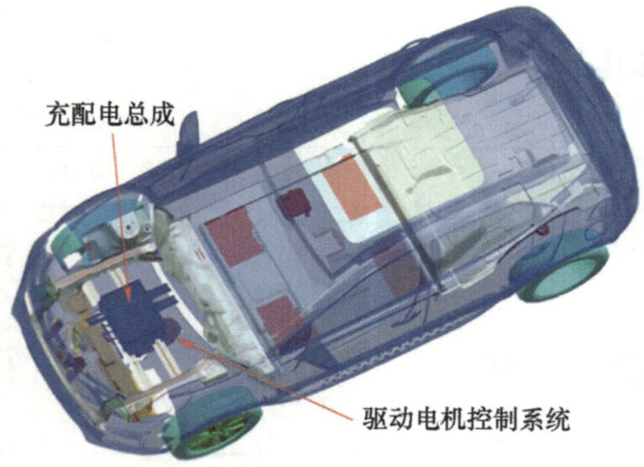

图 1-3-4　秦 EV 驱动电机控制系统的安装位置示意图

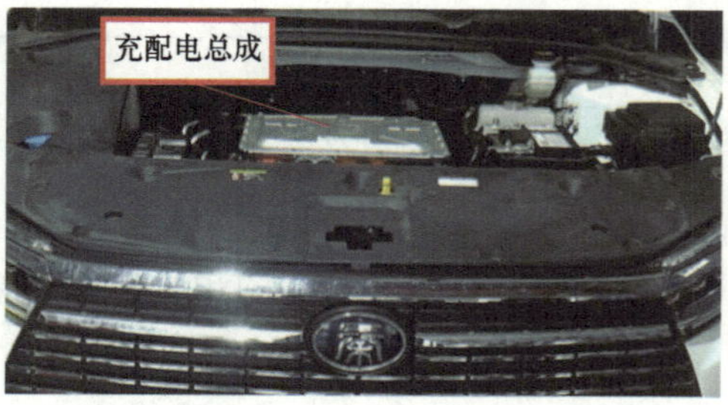

图 1-3-5　秦 EV 充配电总成的安装位置

却)，成本降低了 33%，体积减小了 30%，重量也减轻了 25%，功率密度增加了 20%，NEDC 续驶里程效率提升了 1%，转矩密度增加了 17%，其集成方案见表 1-3-2。

表 1-3-2　比亚迪驱动电机控制系统集成方案

集成内容	示图	集成目的
驱动电机、电控端子直连，取消三相线	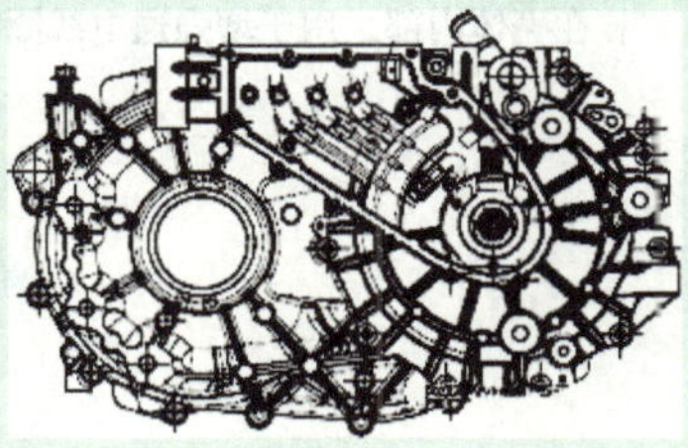	降低成本
驱动电机、电控水道直连，取消水管	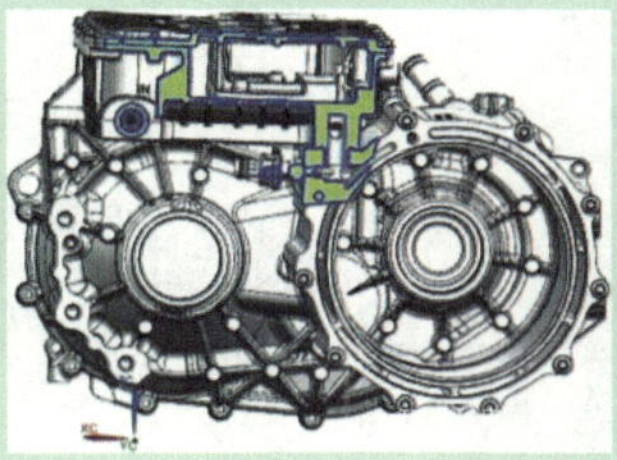	降低成本
驱动电机转子轴和减速器输入轴共用	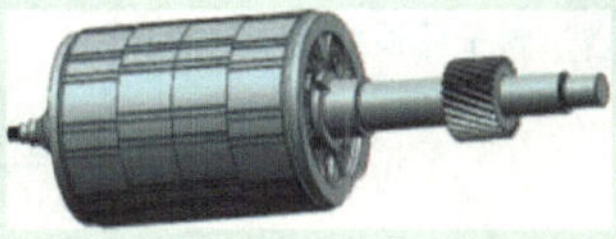	提高了同轴度，减小噪声
驱动电机壳体和减速器壳体共用	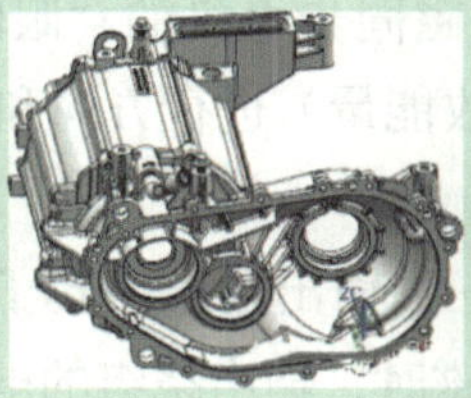	降低了成本，提高了同轴度，提高了装配精度

除了秦 EV，在比亚迪的众多车型中，例如唐 EV、宋 Pro 及相关混动车型搭载的也都是三合一驱动总成。

4. 主要部件介绍

(1) 驱动电机

1）定义。作为新能源汽车的“动力心脏”，驱动电机是为车辆行驶提供驱动力的电动机，是一种将电能转化为动能，并用来驱动其他装置的电气设备，是与汽车加速度、最高车速、爬坡坡度（一般车辆最大的爬坡坡度不超过 40%）等重要指标及行车体验直接相关的核心部件。

2）组成。在秦 EV 中，采用的驱动电机为永磁同步电机，下面以其为例简要介绍驱动电机的结构。

永磁同步电机主要由转子、定子、壳体总成、旋转变压器（也称为旋变传感器，简称旋变）、前后转子轴承、电机前后端盖等部件组成，如图 1-3-6 所示。

永磁同步电机主要部件安装位置说明见表 1-3-3。

表 1-3-3　永磁同步电机主要部件安装位置说明

部件	说明
旋变定子	安装在后端盖上，用于检测永磁同步电机转子位置和转速信号
旋变转子	安装在永磁同步电机转轴上，与旋变转子总成配合反映转子角度位置

（续）

部件	说明
转子	布置在定子内部，用于磁能向动能的转换
三相绕组	安装在定子铁心上，用于接入三相交流电产生磁场
定子	安装在壳体内部，用于增强通电线圈的磁性

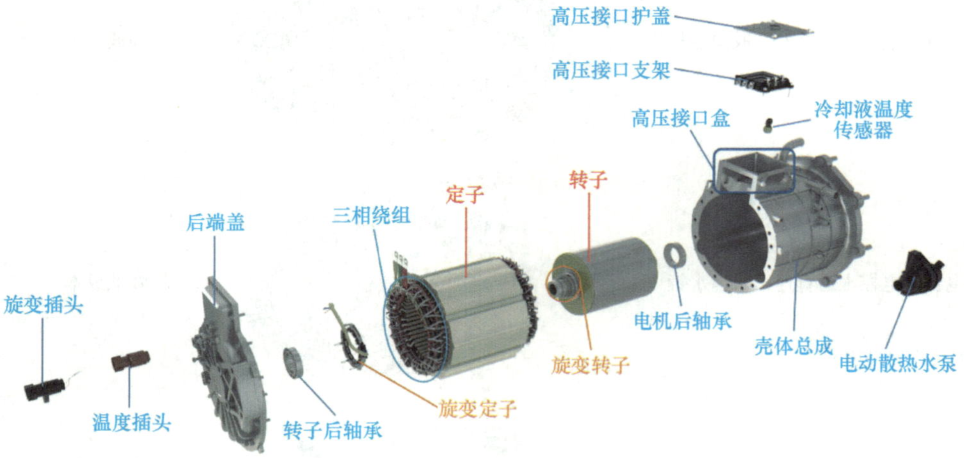

图 1-3-6　永磁同步电机分解图

其中，旋转变压器如同永磁同步电机的“眼睛”，可精确检测转子的位置、方向和速度，用来对驱动电机或发电机（回收能量）进行方向和转速的控制。

（2）旋转变压器

1）定义。旋转变压器是一种输出电压随转子转角变化的信号元件。在秦 EV 中，当励磁绕组以一定频率的交流电压励磁时，输出绕组的电压幅值与转子转角呈正、余弦函数关系，因此这种旋转变压器又称为正余弦旋转变压器。

2）作用。旋转变压器主要负责检测驱动电机的转速、旋转方向（正转或反转）和电机位置（旋转角度），如果旋变信号失效或丢失，车辆将无法上“OK”电，旋变信号相当于发动机上的曲轴位置传感器信号，旋变信号通过硬线信号输送到电机控制器后解码转换成车速。

3）安装位置。旋转变压器安装在驱动电机后端盖处，如图 1-3-7 所示。

图 1-3-7　秦 EV 驱动电机旋转变压器的安装位置

4）组成。如图 1-3-8 所示，旋转变压器由旋变定子和旋变转子组成，其定子固定于驱动电机定子或端盖上，以检测和输出转子位置信号；其转子也由多个硅钢片组成，与驱动电机同轴，以跟踪转子的位置。

转子上有一个盘，它是用金属制成的。这个转子盘的形状特殊，非圆形，像凸轮盘，如图 1-3-8b 所示。该盘被一个固定在壳体上的电磁线圈环所包围着，该电磁线圈环起着定子的作用。

旋转变压器的电磁线圈环由励磁线圈 A、正弦线圈 S 以及余弦线圈 C 三个单线圈构成，正弦线圈 S 和余弦线圈 C 两线圈互成 90° 安装，如图 1-3-9 所示。其中，励磁线圈 A 负责输入，正弦线圈 S 与余弦线圈 C 负责输出。

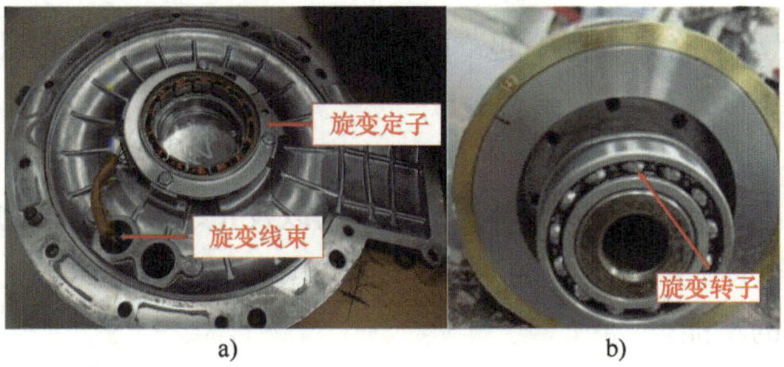

图 1-3-8 旋转变压器的组成

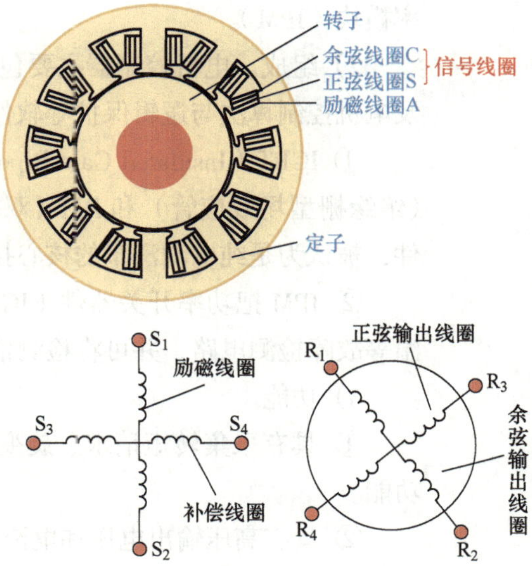

图 1-3-9 旋转变压器线圈环的结构

5）工作原理。如图 1-3-10 所示，励磁线圈通入正弦曲线的励磁电压后，其周围产生的交变磁场作用在转子盘上，转子盘将交变磁场的磁通引向接收线圈，接收线圈将感应到一个交变电压，该电压与转子盘的位置成一定的比例，与励磁电压存在相位差，如图 1-3-11 所示。

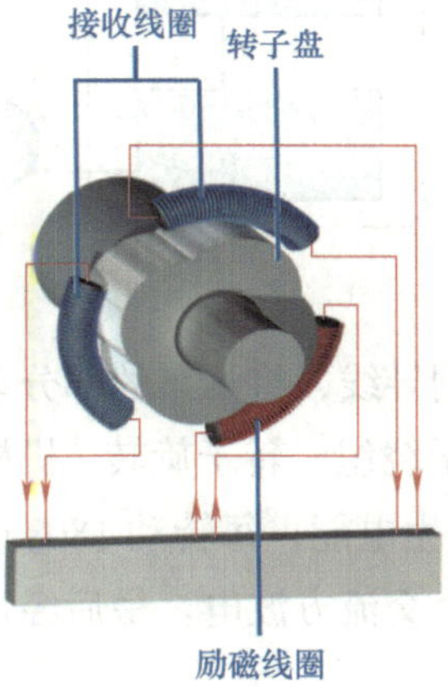

图 1-3-10 旋转变压器的工作原理示意图

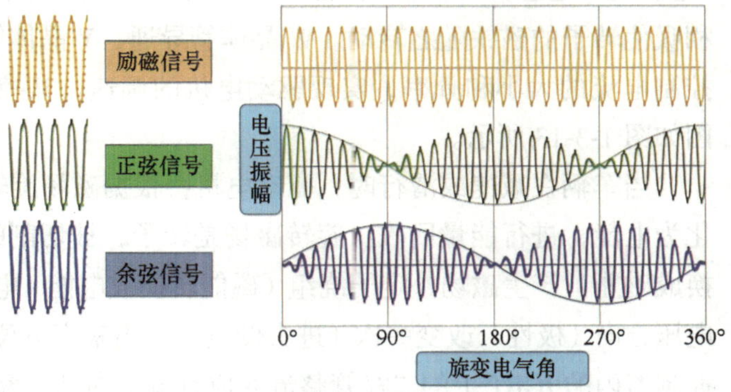

图 1-3-11 旋转变压器工作时的波形变化

6）控制策略。如图 1-3-12 所示，当驱动电机转子与旋转变压器转子一同转动时，旋转变压器转子转过定子绕组，改变了定子绕组与转子之间的磁通，使正弦绕组和余弦绕组收到励磁绕组感应，信号幅值产生一定变化，呈正弦和余弦波形。波形的幅值和相位随着旋转变压器转子（与驱动电机转子同转）的变化而变化，因此可以准确判断出驱动电机转子的位置、转速以及方向。

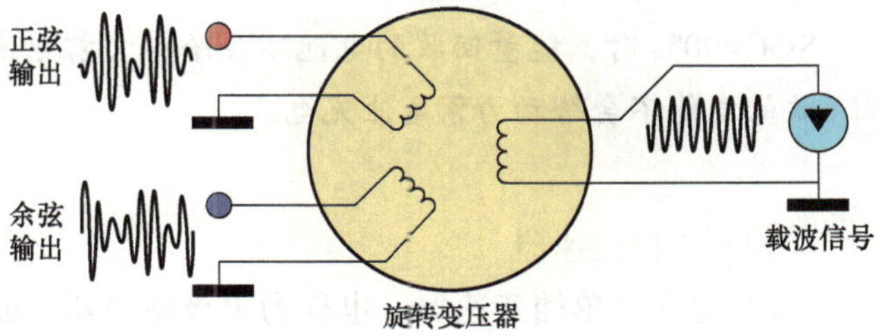

图 1-3-12 旋转变压器的控制策略

（3）电机控制器

1）定义。电机控制器是一种用于控制动力蓄电池与驱动电机之间能量传输的装置。其为动力蓄电池和驱动电机之间的能量转换单元，是驱动电机驱动系统的控制中心，又称为智能功率模块（IPM）。

2）组成。电机控制器主要包括 IPM、IGBT 模块、信号数据采集模块、关联电路等硬件以及电机控制算法与逻辑保护等软件部分。下面简要介绍 IGBT 模块与 IPM。

① IGBT（Insulated Gate Bipolar Transistor）也称为绝缘栅双极型晶体管，是一种由 MOS（绝缘栅型场效应管）和 BJT（双极型晶体管）组合成的复合全控型电压驱动式功率半导体器件，被认为是纯电动汽车的核心技术之一。

② IPM 把功率开关器件（IGBT）和驱动电路集成在一起，而且内有过电压、过电流和过温等故障检测电路，并可将检测信号送到 CPU。

3）功能。

① 具有采集转矩请求、旋变等信号，控制驱动电机正向、反向驱动以及正、反转发电的功能。

② 具有高压输出电压和电流控制限制的功能。

③ 具有电压跌落保护、过电流保护、过温保护、IPM 模块过温保护、IGBT 过温保护、功率限制、转矩控制限制等功能。

④ 具有能量回馈控制、主动泄放、被动泄放控制的功能。

4）工作原理。旋转变压器检测转子位置并判断其状态，接通电机控制器内相应的 IGBT，此时高压直流电经电机控制器内的 IGBT 进行逆变后流入定子绕组，通电产生旋转的磁场（电转磁 - 电感），利用右手法则判定磁极，同性相斥、异性相吸使转子的磁铁随之转动。W 晶体管导通，V 晶体管 PWM 控制电流的大小和频率，实现驱动电机的调速。其控制原理图如图 1-3-13 所示。

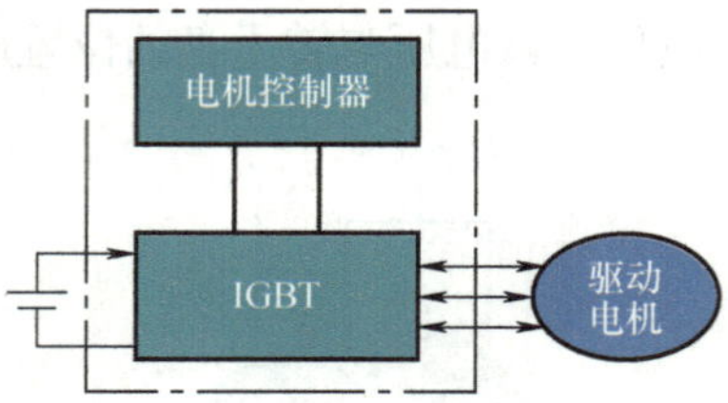

图 1-3-13 电机控制器控制原理图

当车辆在减速或滑行时，驱动电机会根据磁场旋转的方法切割导线，将汽车的部分动能转化为电能，进行能量回收。旋转磁场是转子，被切割的导线是定子绕组。转子旋转（机械能转换成磁能）产生磁场，定子绕组（磁能转换成电能 - 电磁感应）产生电能；每转动 180° 产生的电压方向（极性）改变一次（进去低电位，出来高电位），从而产生交流方波电。最后经过电机控制器内的 IGBT 上的二极管整流变成直流电向动力蓄电池充电。

注意： 当 EV 车型动力蓄电池的 SOC>95% 或 PHEV（插电式混合动力）车型 SOC>90% 时，能量回收的电能不会给动力蓄电池充电。当动力蓄电池有故障时，能量回收的电能不会给动力蓄电池充电。

（4）单档变速器

1）定义。单档变速器，也称为单级减速器，或称为单档固定齿比变速器，是采用固定传动比将电机转速降低并增大转矩的装置，不同车型的传动比不同。

2）组成。比亚迪秦 EV 车型驱动电机控制系统采用单档变速器，如图 1-3-14 所示。其单档变速器由输入轴和输出轴组成，输入轴一端与驱动电机转轴相连，另一端则为壳体提供支撑，中间装有一个主动齿轮与输出轴从动齿轮相啮合。输出轴上有大小两个齿轮，大齿轮为从动齿轮与输入轴齿轮相啮合，小齿轮为主减速器主动齿轮与减速器大齿圈相结合，作为变速器驱动差速器总成旋转。输出轴两端用圆锥滚珠轴承进行支撑。变速器具有固定的传动比，总减速比是 10.7。

变速器润滑油采用壳牌 S3-ATF-MD3 润滑，加注量为（0.65 ± 0.05）L。

3）功能。单档变速器主要是实现对驱动电机的减速增矩作用。

比亚迪秦 EV 车型驱动电机控制系统采用单级变速器，通过驱动电机的正转或反转使汽车前进或倒退，动力直接由驱动电机传给变速器，变速器将动力直接传给驱动车轮，减少了动力损失，且具有结构简单、易于制造、生产成本低的特点。

图 1-3-14 比亚迪秦 EV 单档变速器

引导问题 8：请查阅相关资料，简述集成度高的驱动电机控制系统具备哪些优势。

____

____

引导问题 9：请查阅相关资料，简述驱动电机控制系统的高集成度带来了哪些问题。

____

____

知识点提示

三、新能源汽车驱动电机控制系统的发展历史、现状与困境

1. 发展历史

（1）驱动电机控制系统在国外的发展历史

博世、戴姆勒和宝马等汽车主机厂及零部件厂在 2003 年就一同建立了汽车开放系统架构（Automotive Open System Architecture，AUTOSAR）的标准。该标准使控制系统软件的开发更高效，便于软件间的交互和版本更新，同时降低了开发成本，被越来越多的汽车主机厂、零部件厂和科研院校采用。国外驱动电机控制系统的研发、生产、流程化和标准化等方面的完善程度很高，相关领域的研究起步较早。

日本丰田公司早在 1997 年就发布了当时首款混合动力量产车型第一代普锐斯，该车采用了丰田研发的新型混动系统 THS（Toyota Hybrid System）。在 2003 年推出了第二代普锐斯，该车搭载的驱动电机控制系统增设了 Boost 变换电路，其外形如图 1-3-15 所示，实现了系统损耗最小

图 1-3-15 第二代普锐斯搭载的驱动电机控制系统

控制及电机功率密度的提升。增设的 Boost 变换电路最高可将直流母线电压提升至 650V，而整个控制系统在体积上缩小 40%。

2009 年，德国博世公司基于英飞凌功率半导体封装技术，自主研发了一款新型 IGBT 模块，并设立工厂进行生产。2010 年，配备其自主研发 IGBT 模块的驱动电机控制系统 INVCON 完成量产化，还与标致公司合作研发出集发电机、电动机及控制系统于一体的 INV2CON。在 2017 年法兰克福车展上，博世公司推出了电驱动系统 e Axle，于 2019 年完成量产，其外形如图 1-3-16 所示。e Axle 实现了“三合一”，即将变速器、驱动电机及控制系统集成一体，这使其生产成本降低的同时，总体积也降低了超过 20%。这种集成化设计大大地减小了电驱动系统的体积，减少了高压电缆的布置，增大了功率密度。

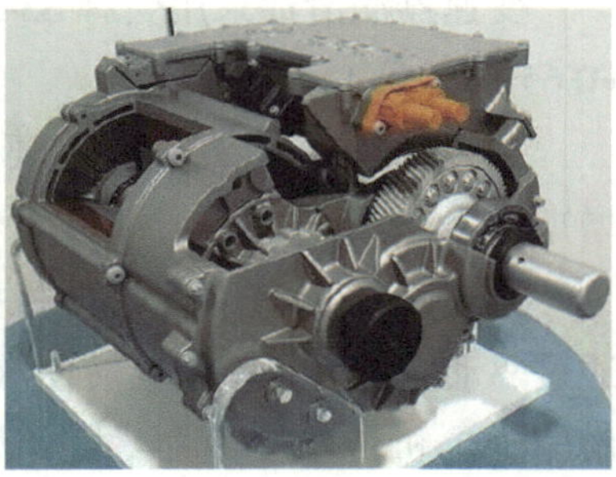
图 1-3-16 博世 e Axle 电驱动系统

以上厂商生产的驱动电机控制系统一般采用硅基功率半导体元器件，受材料性能的限制，需要进行结构设计才能满足散热要求。为了进一步提高各项性能，宽禁带功率元器件在驱动电机控制系统中的开发和应用已经成为一种趋势。在驱动电机控制系统中应用的宽禁带功率元器件一般以碳化硅（SiC）为基，用 SiC 替代硅所制成的功率器件的开关频率可达 100kHz，耐压值更高，工作温度适应性更好，可大大减小系统体积，使其具有更高的功率密度。

在 2007 年的 SiC 半导体国际会议上，丰田公司宣布，将在今后研发的混合动力车型中使用基于 SiC 功率器件的驱动电机控制系统。2008 年，日产研发出基于 SiC 肖特基二极管的驱动电机控制系统，并搭载于该公司的新能源车型上，使控制系统的质量与体积降低了 15%~20%，极大地提升了功率密度。2014 年，丰田中央研究所联合电装公司开发出了应用 SiC 功率器件的驱动电机控制系统，如图 1-3-17 左侧所示，其体积降低为右侧采用硅基功率器件同功能控制系统的 1/5，并可使混动车型燃油经济性提高 10%。可以看出，国外对 SiC 器件的开发起步较早，在相关研究方面已经有了丰富的经验和成熟的技术。

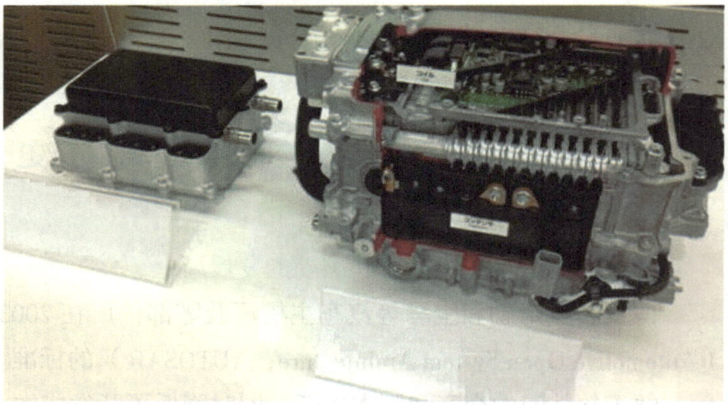
图 1-3-17 丰田 SiC 驱动电机控制系统

（2）驱动电机控制系统在我国的发展历史

“八五”到“十四五”规划中新能源汽车发展规划体现出了我国对该领域研究的重视。总体上来看，我国已经基本实现了驱动电机控制系统，甚至是电驱动系统的国产化，能自主开发产品，并应用于纯电动汽车整车上，在软硬件开发上都有了一定的能力积累，近年来也有厂商进行 SiC 器件的自主化研发，以摆脱国外技术封锁。能实现产品化电机控制系统、电驱动系统或功率器件的国内厂商主要有天津市松正电动汽车技术股份有限公司、精进电动科技股份有限公司和比亚迪股份有限公司等。

天津松正电动汽车技术股份有限公司研发出了一款“五合一”驱动电机控制系统，如

图 1-3-18 所示，其系统集成度较高，驱动电机的类型为永磁同步电机，可应用于纯电动物流车，采用了轻量化设计，使整机质量减小至 30kg。

精进电动科技股份有限公司在 2017 年实现了电驱动“二合一”，2018 年发布了一款“三合一”纯电驱动系统 JJE-EDM3000F，包括其自主电机、减速器和电机控制系统，如图 1-3-19 所示。

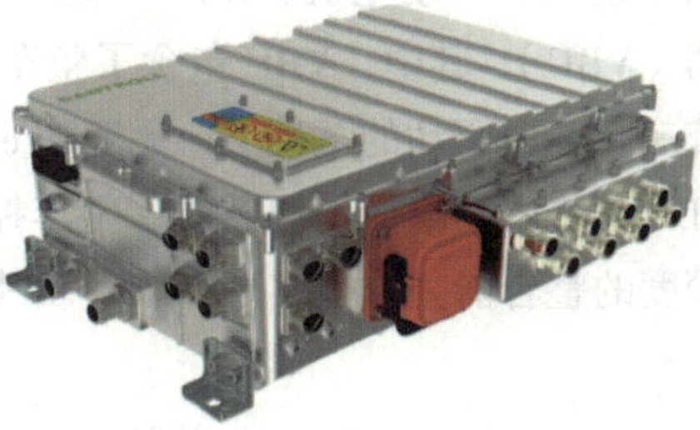
图 1-3-18　天津松正“五合一”驱动电机控制系统

比亚迪股份有限公司自主研发出了 SiC MOSFET 模块，如图 1-3-20 所示，将在旗下所有电动汽车车型中实现 SiC 基功率器件对硅基器件的全面换代，相关车型的性能在加速和续驶里程等指标上将会提升。

图 1-3-19　精进电动“三合一”纯电驱动系统

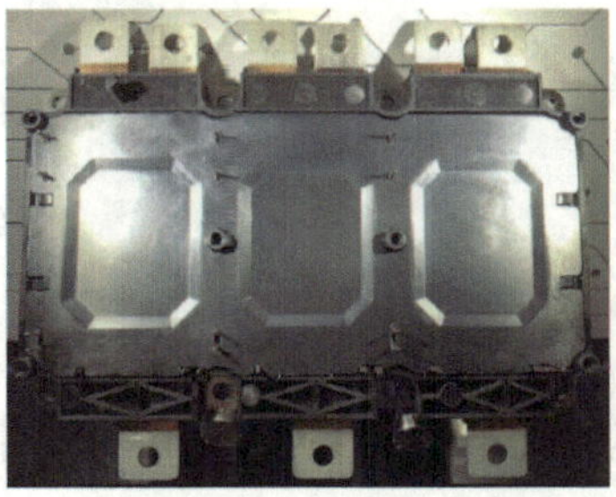
图 1-3-20　比亚迪 SiC MOSFET 模块

2. 现状

总而言之，早期的驱动电机控制系统并没有进行集成化设计，驱动电机、电机控制系统、减速器等部件均单独布置，各部件之间通过连接件（例如线束等）进行连接，因此当时的驱动电机控制系统十分繁杂。而随着技术壁垒逐渐打破、技术成熟度不断提高以及新能源汽车市场的逐步繁荣，出于提升产品竞争力的需求，电驱动系统技术必须向着集成化的方向发展。

目前，各大主机厂已经将电驱动系统的深度集成化作为三电系统重要发展方向之一。在当前进行量产的纯电动汽车的领域中，三合一电驱动已成为主流。其将电机、电机控制系统和减速器集成在一起，根据车辆的类型将其与车桥相结合或提供更加轻巧的三合一电驱动系统，在电机转速、电能转化效率、机械空间紧凑化、线束精简化等方面都起到了很大的作用。

目前，电动汽车的驱动电机控制系统已经有了多种集成方式，从最初的电机 + 减速器的“二合一”驱动总成发展至大规模使用的电机 + 电机控制器 + 减速器的“三合一”驱动总成再到最新“八合一”驱动总成。

图 1-3-21~ 图 1-3-23 所示为二合一驱动总成、三合一驱动总成及八合一驱动总成实物图。

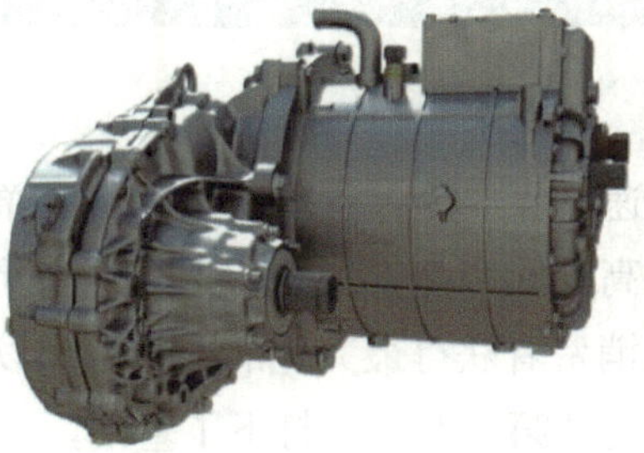
图 1-3-21　二合一驱动总成实物图

图 1-3-22　三合一驱动总成实物图

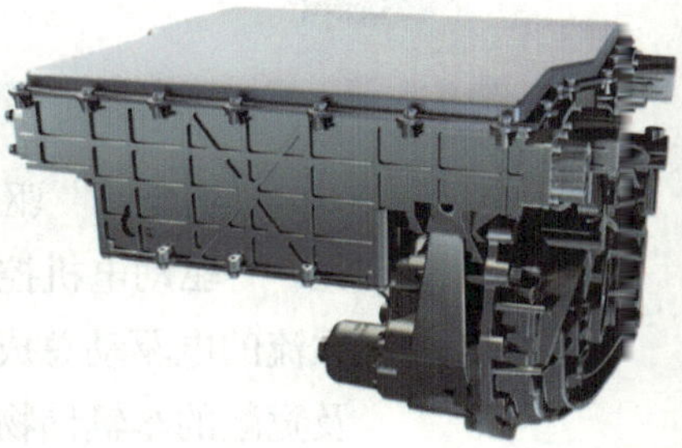
图 1-3-23　八合一驱动总成实物图

图 1-3-24 所示为搭载在比亚迪海豚车型上的八合一驱动总成，融合集成了电机控制器、单档变速器、驱动电机、DC/DC 变换器、双向车载充电机（OBC）、高压配电系统、动力域控制器（VBU），其中，VBU 包含了整车控制器和电池管理器（BMS）的部分功能，可以看到在传统三合一电驱动的基础上，比亚迪 e 平台 3.0 的八合一电驱动还集成了由“双向车载充电机、DC/DC 变换器、高压配电系统、整车控制器、电池管理器”组合的五合一电驱动模块，实现了更深度的整合能力，也实现了软、硬件云端深度融合。

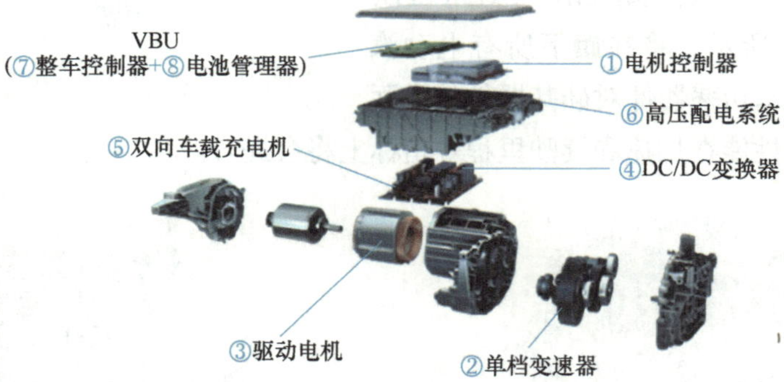

图 1-3-24　比亚迪海豚车型上的八合一驱动总成

在集成化电驱动系统发展的初期，结构形式都较为简单。比如，图 1-3-25 所示为雪佛兰 Bolt 搭载的二合一驱动系统，其将永磁同步电机和减速器集成在一起，再与车桥结合形成一体式电驱动桥，虽然该系统的连接部分仍然比较复杂，但是至少实现了二合一的设计，缩短了各部件之间的距离，使电驱动系统整体结构更加紧凑。

随着电驱动集成技术的不断发展，三合一电驱动系统出现，如图 1-3-26~ 图 1-3-28 所示。随后，国外的特斯拉有限公司、日本电产株式会社、BMW、麦格纳国际集团、吉凯恩集团、博世有限公司、ZF 集团，我国的比亚迪股份有限公司、上海电驱动股份有限公司、巨一公司、汇川技术股份有限公司、精进电动科技股份有限公司、上海大众汽车有限公司等均推出了三合一电驱动总成系统。

图 1-3-25　雪佛兰 Bolt 搭载的二合一驱动系统

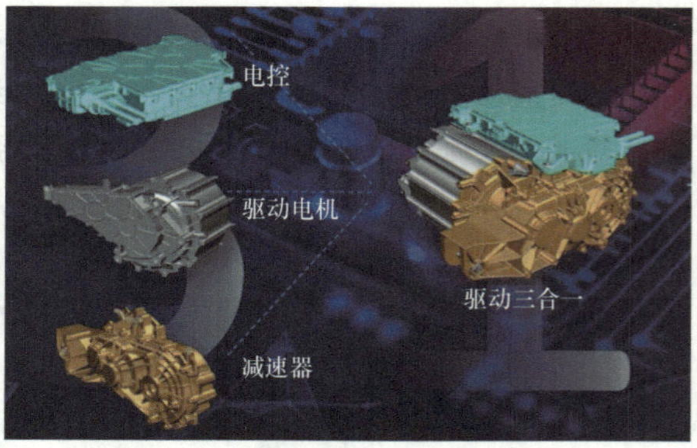

图 1-3-26　比亚迪三合一驱动总成

“三合一”驱动总成技术，将驱动电机、电机控制器、减速器集成为一个紧凑型的产品单元——驱动电机控制系统。其具有高集成、高效率、高转速、高性能和高安全的特点，是当前主流的电驱动总成技术方案，使车辆各系统布局更加灵活，让消费者获得最大化的乘坐空间以及宽敞的车辆储物空间，也为汽车成为住宅、办公室以外的移动“第三空间”打下了基础。

综上所述，集成度高的驱动电机控制系统具备的优势主要有：

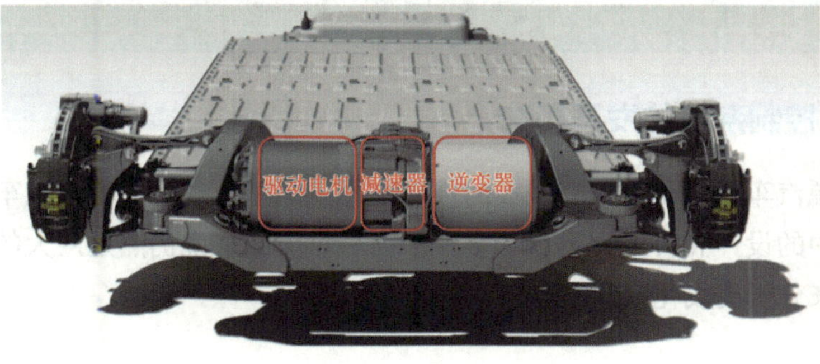

图 1-3-27　特斯拉 Model S 三合一驱动总成

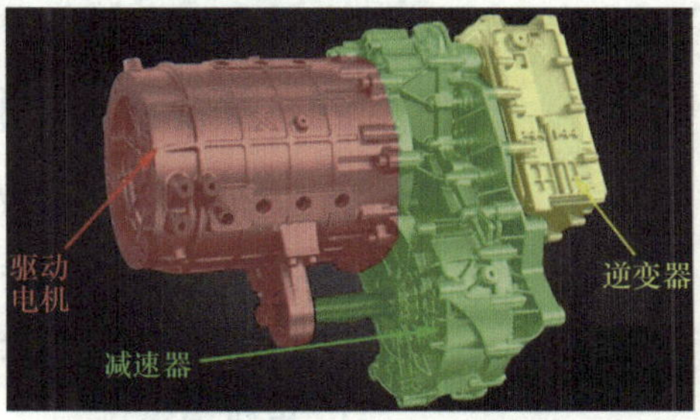

图 1-3-28　蔚来三合一 EDS 集成化电驱动系统

1）总成体积缩小，系统总质量减小，在一定程度上也降低了汽车能耗，提升了续驶里程。

2）采用集成化高得多合一驱动电机控制系统，不仅使前机舱变得更加简洁，汽车各系统布局更加灵活，也使乘坐及储物空间能够被最大化地利用。

3）通过集成化设计，多合一驱动电机控制系统也能够降低接口复杂度及成本。

3. 困境

多合一驱动总成的集成化设计需要多维度开发和能力验证，如图 1-3-29 所示。其中，驱动电机控制系统导致各部件与空气接触面积减少，为了保证各部件处于正常工作温度区间，整个散热系统需要重新设计优化。同时，NVH（噪声振动）、EMC（电磁兼容测试）、安全等性能指标的控制以及零部件开发协同都是目前整车厂和供应商需要重点攻克的难题。在后期用车方面，动力总成的集成化可能对消费者产生不良影响。在一定程度上，动力总成的集成会导致各部件的可靠性降低，各部件的质量控制尤为重要；当某个零部件出现问题，需要维修或者更换时，会导致维修时间和成本的增加。

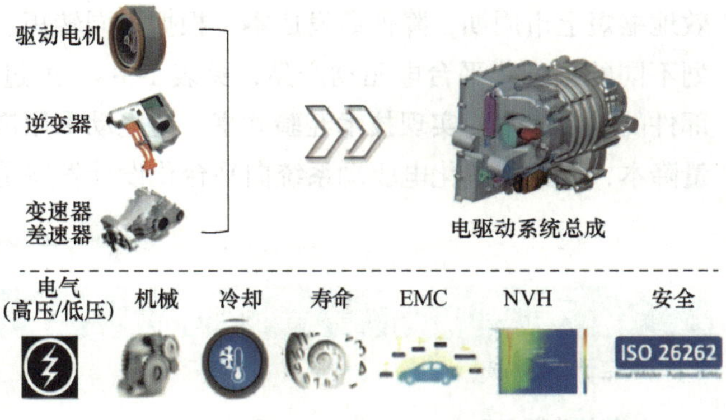

图 1-3-29　纯电动汽车电驱动系统集成化设计

虽然，三合一电驱动系统是当前的主流研究对象，但仍有一些公司对多合一集成设计进行了不同程度的尝试。比如，零跑汽车的“八合一”电驱动总成技术是在“三合一”中电机控制器的基础上又集成了电机控制器、整车控制器、DC/DC 变换器、车载充电机及 PDU，“三合一”和“五合一”两个模块集成在一起，称为“八合一”。整个系统结构更加小巧，水冷系统的工作效率也得到了大幅提升，但整体结构集成后柔性化程度降低，影响前机舱的总体布置。

引导问题 10：请查阅相关资料，简述集成化电驱动系统的发展趋势。

____

____

知识点提示

四、新能源汽车驱动电机控制系统的发展趋势

电驱动系统集成化对于新能源汽车行业来说具有积极的推动作用，但基于现阶段电动汽车供应链的技术水平，集成化过程中的设计和质量问题对于整车厂商和供应商来说仍然是巨大的挑战。下面，将从以下 5 个方面来分析集成化电驱动系统的发展趋势。

1. 电机高速化

高转速电机能够提高功率密度，同时减小体积、降低成本，对于提高电动汽车动力性能来说尤为重要。当前市场上，电驱动系统的电机最高转速一般在 12000r/min 以上。随着新技术、新材料的不断发展及应用，加上消费者对驱动效率、加速体验的重视及追求，采用更高速的驱动电机成为集成电驱动系统发展的必然趋势。大众、沃尔沃、克莱斯勒等驱动电机的最高转速不断提升，最高达到 14000~16000r/min，特斯拉 Model 3 的电机转速达到 17900r/min，目前面市的转速超过 16000r/min 的高速电机主要应用于中高端的纯电动车型上。

2. 平台化设计

汽车产业是典型的规模经济产业，新能源汽车产业也是如此。汽车产品平台化设计能够有效地缩短上市周期，降低研发成本。根据不同转矩、功率的需求以及不同级别的车型，可以规划不同的系列化平台电驱动产品，见表 1-3-4。通过平台化设计集成电驱动系统，可以降低各部件的采购成本，实现技术经验共享。纯电动乘用汽车市场需要在短时间内产生规模效应、增量降本，因此集成化电驱动系统向平台化设计发展是大势所趋。

表 1-3-4　永磁同步平台化集成电驱动系统

项目	小功率平台	中等功率平台	大功率平台
定子直径 /mm	160	180~220	>220
峰值功率 /kW	30~120	80~160	160~340
峰值转矩 /N · m	40~200	180~300	300~400

3. 多档减速器

目前，全球主流的集成化电驱动系统多采用电机匹配单档减速器的架构，其结构简单，成本较低。但是，在高转速情况下，效率和转矩会急速衰减，当电动汽车达到极速后没有提升的空间，因此，经济性不高。而多档化设计能使整车获得更好的动力性和经济性，使电机尽量工作在高效率的转速区间，获得更高的极限车速、更少的百公里加速时间和最大爬坡度；特别是在极速状态以及低负荷条件下，高速档和低速档之间的切换，可以使电机尽量工作在高效率区间。因此，随着将来技术成熟度的提高和成本的降低，多档减速器（图 1-3-30）必然会成为更多集成化电驱动系统的选择。

图 1-3-30　精进电动混合动力四档 EMAT 驱动总成（未量产）

4. 高度集成化

高度集成化就是从一开始的全分体结构，逐步变化为电机与减速器共壳体，直到电机、控制器和减速器共壳体

的集成模式。

这样从结构设计的角度减少了零部件的数量，缩小了体积，减轻了重量，从而降低了成本。

5. 输入输出同轴化

目前，减速器基本是平行轴结构，输入输出同轴化相比平行轴齿轮系，同轴采用的行星齿轮系在结构紧凑性方面优势明显，有助于系统功率密度和转矩密度的最大化；同时，同轴结构可使结构紧凑性最大化，整车布置适应性好。

引导问题 11：请查阅相关资料，简述电动汽车对于驱动电机控制系统的要求。

知识点提示

五、新能源汽车对驱动电机控制系统的性能要求

对于新能源汽车驱动电机控制系统和工业电机控制系统而言，它们的分类及控制的理论和方法大致是相同的。但由于应用场景的不同，新能源汽车对驱动电机控制系统的性能要求更加严格，具体差别可参考表 1-3-5。

表 1-3-5　新能源汽车应用与工业应用中对电机控制系统的性能要求对比

项目	纯电动汽车应用	工业应用
功率密度 /（kW/kg）	>1	0.2~0.5
电机效率 η（%）	>95	85~90
系统高效区（η>80% 的区域）	>80	局部最优
动态控制	高动态性能控制	—
工作环境	-20~105℃，振动，最大加速度 >10g	-20~40℃，静止
系统成本 /（美元 /kW）	200~400	

纯电动汽车对于驱动电机控制系统的要求可以归纳为以下几点：

1）为满足车辆对于低速爬坡、频繁起停及起动初始加速度等复杂工况的要求，其应具有低速高转矩的特性。

2）基于新能源汽车对于高速行驶和高速超车的需要，其应具有基速以上（即高速）具有较宽的恒功率区，其恒功率区范围通常为恒转矩区的 3~10 倍。

3）为了确保纯电动汽车在全工作范围内具有高效率，从而提升车辆的续驶里程，驱动电机控制系统效率在 95% 以上及区域覆盖需大于 50%。

4）纯电动汽车对于整车空间与高效节能的要求需要电驱动系统具有高功率密度，如驱动电机功率密度应大于 1kW/kg，电机控制器的容量密度应为 3~4kW/kg。

5）环境适应度高，工作环境温度为 -40~105℃，最高振动加速度大于 10g。

6）可靠性高，电驱动系统的使用寿命应达到 20 万 km 以上。

7）结构坚固、体积小、重量轻，具有良好的环境适应性和高可靠性。

8）结构简单，成本低，适合大批量生产，便于维修。

工作计划

按照前面所了解的知识内容和小组内部讨论的结果，制订工作方案，包括资料查阅渠道的落实、任务实施的内容分工等。工作计划表见表 1-3-6。

表 1-3-6 工作计划表

步骤	工作内容	负责人
1		
2		
3		
4		
5		

进行决策

1）各组派代表阐述资料查询结果。

2）各组就各自的查询结果进行交流，并分享技巧。

3）教师结合各组完成的情况进行点评，并选出最佳方案。

任务实施

请复习本任务所学内容，并完成下列认知驱动电机控制系统的实训工单，见表 1-3-7 和表 1-3-8。

表 1-3-7 实训准备

序号	设备及工具图片	设备及工具名称	数量	设备及工具是否完好
1				□是 □否
2				□是 □否
3				□是 □否
4				□是 □否
5				□是 □否
6				□是 □否
7				□是 □否
8				□是 □否

质检意见 原因：

表 1-3-8　实训工单

<table>
<tr><td>姓名</td><td></td><td>班级（专业）</td><td></td><td>完成日期</td><td></td></tr>
<tr><td colspan="6">实训任务：驱动电机控制系统的认知</td></tr>
<tr><td>序号</td><td colspan="2">操作步骤</td><td>记录</td><td colspan="2">完成情况</td></tr>
<tr><td>1</td><td colspan="2">请在秦 EV 实车上准确找出驱动电机控制系统，指出其结构，并说出各个主要部件的作用
</td><td></td><td colspan="2">已完成□　未完成□</td></tr>
<tr><td>2</td><td colspan="2">请在比亚迪驱动三合一上找出旋转变压器，并指出其结构</td><td></td><td colspan="2">已完成□　未完成□</td></tr>
<tr><td>3</td><td colspan="2">请找出永磁同步电机的安装位置，并指出旋变定子、旋变转子、转子、三相绕组和定子的位置
</td><td></td><td colspan="2">已完成□　未完成□</td></tr>
<tr><td>4</td><td colspan="2">请找出单档变速器的安装位置</td><td></td><td colspan="2">已完成□　未完成□</td></tr>
<tr><td colspan="6">6S 现场管理</td></tr>
<tr><td>序号</td><td colspan="2">操作步骤</td><td>完成情况</td><td colspan="2">备注</td></tr>
<tr><td>1</td><td colspan="2">建立安全操作环境</td><td>已完成□　未完成□</td><td colspan="2"></td></tr>
<tr><td>2</td><td colspan="2">清理及整理工具、量具</td><td>已完成□　未完成□</td><td colspan="2"></td></tr>
<tr><td>3</td><td colspan="2">清理及复原设备</td><td>已完成□　未完成□</td><td colspan="2"></td></tr>
<tr><td>4</td><td colspan="2">清理场地</td><td>已完成□　未完成□</td><td colspan="2"></td></tr>
<tr><td>5</td><td colspan="2">物品回收和环保</td><td>已完成□　未完成□</td><td colspan="2"></td></tr>
<tr><td>6</td><td colspan="2">完善和检查工单</td><td>已完成□　未完成□</td><td colspan="2"></td></tr>
</table>

评价反馈

1）各组代表展示汇报 PPT，介绍任务的完成过程。

2）以小组为单位，请对各组的操作过程与操作结果进行自评和互评，并将结果填入表 1-3-9。

表 1-3-9 学生评价表

姓名		学号				班级				组别		
实训任务												
评价项目	分值	等级				评价对象（组别）						
		A	B	C	D	1	2	3	4	5	6	7	8
方案合理	20	20	15	10	5								
团队合作	20	20	15	10	5								
工作质量	20	20	15	10	5								
工作规范	20	20	15	10	5								
汇报展示	20	20	15	10	5								
合计	100	各组得分											
总结与反思													
（如：学习过程中遇到什么问题→如何解决的 / 解决不了的原因→心得体会）													

3）教师对学生工作过程与工作结果进行评价，并将评价结果填入表 1-3-10。

表 1-3-10 教师对学生评价表

姓名			学号	班级	组别
实训任务					
评价项目			评价标准	分值	得分
考勤（10%）			无故意迟到、早退和旷课的现象	10	
工作过程（60%）	知识目标	获取信息	掌握工作相关知识	10	
		进行决策	制订工作方案，方案合理可行	10	
	技能目标	任务实施	能在秦 EV 实车上准确找出驱动电机控制系统，指出其结构，并说出各个主要部件的作用	10	
			能找出永磁同步电机的安装位置，并指出旋变定子、旋变转子、转子、三相绕组和定子的位置	10	
	素养目标	工作态度	认真严谨、积极主动、安全生产、文明施工	5	
		团队合作	与小组成员、同学之间能合作交流，协调工作	5	
		工作质量	能按照工作方案操作，按计划完成工作任务	10	

（续）

评价项目		评价标准	分值	得分
项目成果（30%）	工作完整	能按时完成工作任务的所有环节	10	
	工作规范	能在整个操作过程中规范操作，避免意外事故的发生	10	
	汇报展示	能准确表达、汇报工作成果	10	
合计			100	

综合评价	学生评价（50%）	教师评价（50%）	综合得分
综合评语	（作业过程中存在的问题及改进建议）		

情智课堂

汽车产业处于多技术变革的交汇点，不同技术领域之间的边界被打破，汽车不再简单只是代步工具，而是移动的数字终端，汽车产业成为能源、机械、交通、电力电子、通信、软件、大数据等多学科和技术融合的综合载体。“电动化、智能化、网联化”代表着未来汽车技术与产业发展的方向，成为汽车行业全球竞争的焦点。各国政府大力推动新能源汽车的发展，抢占产业高地。跨界力量渐露头角，传统车企加快转型，产业变革之下，行业将重新洗牌。

早在 1873 年，英国人罗伯特·戴维森就发明了全球首台电力驱动的汽车，比德国人戴姆勒与卡尔本茨发明汽油动力汽车还早了 10 余年。罗伯特·戴维森制造的电动汽车属于载货汽车，长度为 4.8m，宽约为 1.8m，使用铁、锌、汞合金与硫酸反应的一次性电池，在 1880 年之后，又选择了能够进行反复充电的电池。一次性电池被淘汰，是电动汽车发展历程中非常重要的一次技术变革，目前所讲的磷酸铁锂离子蓄电池、三元锂离子蓄电池、镍氢蓄电池等都属于可反复充放电的二次电池。到了 1890 年，已经能够在法国以及英国的街道中看到电动客车，那时的车用内燃机技术还处于较为落后的状态，车辆行驶里程不长，也容易发生故障，而那时的电动汽车无论是使用还是维修都更加方便。1900 年，美国已经拥有 15000 余辆电动汽车，而蒸汽机汽车仅仅为 1500 余辆，汽油机汽车不足千辆。

20 世纪后，内燃机技术进一步发展，1908 年福特公司研究成功 T 型汽车，并借助于流水线生产了大量汽油机汽车，因为蒸汽机汽车和电动汽车在当时具有技术方面和经济方面的不足，造成其在市场竞争过程中暂时被淘汰，发展速度逐渐放缓。从 20 世纪后半叶到今天，大油田被越来越多地发现，汽油价格也持续降低，内燃机技术得以突飞猛进的发展，汽油机得到了更快的普及，也开始成为主流交通工具。从 1900 之后的 10 余年，由于制造、研究成本较高和较短的续航，电动汽车始终没有得到较快的发展，也并未有一款电动汽车能够达到商用规模。直到 20 世纪末期，因为汽油价格的上涨以及各国政府开始对气候环境问题的担忧才让电动汽车再次进入人们的眼光中。

2020 年 11 月 2 日，国务院办公厅印发《新能源汽车产业发展规划（2021—2035 年）》。其中提到，我国新能源汽车产业的发展愿景是，到 2025 年，我国新能源汽车市场竞争力明显增强，动力蓄电池、驱动电机、车用操作系统等关键技术取得重大突破，安全水平全面提升。纯电动乘用车新车平均电耗降至 12.0kW·h/100km，新能源汽车新车销售量达到汽车新车销售总量的 20% 左右，高度自动驾驶汽车实现限定区域和特定场景商业化应用，充换电服务便利性显著提高。力争经过 15 年的持续努力，我国新能源汽车核心技术达到国际先进水平，质量品牌具备较强国际竞争力。纯电动汽车成为新销售车辆的主流，公共领域用车全面电动化，燃料电池汽车实现商业化应用，高度自动驾驶汽车实现规模化应用，充换电服务网络便捷高效，氢燃料供给体系建设稳步推进，有效促进节能减排水平和社会运行效率的提升。在政策的驱动下，我国新能源汽车市场规模从 2013 年的 1.8 万辆经历 5 年在 2018 年首次突破了 100 万辆。2018—2020 年，在补贴大幅退坡情况等因素的影响下，新能源汽车产销规模维持在 120 万～130 万辆的水平，产业实现从政策驱动向市场驱动的平稳过渡。2022 年，新能源汽车产销分别达到 705.8 万辆和 688.7 万辆，均超过了行业预期。

新能源汽车是快速发展的行业，也是我国的战略性新兴产业，虽然其市场地位曾被油车取代，但在能源安全、环境保护、产业升级等多种考量下，在政策及用户的支持下，可以看到新能源汽车产业正在快速发展，希望大家在投身新能源汽车产业之后能有各自的作为，借助产业升级的契机实现自我价值。

笔记栏

项目二 新能源汽车驱动电机的检修

任务一　直流电机的结构与检修

任务目标

知识目标

1. 了解直流电机的概念、结构、分类及运行原理。
2. 掌握永磁无刷直流电机的拆装注意事项。

技能目标

具备正确拆卸和安装永磁无刷直流电机的能力。

素养目标

1. 认真严谨、积极主动、安全生产、文明施工。
2. 与小组成员、同学之间能合作交流，协调工作。
3. 获得分析问题和解决问题的基本方法。
4. 与小组成员交流、讨论学习成果，取长补短，完成自我提升。

任务框图

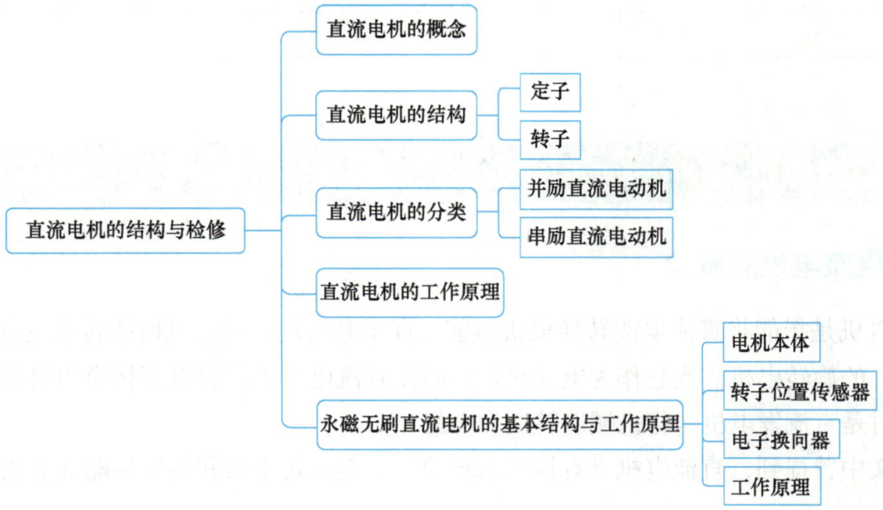

任务导入

新能源汽车在行驶过程中，驱动电机出现了杂音和其他不正常的现象。经过多次试车检查后，汽车工程师判断可能是电机定子、转子铁心有松动，需要让维修工程师拆开电机进一步检查。如果你是维修工程师，你能安全、规范地拆装永磁无刷直流电机吗？

任务分组

学生任务分配表见表 2-1-1。

表 2-1-1 学生任务分配表

<table>
<tr><td>班 级</td><td></td><td>组 号</td><td></td><td>指导老师</td><td></td></tr>
<tr><td>组 长</td><td></td><td>学 号</td><td colspan="3"></td></tr>
<tr><td rowspan="4">组 员</td><td>姓名：</td><td>学号：</td><td>姓名：</td><td colspan="2">学号：</td></tr>
<tr><td>姓名：</td><td>学号：</td><td>姓名：</td><td colspan="2">学号：</td></tr>
<tr><td>姓名：</td><td>学号：</td><td>姓名：</td><td colspan="2">学号：</td></tr>
<tr><td>姓名：</td><td>学号：</td><td>姓名：</td><td colspan="2">学号：</td></tr>
<tr><td colspan="6">任务分工</td></tr>
<tr><td colspan="6">（就组织讨论、工具准备、数据采集、数据记录、安全监督、成果展示等工作内容进行任务分工）</td></tr>
</table>

获取信息

引导问题 1：新能源汽车的驱动电机有很多种，请查阅相关资料，简述直流电机的概念。

____

____

知识点提示

一、直流电机的概念

直流电机是指能将直流电能转换成机械能（直流电动机）或将机械能转换成直流电能（直流发电机）的旋转电机。当它作为电动机运行时是直流电动机，将电能转换为机械能；作为发电机运行时是直流发电机，将机械能转换为电能。

在前文中曾提到，直流电机具有控制系统简单、起动转矩大和调速性能好等诸多优点，正是因为直流电机的这些优点，其已被广泛用于对调速有较高要求的控制系统中。

传统的直流电机采用电刷进行机械换向，这项技术不可避免地会带来机械摩擦，而且会有电火花、噪声和电波干扰等缺陷，造成电机使寿命大大缩短，再加上电刷会导致制造设计成本和维护费用增加，所以在高速和高性能控制应用场合中，需要研发新的高性能电机。

为了解决这些问题，无刷直流电机在直流电机的基础上诞生了，早在20世纪30年代，国外的学者就提出使用电子换相电路代替电刷的方法，由于当时电子器件处于起步阶段，这项技术只能停留在理论阶段。随着电子技术的不断发展，1955年美国学者Harrison和Rye首次将晶体管电路代替机械电刷结构，构建了现代无刷直流电机的雏形。随着20世纪60~70年代电子技术的飞速发展，借助霍尔元器件和磁敏元器件进行电子换相的技术相继取得成功，从而开启了无刷直流电机的新时代。

现代直流无刷电机的转子使用永磁材料，随着对永磁材料的深入研究，我国的电机行业也随之迅速发展。通常将转速高于10000r/min的无刷直流电机称为高速无刷直流电机，高速无刷直流电机继承了无刷直流电机的一系列的优点，已经在各个行业得到了广泛的应用。高速无刷直流电机有功率密度高和体积小的特点，可以直接与负载连接，提高系统控制效率，有效减小噪声；并且绕组线圈的电阻和电感很小，工作时可以减小损耗，提高工作效率。由于有以上诸多优点，所以高速无刷直流电机在航空航天、家用电器、电动汽车、自动办公领域等方向具有广阔的应用前景。

竞赛指南

在2019年中国技能大赛——全国新能源汽车关键技术技能大赛的理论知识竞赛中，汽车电动化的组卷占比有60%之多。在汽车电动化模块的出题范围中，就包括直流电机的结构中定子和转子的知识。

引导问题2：请查阅相关资料，简述直流电机定子的组成。

____

____

引导问题3：请查阅相关资料，简述直流电机转子的组成。

____

____

知识点提示

二、直流电机的结构

直流电机主要由机座、电枢铁心、主磁极、换向磁极、换向器、刷架、端盖、风扇和出线盒组成，如图2-1-1~图2-1-4所示。

静止部分叫作定子，转动部分叫作电枢或转子。

图 2-1-1　直流电机（实物图）

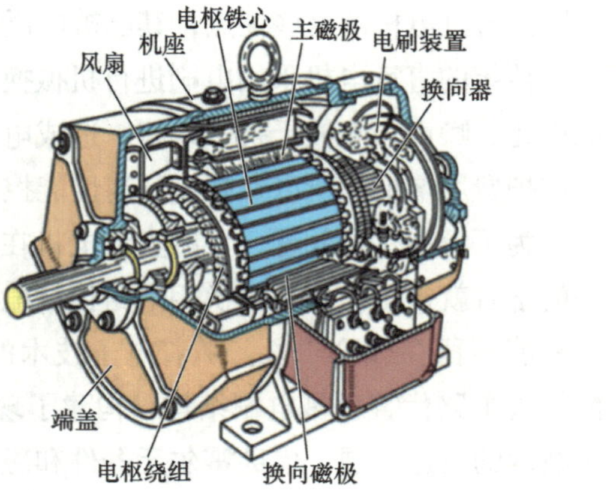

图 2-1-2　直流电机剖面图

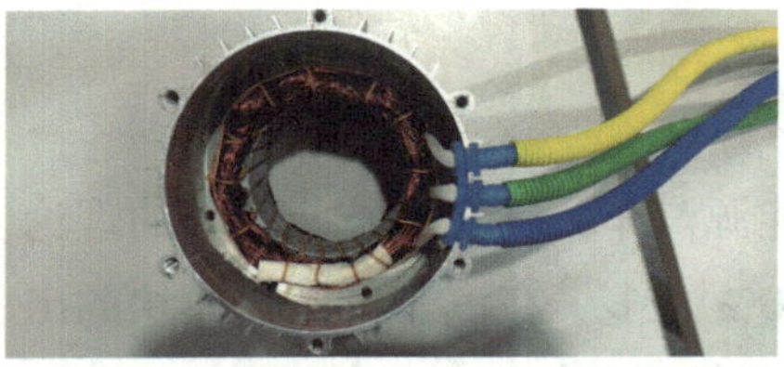

图 2-1-3　直流电机的构造及磁场（实物图）

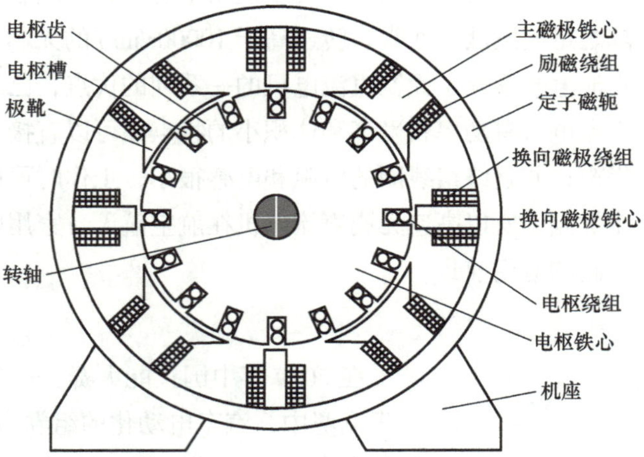

图 2-1-4　直流电机的构造及磁极

1. 定子

定子主要由主磁极、换向磁极、电刷和机座等组成，用来产生磁通和进行机械固定。

（1）主磁极　主磁极的作用是产生气隙磁场，磁极可以是永磁体，也可以是电励磁式的。主磁极由主磁极铁心和励磁绕组两部分组成。铁心分为极身和极掌两部分，一般用 0.5~1.5mm 厚的硅钢板片叠压铆紧而成。极身为上面套励磁绕组的部分，极掌为下面扩宽的部分。极掌宽于极身，既可以固定励磁绕组，又可以调整气隙中磁场的分布。励磁绕组套在主磁极铁心上，用绝缘铜线绕制而成。整个主磁极用螺钉固定在机座上，如图 2-1-5 所示。

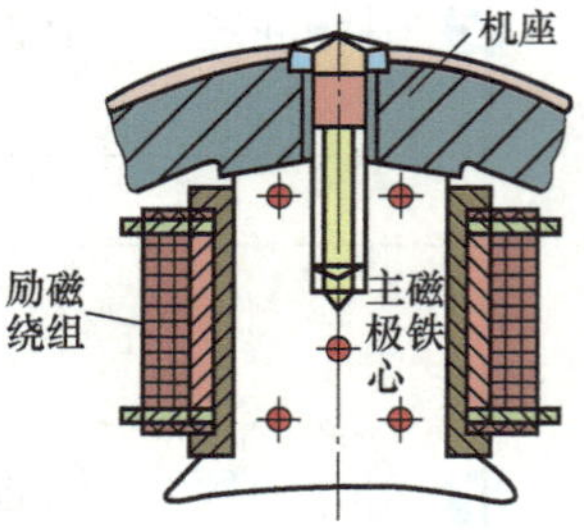

图 2-1-5　直流电机的主磁极

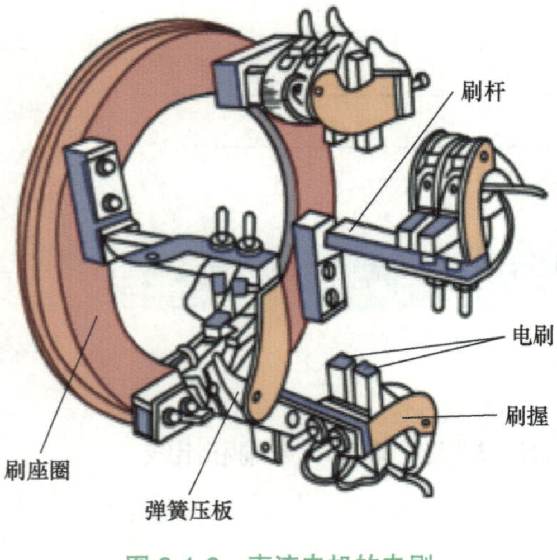

图 2-1-6　直流电机的电刷

（2）换向磁极　换向磁极的作用是改善换向，减少电机运行时在电刷下产生的火花。

（3）电刷　电刷作为转子电枢绕组的引出端，它的作用主要是导通，如图 2-1-6 所示。目前，高端的新型直流电机的电刷采用先进的电子接触，称为无刷电机。

（4）机座　机座由铸钢或钢板制成，可以起到固定和支撑的作用，又叫作磁轭，是磁路的一部分。

2. 转子

转子主要由电枢铁心、电枢绕组及换向器等组成，也称为电枢，如图 2-1-7 所示。端盖上安装有轴承，用来支撑电机转子旋转，端盖被固定在机座两端。电刷架安装在端盖上，电刷则与换向器相接触。转子的作用为当通电后在磁场中受力，产生电磁转矩。电枢铁心固定在转轴上，由铁磁材料冲压开槽叠片而成。

图 2-1-7　直流电机的转子

电机里的定子和转子之间会留有气隙，定子和转子的结构以及气隙的大小对电机性能有重要的影响。

（1）电枢铁心　电枢铁心有两个作用，一是作为主磁路的主要部分；二是嵌放电枢绕组。由于主磁场和电枢铁心之间的相对运动，会在铁心中引起磁滞损耗和涡流损耗（这两部分损耗合在一起称为铁心损耗，简称“铁耗”），为了减少铁耗，通常用 0.5mm 厚并在表面有绝缘层的硅钢片的冲片叠压而成，固定在转轴上。电枢铁心沿圆周上有均匀分布的槽，里面可嵌入电枢绕组。

（2）电枢绕组　电枢绕组有规律地绕在电枢铁心槽内，与换向器连接，形成回路。电枢绕组的作用为在运动中切割磁感线并产生电动势（对发电机）或电磁转矩（对电动机）。换向器是直流电机里的一种特殊装置，每两个相邻的换向片中间是云母绝缘片。在换向器的表面用弹簧压着固定的电刷，使转动的电枢绕组可以与外电路连接。

（3）换向器　换向器（图 2-1-8）安装在转子的一端，是由许多换向片组成的整体，换向片之间是相互绝缘的，转动的换向器与固定的电刷滑动接触，使转动的电枢绕组与静止的外电路相连接。

电枢的换向器与电刷配合，实现电枢绕组的电流换向，对于电动机，是将外加的直流电变换成电枢内部的交流电。

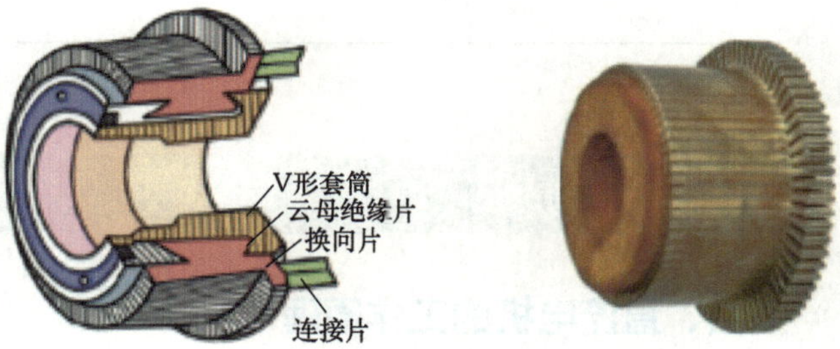

图 2-1-8　换向器

引导问题 4：请查阅相关资料，简述汽车上常用的直流电机种类有哪些。

____

____

知识点提示

三、直流电机的分类

直流电机按结构及工作原理可分为无刷直流电机和有刷直流电机。采用永磁材料来替代传统电机的励磁绕组（或电枢绕组）的永磁直流电机可分为永磁有刷直流电机和永磁无刷直流电机。

按励磁方式，直流电机可分为他励直流电机、并励直流电机、串励直流电机和复励直流电机等。汽车上常用的有并励直流电机和串励直流电机。

1. 并励直流电机

并励直流电机的励磁绕组同电枢绕组并联（图 2-1-9），其励磁绕组称为并励绕组。由于并励绕组承受着电枢两端的全部电压，其值较高，为了减少它的铜耗，并励绕组必须具有较大的电阻，以减小励磁电流。因此，并励绕组的匝数较多，用较细的导线绕成。

2. 串励直流电机

串励直流电机的励磁绕组同电枢绕组串联（图 2-1-10），其励磁绕组称为串励绕组。为了减少其电压降及铜耗，串励绕组应具有较小的电阻。因此，它总是用截面面积较大的导线绕成，而且匝数较少。

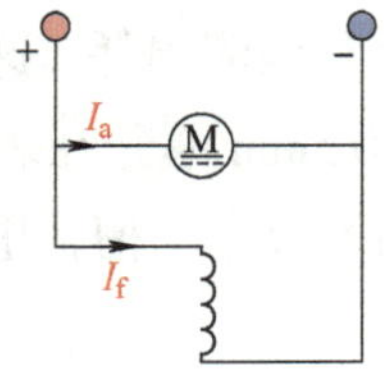

图 2-1-9　并励直流电机的电气原理图

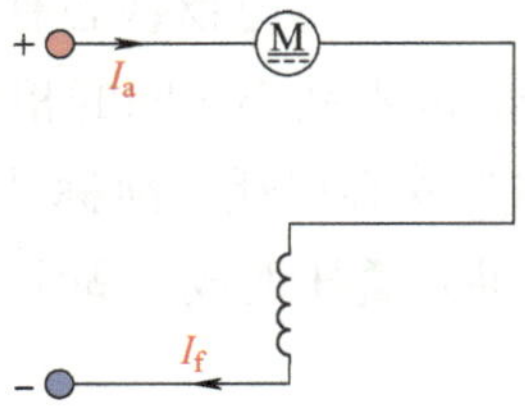

图 2-1-10　串励直流电机的电气原理图

引导问题 5：请查阅相关资料，简述直流电机的工作原理。

____

____

知识点提示

四、直流电机的工作原理

图 2-1-11 所示为直流电动机的工作原理示意图。图中，定子有一对 N、S 极，电枢绕组的末端分别接到两个换向片上，正、负电刷 A 和 B 分别与两个换向片接触。

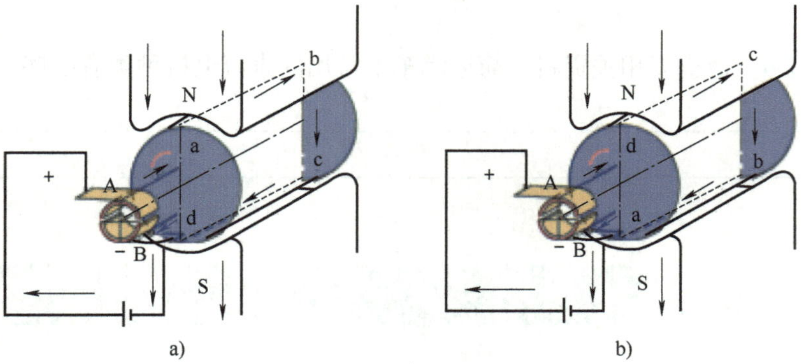

图 2-1-11　直流电动机的工作原理示意图

如果给两个电刷加上直流电源，如图 2-1-11a 所示，则有直流电流从电刷 A 流入，经过线圈 abcd，从电刷 B 流出。根据电磁定律，载流导体 ab 和 cd 受到电磁力的作用，其方向可用左手定则判定，两段导体受到的力形成了一个转矩，使转子逆时针转动。

如果转子转到图 2-1-11b 所示的位置，电刷 A 和换向片 2 接触，电刷 B 和换向片 1 接触，直流电流从电刷 A 流入，在线圈中的流动方向是 dcba，从电刷 B 流出。此时载流导体 ab 和 cd 受到电磁力的作用，方向同样可用左手定则判定，它们产生的转矩仍然使转子逆时针转动。这就是直流电动机的工作原理。

引导问题 6：请查阅相关资料，简述永磁无刷直流电机的工作原理。

____

____

知识点提示

五、永磁无刷直流电机的基本结构与工作原理

永磁无刷直流电机主要由电机本体、转子位置传感器和电子换向器等部分组成，其基本原理如图 2-1-12 所示。

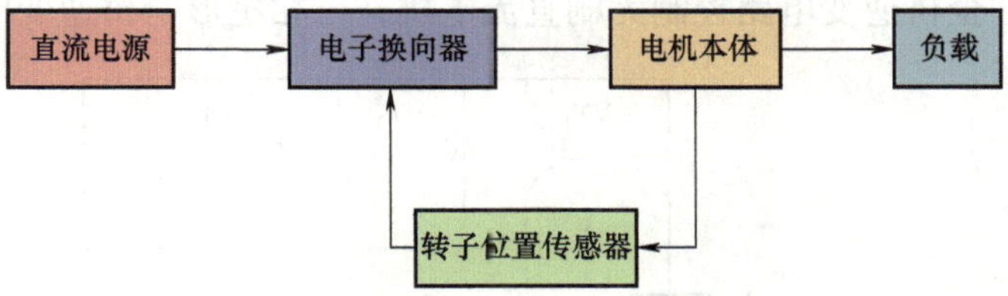

图 2-1-12 永磁无刷直流电机的基本原理图

永磁无刷直流电机利用转子位置传感器输出的转子位置信号驱动电子换向器中的电力电子器件，使定子各相绕组按照一定的顺序导通，从而在永磁无刷直流电机的定子绕组上产生步进式的旋转磁场，拖动电机转子旋转。随着电机转动，电机控制器不断地改变定子各相绕组的通断状态，这样就使某一磁极下导体中的电流方向保持不变，即电机持续向同一方向旋转。

1. 电机本体

永磁无刷直流电机本体由定子和转子两部分构成。电机定子铁心中嵌有单相或对称的多相绕组，电枢绕组可以接成星形或三角形，其中星形联结在低转速时输出高转矩，三角形联结在低转速时输出低转矩，这是因为在三角形联结中，一半的电压加在未被驱动的绕组两端，降低了电机的效率和转矩。因此，目前无刷直流电机电枢绕组常用三相对称星形且无中性点引出连接。在额定负载内，气隙磁场密度一般与电枢电流无关，因此转矩和电流呈线性关系。永磁无刷直流电机的转子由多个极对数的永磁体构成，其永磁体多采用稀土永磁材料制作，常见的转子结构主要有表面式和内嵌式两种，其中表面式最为常见，电机转子结构的多样化使永磁无刷直流电机正朝着高转矩、高精度、多用途和微型化等方向发展。

2. 转子位置传感器

转子位置传感器在永磁无刷直流电机中的作用是检测转子位置，为电子换向器提供正确的换相信号，以控制定子绕组换相，无刷直流电机的转子位置传感器代替了传统有刷直流电机中的电刷和集电环。常用的转子位置传感器主要有电磁式、光电式和磁敏式三种，其中电磁式位置传感器利用电磁效应将转子位置信息转换为对应变化的电信号，其可靠性高、使用寿命长、输出信号大，但信噪比较低，输出的交流信号需经整流滤波后才能使用，所以目前较少使用。

光电式位置传感器利用光电效应确定转子位置，其体积小、重量小，但是由于光电式位置传感器由光敏材料制成，所以它对环境要求较高，使用寿命较短。磁敏式位置传感器利用霍尔效应和磁阻效应工作，其成本低廉、环境适应性很强、结构简单、易安装，因此在永磁无刷直流电机中得到广泛的应用。

3. 电子换向器

电子换向器主要由电力电子器件及其驱动电路组成，用来控制定子各相绕组的导通顺序。无刷直流电机的转子跟随定子上的旋转磁场运动，因此需要按照一定的顺序给定子各相绕组轮流馈电，使其产生旋转的定子磁场，永磁体产生的转子磁场与旋转的定子磁场相互作用，两者瞬时速度不同，但平均速度相同，因此能保持相对同步。电子换向器和转子位置传感器协同工作，位置传感器发出转子位置信号，电子换向器根据此位置信号开通或关断电力电子器件，以实现电机的换相。

4. 工作原理

无刷直流电机用电子换向器和位置传感器代替传统有刷直流电机中的机械换向器和电刷，其电子换向器按控制电路可分为全桥式和半桥式两种，按电机绕组联结方式可分为星形和三角形两种。星形全桥接法的无刷直流电机输出转矩大且转矩脉动较小，因此本任务采用三相星形全桥逆变电路控制无刷直流电机，三相星形全桥逆变电路图如图 2-1-13 所示。

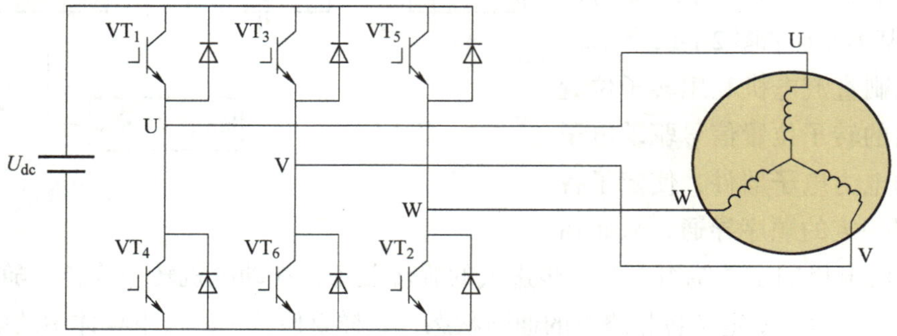

图 2-1-13　三相星形全桥逆变电路图

以图 2-1-13 为例可说明永磁无刷直流电机的工作原理。

设永磁无刷直流电机的初始导通相为 U、V 两相，此时 VT_1 和 VT_6 导通，电流由 U 相流入，由 V 相流出。

此状态持续 60° 电角度后开始换相，VT_6 关断，VT_2 导通，此时导通相为 U、W 两相，电流由 U 相流入，由 W 相流出。

此状态持续 60° 电角度后开始换相，VT_1 关断，VT_3 导通，此时导通相为 V、W 两相，电流由 V 相流入，由 W 相流出。

此状态持续 60° 电角度后开始换相，VT_2 关断，VT_4 导通，此时导通相为 V、U 两相，电流由 V 相流入，由 U 相流出。

此状态持续 60° 电角度后开始换相，VT_3 关断，VT_5 导通，此时导通相为 W、U 两相，电流由 W 相流入，由 U 相流出。

此状态持续 60° 电角度后开始换相，VT_4 关断，VT_6 导通，此时导通相为 W、V 两相，电流由 W 相流入，由 V 相流出。

此状态维持 60° 电角度后开始换相，VT_5 关断，VT_1 导通，此时导通相为 U、V 两相，电流由 U 相流入，由 V 相流出，回到初始状态，构成一个换相周期，形成三相六拍状态。

各功率开关管的导通顺序为 VT_1VT_6、VT_1VT_2、VT_3VT_2、VT_3VT_4、VT_5VT_4、VT_5VT_6、VT_1VT_6，电流形成 6 个状态分别为 UV、UW、VW、VU、WU、WV，每个状态均持续 60° 电角度。一个换相周期内，无刷直流电机的每相正向导通 120° 电角度，反向导通 120° 电角度。

工作计划

按照前面所了解的知识内容和小组内部讨论的结果，制订工作方案，包括资料查阅渠道的落实、任务实施的内容分工等。工作计划表见表 2-1-2。

表 2-1-2　工作计划表

步骤	工作内容	负责人
1		
2		
3		
4		
5		

进行决策

1）各组派代表阐述资料查询结果。

2）各组就各自的查询结果进行交流，并分享技巧。

3）教师结合各组完成的情况进行点评，并选出最佳方案。

任务实施

引导问题 7：请扫描二维码观看微课，并复习本任务所学内容，巩固直流电机的理论知识，并完成下列永磁无刷直流电机拆卸与安装的实训工单，见表 2-1-3 和表 2-1-4。

永磁无刷直流电机的拆卸

永磁无刷直流电机的安装

表 2-1-3　实训准备

序号	设备及工具图片	设备及工具名称	数量	设备及工具是否完好
1				□是　□否
2				□是　□否
3				□是　□否
4				□是　□否
5				□是　□否
6				□是　□否
7				□是　□否
8				□是　□否
质检意见	原因：			

表 2-1-4 实训工单

<table>
<tr><td>姓名</td><td></td><td>班级（专业）</td><td></td><td>完成日期</td><td></td></tr>
<tr><td colspan="6">实训任务 1：永磁无刷直流电机的拆卸</td></tr>
<tr><td>序号</td><td>操作步骤</td><td colspan="2">记录</td><td colspan="2">完成情况</td></tr>
<tr><td>1</td><td>拆下风扇罩
</td><td colspan="2">拆卸工具：
防护工具：</td><td colspan="2">已完成□ 未完成□</td></tr>
<tr><td>2</td><td>取出卡簧
</td><td colspan="2">拆卸工具：</td><td colspan="2">已完成□ 未完成□</td></tr>
<tr><td>3</td><td>撬出风扇
</td><td colspan="2">拆卸工具：
方法：</td><td colspan="2">已完成□ 未完成□</td></tr>
<tr><td>4</td><td>拆卸后，拆出转子旋变传感器
</td><td colspan="2">拆卸工具：
方法：</td><td colspan="2">已完成□ 未完成□</td></tr>
<tr><td>5</td><td>卸掉后端盖紧固螺钉
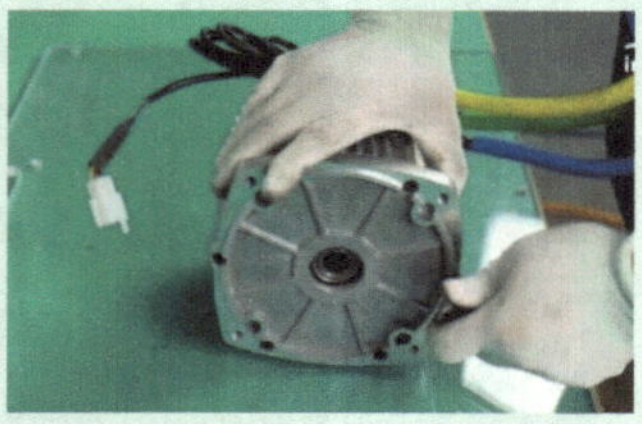</td><td colspan="2">拆卸工具：
螺钉个数：
螺钉规格：
螺钉拆卸顺序：
螺钉拆卸力矩：
螺钉拆卸后的放置位置：</td><td colspan="2">已完成□ 未完成□</td></tr>
<tr><td>6</td><td>取出转子
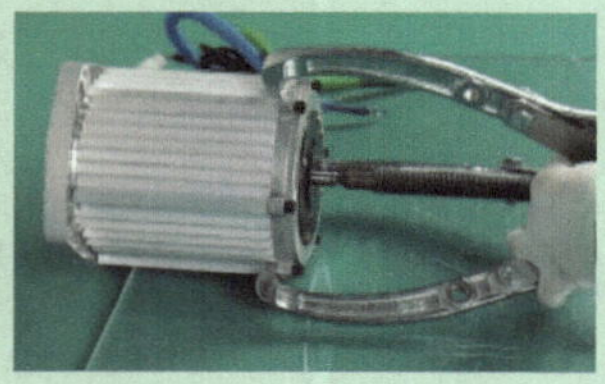</td><td colspan="2">拆卸工具：
转子拆卸力矩：
转子拆卸方法：
转子拆卸后的放置位置：</td><td colspan="2">已完成□ 未完成□</td></tr>
</table>

（续）

实训任务 2：永磁无刷直流电机的安装			
序号	操作步骤	记录	完成情况
1	安装转子垫片 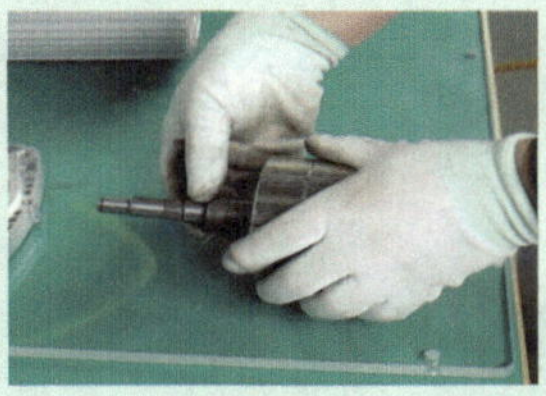	安装工具：	已完成□　未完成□
2	安装转子 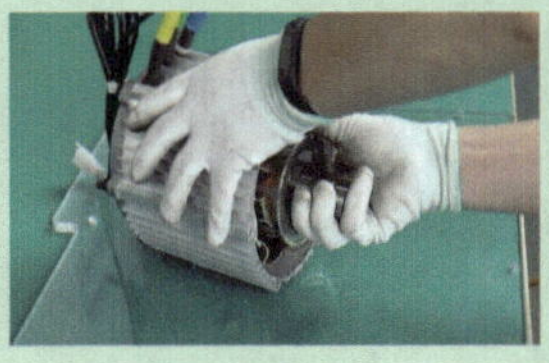	安装工具：	已完成□　未完成□
3	锁紧后端盖紧固螺钉 	螺钉安装顺序： 螺钉紧固力矩：	已完成□　未完成□
4	安装风扇与卡簧 	安装工具：	已完成□　未完成□
5	安装风扇罩 	安装工具：	已完成□　未完成□

6S 现场管理			
序号	操作步骤	完成情况	备注
1	建立安全操作环境	已完成□　未完成□	
2	清理及整理工具、量具	已完成□　未完成□	
3	清理及复原设备	已完成□　未完成□	
4	清理场地	已完成□　未完成□	
5	物品回收和环保	已完成□　未完成□	
6	完善和检查工单	已完成□　未完成□	

评价反馈

1）各组代表展示汇报 PPT，介绍任务的完成过程。

2）以小组为单位，请对各组的操作过程与操作结果进行自评和互评，并将结果填入表 2-1-5。

表 2-1-5 学生评价表

姓名		学号				班级				组别			
实训任务													
评价项目	分值	等级				评价对象（组别）							
		A	B	C	D	1	2	3	4	5	6	7	8
方案合理	20	20	15	10	5								
团队合作	20	20	15	10	5								
工作质量	20	20	15	10	5								
工作规范	20	20	15	10	5								
汇报展示	20	20	15	10	5								
合计	100	各组得分											
总结与反思													
（如：学习过程中遇到什么问题→如何解决的 / 解决不了的原因→心得体会）													

3）教师对学生工作过程与工作结果进行评价，并将评价结果填入表 2-1-6。

表 2-1-6　教师对学生评价表

姓名			学号	班级	组别	
实训任务						
评价项目			评价标准		分值	得分
考勤（10%）			无故意迟到、早退和旷课的现象		10	
工作过程（60%）	知识目标	获取信息	掌握工作相关知识		10	
		进行决策	制订工作方案，方案合理可行		10	
	技能目标	任务实施	能有序拆卸永磁无刷直流电机的风扇罩、卡簧、风扇、转子和转子垫片		10	
			能正确安装永磁无刷直流电机的转子垫片、转子、风扇、卡簧和风扇罩		10	
	素养目标	工作态度	认真严谨、积极主动、安全生产、文明施工		5	
		团队合作	与小组成员、同学之间能合作交流，协调工作		5	
		工作质量	能按照工作方案操作，按计划完成工作任务		10	
项目成果（30%）		工作完整	能按时完成工作任务的所有环节		10	
		工作规范	能在整个操作过程中规范操作，避免意外事故的发生		10	
		汇报展示	能准确表达、汇报工作成果		10	
合计					100	

综合评价	学生评价（50%）	教师评价（50%）	综合得分
综合评语	（作业过程中存在的问题及改进建议）		

任务二　三相交流异步电机的结构与检修

任务目标

知识目标

1. 了解三相交流异步电机的概念。
2. 掌握三相交流异步电机的结构。
3. 掌握三相异步电机的运行原理。
4. 掌握三相交流异步电机的拆装注意事项。

技能目标

具备拆卸和安装三相交流异步电机的能力。

素养目标

1. 认真严谨、积极主动、安全生产、文明施工。
2. 与小组成员、同学之间能合作交流，协调工作。
3. 获得分析问题和解决问题的基本方法。
4. 与小组成员交流、讨论学习成果，取长补短，完成自我提升。

任务框图

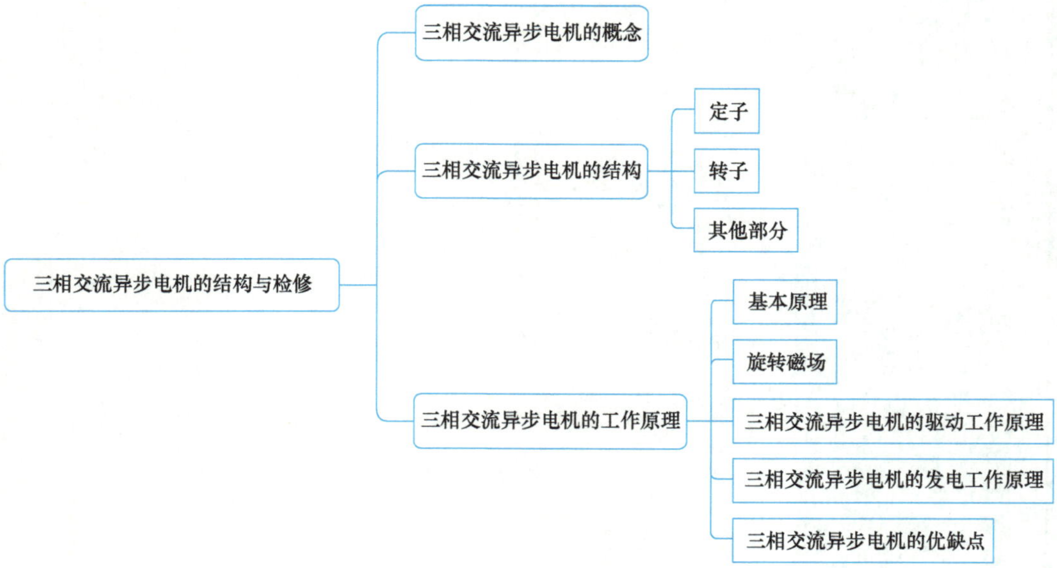

笔记栏

任务导入

某款搭载三相交流异步电机的纯电动汽车行驶约 40000km 后，车主到店反映车辆行驶过程中前机舱有异响，减速制动及上坡时尤为明显，但是仪表无故障灯提示。经反复试车，维修技术主管判定驱动电机内部轴承或绕组可能有损伤，告知维修技师需拆开驱动电机进一步检查。假如你是该维修技师，你知道如何安全、规范地拆装三相交流异步电机吗？

任务分组

学生任务分配表见表 2-2-1。

表 2-2-1 学生任务分配表

班 级		组 号		指导老师			
组 长		学 号					
组 员	姓名：	学号：		姓名：		学号：	
	姓名：	学号：		姓名：		学号：	
	姓名：	学号：		姓名：		学号：	
	姓名：	学号：		姓名：		学号：	
任务分工							
（就组织讨论、工具准备、数据采集、数据记录、安全监督、成果展示等工作内容进行任务分工）							

获取信息

引导问题 1：请查阅相关资料，简述三相交流异步电机的概念。

____

____

引导问题 2：请查阅相关资料，简述笼型异步电机的优点。

____

____

知识点提示

一、三相交流异步电机的概念

交流异步电机也称为交流感应电机，由于其采用交流电，也称为三相交流异步电机。三相交流异步电机利用气隙旋转磁场与转子绕组的相互作用产生交互电磁转矩，带动转子旋转，从而实现电能转化为机械能。

异步电机具有结构简单、坚固耐用、工作可靠、免维护和效率高的优点，是各类电机中应用最广、需求量最大的一种，在纯电动汽车上被广泛使用。按转子结构来分，异步电机可分为笼型和绕线型；按定子绕组相数来分，异步电机可分为单相和三相。在新能源汽车中，笼型异步电机应用较为广泛。本任务主要学习三相交流异步电机的结构及其工作原理。

异步电机的控制系统采用矢量控制和直接转矩控制的方式。矢量控制是基于矢量控制理论建立的交流电机动态控制数学模型的控制方法，需要解耦定子电流成独立的磁链分量和转矩分量，对动态数模的准确度和算法精度要求高，但有可实现零转速起的宽广的调速范围、高的响应速度、高的精准控制和电机加速性能好等优点。

直接转矩控制是将电机输出转矩作为控制对象，通过控制定子磁场向量来控制电机转速，不需要复杂准确的数学模型和矢量分解的坐标变换。具有控制精度较高、系统性能对转子参数呈鲁棒性和控制简便性能优越的特点。直接转矩控制方法在磁链调节器、转矩调节器和转速调节器中广泛采用 PID 模型和控制方法。

竞赛指南

在 2019 年中国技能大赛——全国新能源汽车关键技术技能大赛的理论知识竞赛中，汽车电动化的组卷占比有 60% 之多，在汽车电动化模块的出题范围中，就包括三相交流异步电机的结构。

引导问题 3：请查阅相关资料，简述三相交流异步电机的结构。

____

____

引导问题 4：请查阅相关资料，简述定子铁心的槽型及其应用范围。

____

____

知识点提示

二、三相交流异步电机的结构

三相交流异步电机的种类很多，但各类三相交流异步电机的基本结构是相同的，它们都由定子和转子这两大基本部分组成，在定子和转子之间具有一定的气隙。此外，还有端盖、轴承、风扇、风扇罩、接线盒等其他附件，其结构如图 2-2-1 所示。

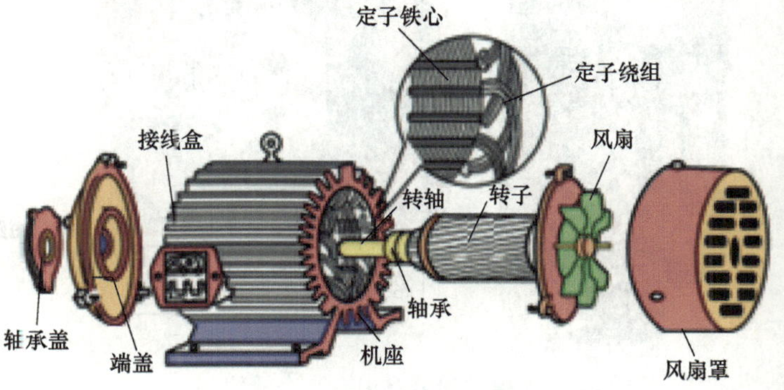

图 2-2-1　三相交流异步电机的结构

1. 定子

定子是电机的固定部分，用于产生旋转磁场，主要由机座、定子铁心和定子绕组等组成。

（1）机座　机座是电机的支架，主要用于支撑铁心并且固定端盖。中小型异步电机的机座一般用铸铁制成，有的小型机采用铝合金铸成。封闭式电机机座外表有散热片，防护式电机机座两侧开有通风孔，以便于散热。机座内腔是一个圆柱形的空间，用来安装定子铁心、定子绕组以及整个转子。

（2）定子铁心　定子铁心是电机磁路的一部分，由冲成圆环形、厚度为 0.35~0.5mm 的硅钢片叠压而成，如图 2-2-2a 所示。定子冲片采用硅钢片，如图 2-2-2b 所示，是因为硅钢片导磁性能好、铁耗小。硅钢片两个表面有绝缘层，使各片之间互相绝缘，以减小铁心的涡流损耗。小容量电机的钢硅片利用其表面氧化层作为片间绝缘。定子铁心呈圆柱形，内圆均匀地冲有与轴平行的槽，在铁心叠压以后形成定子槽，以便嵌入定子绕组。

图 2-2-2　定子铁心与冲片
a）定子铁心　b）定子冲片

定子铁心的槽型有以下几种：

1）半闭口型槽：电机的效率和功率因数较高，但绕组嵌线和绝缘都较困难，一般用于小型低压电机中。

2）半开口型槽：可嵌放成型绕组，一般用于大型和中型低压电机。所谓成型绕组即绕组可事先经过绝缘处理后再放入槽内。

3）开口型槽：用以嵌放成型绕组，绝缘方法方便，主要用在高压电机中。

（3）定子绕组　定子绕组是三相交流异步电机的电路部分，通入三相对称交流电流时，就会产生旋转磁场。定子绕组通常由涂有绝缘漆的铜线绕制而成，再将绕制好的线圈按一定的规律嵌入定子铁心的槽内，具体如图 2-2-3 中的放大部分。绕组嵌入槽后，按一定的方法将槽内的绕组连接起来，使整个铁心内的绕组构成 U、V、W 三相绕组，三相绕组在空间互相间隔 120° 电角度，再将三相绕组的首、末端引出来，接到接线盒的 U_1、U_2、V_1、V_2、W_1、W_2 接线柱上，如图 2-2-4 所示。这 6 个接线端在接线盒里的排列可以接成星形或三角形，如图 2-2-5 和图 2-2-6 所示。

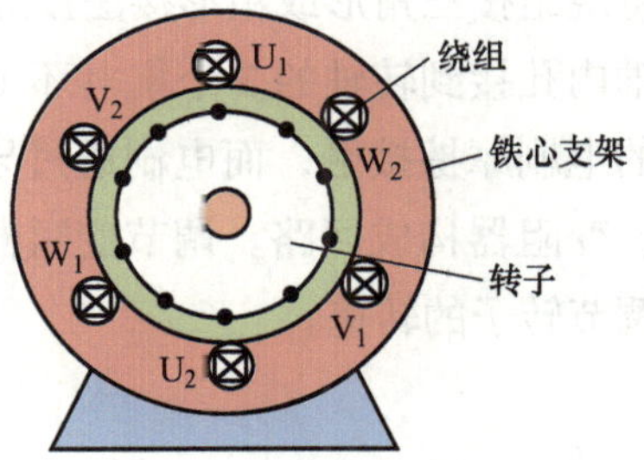

图 2-2-3　三相交流异步电机互差 120° 的三相绕组

2. 转子

转子是电机的运转部分，由转子铁心、转子绕组和转轴组成。

（1）转子铁心　转子铁心是由很多外圆开有槽的硅钢片叠在一起构成的，槽用来放置转子绕组，其结构如图 2-2-7 所示。

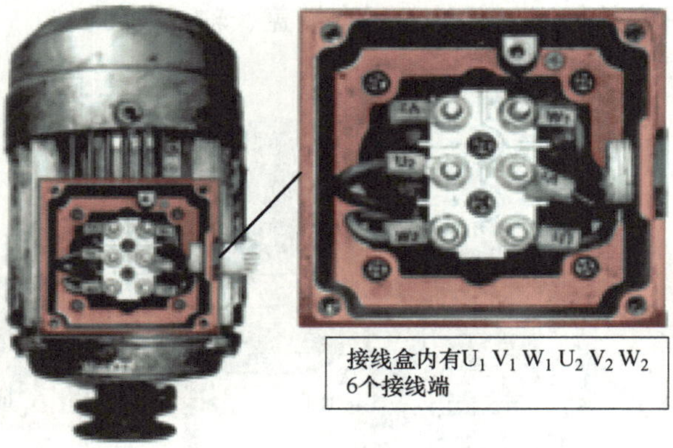

图 2-2-4 电机接线盒内有 6 个接线端

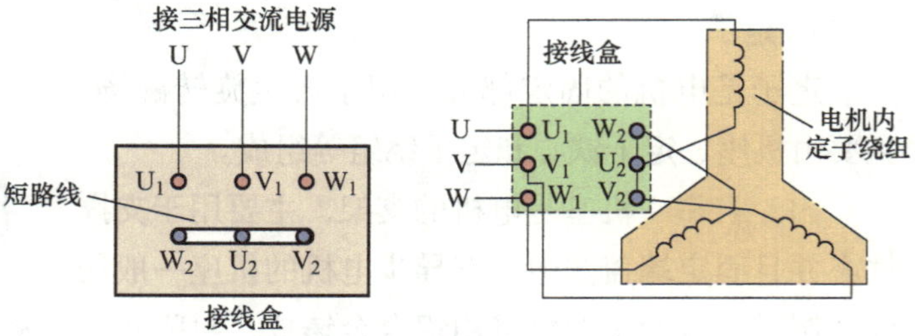

图 2-2-5 定子绕组按星形接法接线

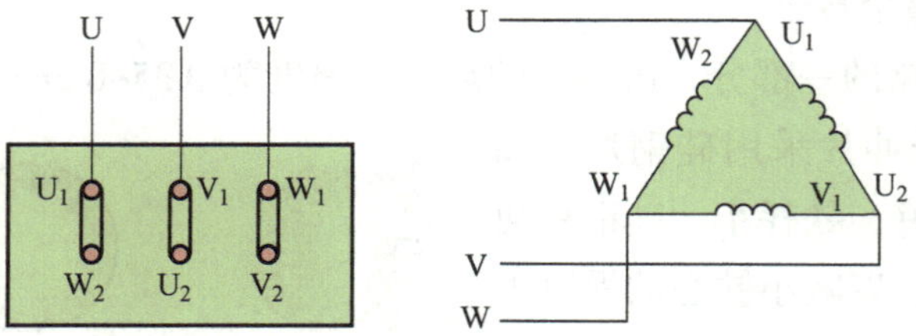

图 2-2-6 定子绕组按三角形接法接线

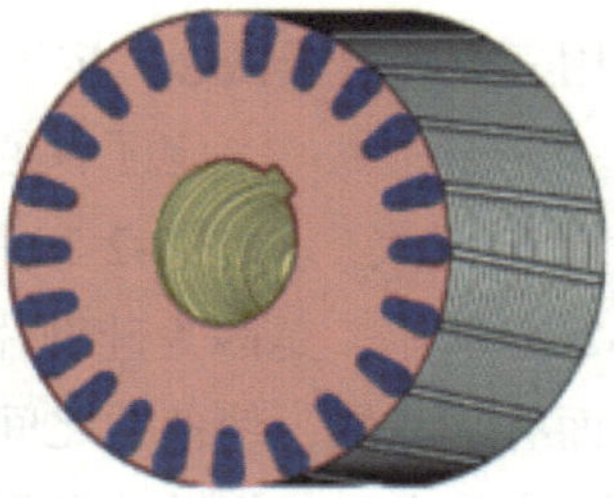

图 2-2-7 由硅钢片叠成的转子铁心

（2）转子绕组 转子绕组嵌在转子铁心的小槽中，转子绕组可分为笼型转子绕组和线绕型转子绕组，对应的电机分别称为笼型异步电机和线绕型异步电机。

笼型转子绕组有铜条转子绕组和铸铝转子绕组两种，如图 2-2-8 所示。铜条转子绕组是在转子铁心小槽中放入金属导条，再在铁心两端用导环将各导条连接起来，这样任意一根导条与它对应的导条通过两端导环就构成一个闭合的绕组；而铸铝转子绕组是用浇注的方法在铁心上浇注出铝导条、端环和风叶。由于这种绕组形似笼子，因此称为笼型转子绕组。

线绕型转子（图 2-2-9）绕组是在转子铁心中按一定的规律嵌入用绝缘导线绕制好的绕组，然后将绕组按三角形或星形接法接好，大多数按星形方式接线。绕组接好后引出 3 根相线，通过转轴内孔接到转轴的 3 个集电环（又称为滑环）上，集电环随转轴一起运转，集电环与固定不动的电刷摩擦接触，而电刷通过导线与变阻器连接，这样转子绕组产生的电流通过集电环、电刷、变阻器构成回路。调节变阻器可以改变转子绕组回路的电阻，以此来改变绕组的电流，从而调节转子的转速。

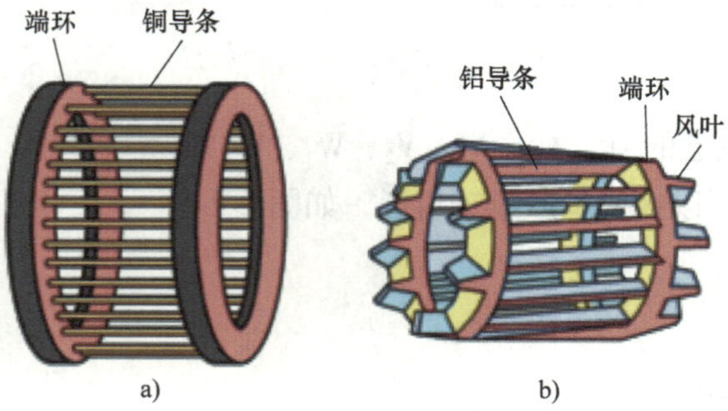

图 2-2-8 两种笼型转子绕组
a）铜条转子绕组 b）铸铝转子绕组

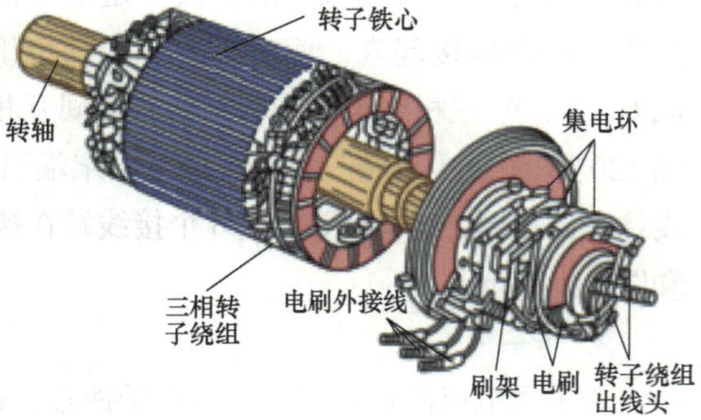

图 2-2-9 线绕型转子

（3）转轴 转轴套在转子铁心的中间。当定子绕组通三相交流电后会产生旋转磁场，转子绕组受旋转磁场的作用而旋转，它通过转子铁心带动转轴转动，将动力从转轴传递出来。

3. 其他部分

其他部分包括轴承和风扇等。风扇是用来通风冷却电机的。三相交流异步电机的定子与转子之间的空气隙，一般仅为 0.2~1.5mm，气隙不能太大，气隙大时产生的转矩小，会使电机运行时的功率因数降低；但也不能太小，气隙太小时会导致装配困难，如果内有异物或转轴有挠度时容易卡堵（扫膛），运行不可靠，高次谐波磁场增强，引起附加损耗以及起动性变差。

引导问题 5：请扫描二维码观看动画，并查阅相关资料，简述三相交流异步电机的工作原理。

____

____

交流异步电机工作原理

引导问题 6：请查阅相关资料，简述旋转磁场的方向由什么因素决定。

____

____

知识点提示

三、三相交流异步电机的工作原理

1. 基本原理

为了说明三相交流异步电机的工作原理，可以做以下演示实验，演示图如图 2-2-10 所示。

（1）演示实验 在装有手柄的蹄形磁铁的两极间放置一个闭合导体，当转动手柄带动蹄形磁铁旋转时，将发现导体也随着旋转；若改变磁铁的转向，则导体的转向也随着改变。

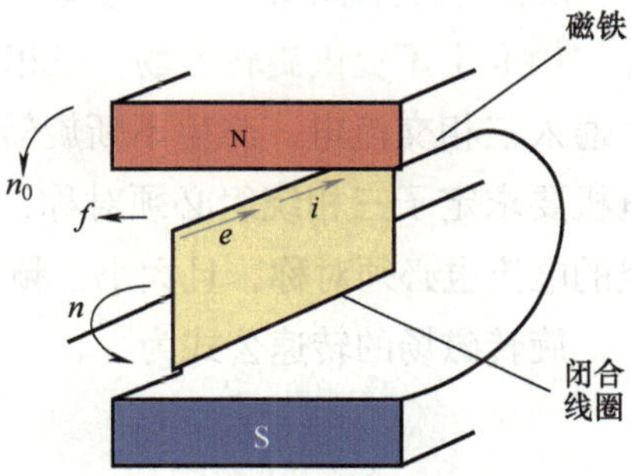

图 2-2-10 三相交流异步电机的工作原理图

（2）现象解释 当磁铁旋转时，磁铁与闭合的导体发生相对运动，笼型导体切割磁感线而在其内部产生感应电动势和感应电流。感应电流又使导体受到一个电磁力的作用，于是导体就沿磁铁的旋转方向转动起来，这就是三相交流异步电机的基本原理。转子转动的方向和磁极旋转的方向相同。

（3）结论 想要三相交流异步电机旋转，必须有旋转的磁场和闭合的转子绕组。

2. 旋转磁场

（1）旋转磁场的产生 图 2-2-11 表示最简单的三相定子绕组 AX、BY、CZ，它们在空间按互差 120° 电角度的规律对称排列，并接成星形与三相电源 U、V、W 相连。随着三相对称电流在定子绕组中通过，旋转磁场就会产生，如图 2-2-12 所示。

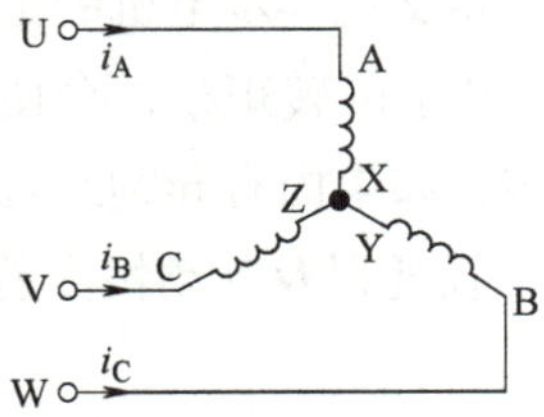

图 2-2-11　三相交流异步电机定子接线

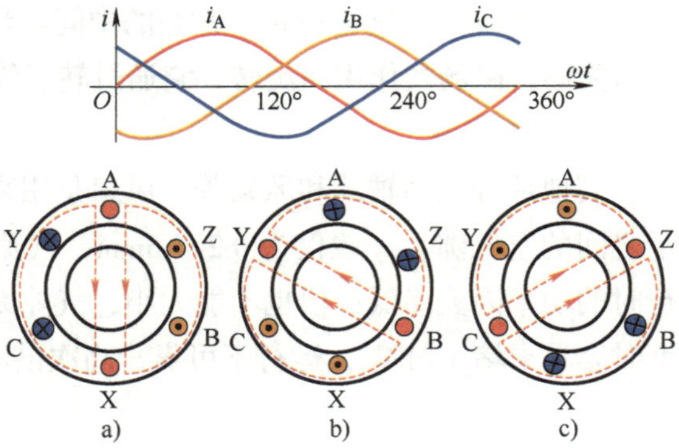

图 2-2-12　旋转磁场的产生

a）ωt=0°　b）ωt=120°　c）ωt=240°

当 ωt=0° 时，i_A=0，AX 绕组中无电流；i_B 为负，BY 绕组中的电流从 Y 流入，B 流出；i_C 为正，CZ 绕组中的电流从 C 流入，Z 流出；由右手螺旋定则可得合成磁场的方向如图 2-2-12a 所示。

当 ωt=120° 时，i_B=0，BY 绕组中无电流；i_A 为正，AX 绕组中的电流从 A 流入，X 流出；i_C 为负，CZ 绕组中的电流从 Z 流入，C 流出；由右手螺旋定则可得合成磁场的方向如图 2-2-12b 所示。

当 ωt=240° 时，i_C=0，CZ 绕组中无电流；i_A 为负，AX 绕组中的电流从 X 流入，A 流出；i_B 为正，BY 绕组中的电流从 B 流入，Y 流出；由右手螺旋定则可得合成磁场的方向如图 2-2-12c 所示。

当定子绕组中的电流变化一个周期时，合成磁场也按电流的相序方向在空间旋转一周。随着定子绕组中的三相电流不断地进行周期性变化，产生的合成磁场也不断地旋转，因此称为旋转磁场。

（2）旋转磁场的方向　旋转磁场的方向是由三相绕组中的电流相序决定的，若想改变旋转磁场的方向，只需改变通入定子绕组的电流相序，即将三根电源线中的任意两根对调即可。

3. 三相交流异步电机的驱动工作原理

（1）定子提供旋转磁场　三相交流异步电机要进入驱动工况提供转矩，就需要在定子绕组中通入三相交流电，产生不断旋转的磁场（磁场转速为 n_s），如图 2-2-13 所示。三相交流异步电机要求定子三相绕组必须对称，并且在定子铁心空间上互差 120° 电角度；通入三相对称绕组的电流也必须对称，且大小、频率相同，相位相差 120°。

旋转磁场的转速公式为

$$n_s=\frac{60f}{p}$$

式中　n_s——旋转磁场的转速（也称为同步转速），单位为 r/min；

f——三相交流电频率，单位为 Hz；

p——磁极对数。

对已经设计定型开始生产的驱动电机，磁极对数已经确定。因此决定磁场旋转速度的因素为三相交流电频率。由于我国的电网频率 f=50Hz，因此电机的转速和磁极对数呈线性关系。

（2）笼型转子提供感应电流　由于定子提供旋转的磁场，笼型转子导体上感应出电流，如图 2-2-13 所示。在笼型绕组导体 c 和 b 之间的导磁区域内，有向外的磁感线，并且该磁感线在旋转磁场的作用下增强，因此，导体 c、b 上会感应出 i_1 电流；同理，导体 a 和导体 b 区域内减弱的磁感线会在导体上感应出 i_2 电流。导体 b 上的电流在定子旋转磁场的作用下，会使笼型绕组 b 导体受到电磁力，从而使转子产生电磁转矩，旋转起来。旋转的转子逐渐追上旋转磁场，以比磁场的“同步速度 n_s”稍慢的速度 n 旋转。这种转子的旋转速度 n 比定子磁场的速度 n_s 稍慢的现象称为转子发生了转差，这种异步转差，让笼型转子导体持续切割磁感线产生感应电流，由此，在转子上，电能转化成机械能，保证持续对外输出。

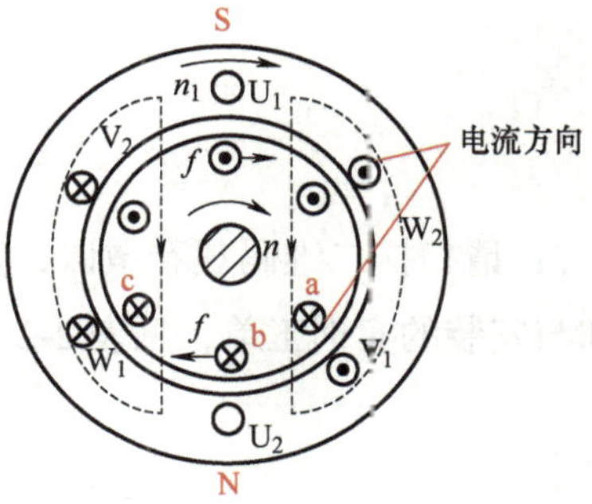

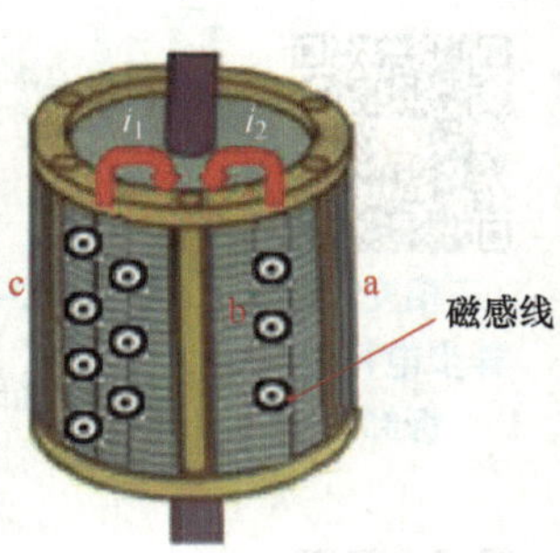

图 2-2-13　笼型转子绕组中的电流

4. 三相交流异步电机的发电工作原理

根据法拉第电磁感应定律，闭合电路中的一部分导体在磁场里进行切割磁感线的运动时，导体中就会产生感应电流，产生的电动势称为感应电动势。

三相交流异步电机作为发电机时，定子中通入的三相电流为励磁电流，提供磁场，转子上绕组提供导体，当通过外部机械力，比如汽车驱动轴带动转子轴，从而带动转子运动时，如果转子上的转速高于定子旋转磁场的同步转速，此时三相交流异步电机为发电机，转子此时切割旋转磁场的方向与作为电动机转子工作时相反，因而转子感应电动势的方向也相反。在发电过程中，电机转子受到与外力拖动相反的电磁阻力矩，使转子速度下降。

5. 三相交流异步电机的优缺点

三相交流异步电机的优点是输出转矩可以在大范围内调整，能在加速或者爬坡时短时间内强制提高输出转矩，永磁同步电机的电驱动汽车通常通过增加齿轮箱机构来增加转矩，以提升速度。但是三相交流异步电机的缺点是电机由于单边励磁，起动电流较大，产生单位转矩需要的电流较大，而且定子中存在无功励磁电流，因此能耗比永磁同步电机大，功率因数滞后；重载驱动时常出现过负荷的现象；结构相对复杂，其控制技术要求高，制造成本高；功率密度相对低。

工作计划

按照前面所了解的知识内容和小组内部讨论的结果，制订工作方案，包括资料查阅渠道的落实、任务实施的内容分工等。工作计划表见表 2-2-2。

表 2-2-2　工作计划表

步骤	工作内容	负责人
1		
2		
3		
4		
5		

进行决策

1）各组派代表阐述资料查询结果。

2）各组就各自的查询结果进行交流，并分享技巧。

3）教师结合各组完成的情况进行点评，并选出最佳方案。

任务实施

三相交流异步电机的拆卸

三相交流异步电机的安装

引导问题 7： 请扫描二维码观看微课，复习本任务所学内容，并完成下列三相交流异步电机的拆卸与安装的实训工单，见表 2-2-3 和表 2-2-4。

表 2-2-3 实训准备

序号	设备及工具图片	设备及工具名称	数量	设备及工具是否完好
1				□是 □否
2				□是 □否
3				□是 □否
4				□是 □否
5				□是 □否
6				□是 □否
质检意见	原因：			

表 2-2-4 实训工单

<table>
<tr><td>姓名</td><td></td><td>班级（专业）</td><td></td><td>完成日期</td><td></td></tr>
<tr><td colspan="6">实训任务 1：三相交流异步电机的拆卸</td></tr>
<tr><td>序号</td><td>操作步骤</td><td colspan="2">记录</td><td colspan="2">完成情况</td></tr>
<tr><td>1</td><td>拆开配电箱外壳
</td><td colspan="2">拆卸工具：</td><td colspan="2">已完成□ 未完成□</td></tr>
<tr><td>2</td><td>取出电线
</td><td colspan="2">注意事项：</td><td colspan="2">已完成□ 未完成□</td></tr>
<tr><td>3</td><td>拆开风扇罩
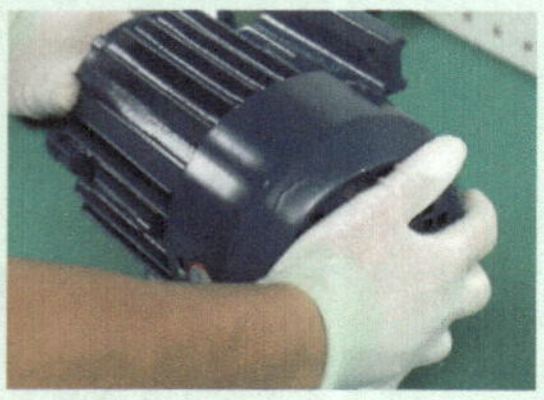</td><td colspan="2">拆卸工具：</td><td colspan="2">已完成□ 未完成□</td></tr>
</table>

（续）

序号	操作步骤	记录	完成情况
4	取出卡簧 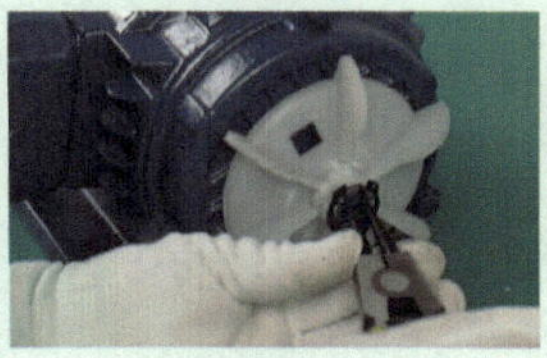	拆卸工具： 防护工具：	已完成□ 未完成□
5	撬出风扇 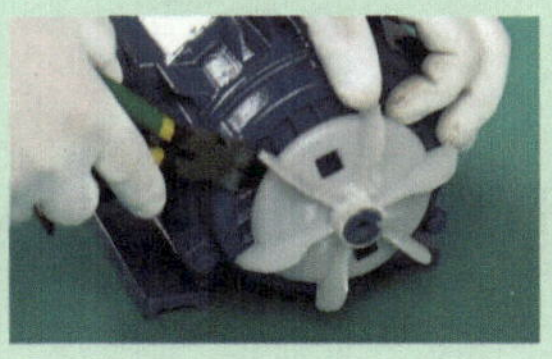	拆卸工具：	已完成□ 未完成□
6	卸下电机端盖与机座之间的所有紧固螺钉 	拆卸工具： 螺钉个数： 螺钉规格： 螺钉拆卸顺序： 螺钉拆卸力矩： 螺钉拆卸后的放置位置：	已完成□ 未完成□
7	取出转子、垫片 	拆卸工具： 转子拆卸方法： 转子拆卸力矩：	已完成□ 未完成□

实训任务 2：三相交流异步电机的安装

序号	操作步骤	记录	完成情况
1	安装转子垫片	安装工具：	已完成□ 未完成□
2	安装转子	安装工具：	已完成□ 未完成□
3	固定电机端盖与机座之间的所有紧固螺钉	螺钉安装顺序： 螺钉紧固力矩：	已完成□ 未完成□
4	安装风扇	安装工具：	已完成□ 未完成□
5	安装卡簧	安装工具：	已完成□ 未完成□
6	安装风扇罩	安装工具：	已完成□ 未完成□
7	安装配电箱外壳	安装工具：	已完成□ 未完成□

6S 现场管理

序号	操作步骤	完成情况	备注
1	建立安全操作环境	已完成□ 未完成□	
2	清理及整理工具、量具	已完成□ 未完成□	

（续）

序号	操作步骤	完成情况	备注
3	清理及复原设备	已完成□ 未完成□	
4	清理场地	已完成□ 未完成□	
5	物品回收和环保	已完成□ 未完成□	
6	完善和检查工单	已完成□ 未完成□	

评价反馈

1）各组代表展示汇报 PPT，介绍任务的完成过程。

2）以小组为单位，请对各组的操作过程与操作结果进行自评和互评，并将结果填入表 2-2-5。

表 2-2-5　学生评价表

姓名		学号			班级			组别				
实训任务												
评价项目	分值	等级				评价对象（组别）							
		A	B	C	D	1	2	3	4	5	6	7	8
方案合理	20	20	15	10	5								
团队合作	20	20	15	10	5								
工作质量	20	20	15	10	5								
工作规范	20	20	15	10	5								
汇报展示	20	20	15	10	5								
合计	100	各组得分											
总结与反思													
（如：学习过程中遇到什么问题→如何解决的 / 解决不了的原因→心得体会）													

3）教师对学生工作过程与工作结果进行评价，并将评价结果填入表 2-2-6。

表 2-2-6　教师对学生评价表

姓名			学号	班级	组别	
实训任务						
评价项目			评价标准		分值	得分
考勤（10%）			无故意迟到、早退和旷课的现象		10	
工作过程（60%）	知识目标	获取信息	掌握工作相关知识		10	
		进行决策	制订工作方案，方案合理可行		10	
	技能目标	任务实施	能有序拆卸三相交流异步电机		10	
			能正确安装三相交流异步电机		10	
	素养目标	工作态度	认真严谨、积极主动、安全生产、文明施工		5	
		团队合作	与小组成员、同学之间能合作交流，协调工作		5	
		工作质量	能按照工作方案操作，按计划完成工作任务		10	
项目成果（30%）		工作完整	能按时完成工作任务的所有环节		10	
		工作规范	能在整个操作过程中规范操作，避免意外事故的发生		10	
		汇报展示	能准确表达、汇报工作成果		10	
合计					100	
综合评价	学生评价（50%）		教师评价（50%）	综合得分		
综合评语	（作业过程中存在的问题及改进建议）					

任务三　永磁同步电机的结构与检修

任务目标

知识目标

1. 了解永磁同步电机的定义。
2. 了解永磁同步电机的结构、分类、工作原理和驱动方式。
3. 能够掌握永磁同步电机拆装的注意事项。
4. 能够正确使用常规维修工具拆装永磁同步电机。

技能目标

具备拆卸和安装永磁同步电机的能力。

素养目标

1. 认真严谨、积极主动、安全生产、文明施工。
2. 与小组成员、同学之间能合作交流，协调工作。
3. 获得分析问题和解决问题的基本方法。
4. 与小组成员交流、讨论学习成果，取长补短，完成自我提升。

任务框图

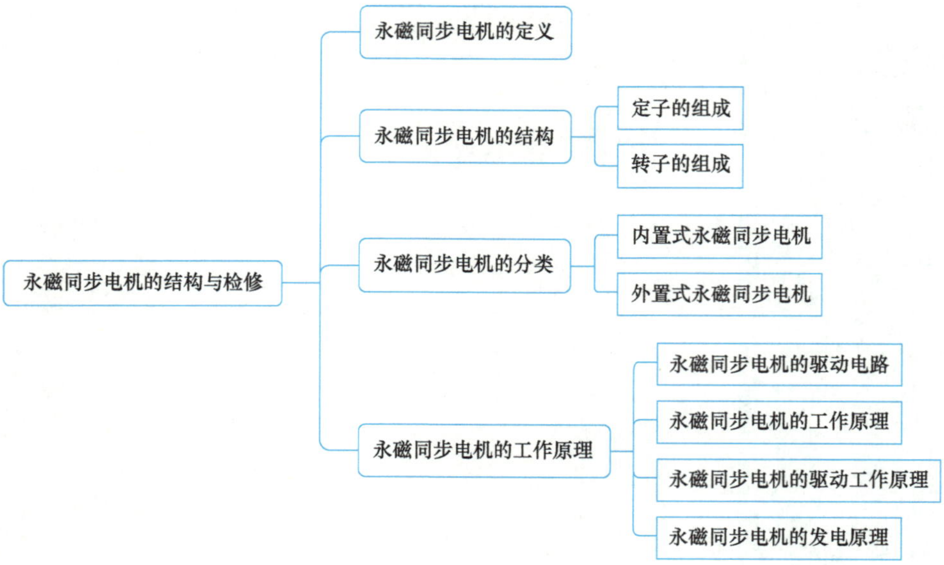

任务导入

某款搭载永磁同步电机的纯电动汽车行驶约 46000km 后，车主到店反映车辆行驶过程中电机过热故障灯突然亮起，而后车辆停止运行。仪表提示“请检查动力系统”，经反复试车，维修技术主管判定电机内部可能有损坏，告知维修技师需要拆开电机进一步检查。假如你是维修技师，你知道如何安全、规范地拆装永磁同步电机吗？

任务分组

学生任务分配表见表 2-3-1。

表 2-3-1　学生任务分配表

班　级		组　号		指导老师	
组　长		学　号			
组　员	姓名：______ 学号：______			姓名：______ 学号：______	
	姓名：______ 学号：______			姓名：______ 学号：______	
	姓名：______ 学号：______			姓名：______ 学号：______	
	姓名：______ 学号：______			姓名：______ 学号：______	
任务分工					
（就组织讨论、工具准备、数据采集、数据记录、安全监督、成果展示等工作内容进行任务分工）					

获取信息

引导问题 1：请查阅相关资料，简述永磁同步电机的特点。

____

____

新能源汽车电机的工作原理

知识点提示

一、永磁同步电机的定义

永磁同步电机是同步电机的一种。它不用对励磁绕组通过励磁电流产生磁场，而是用钕铁硼等永磁体励磁产生同步旋转磁场，与直流励磁同步电机相比，永磁同步电机大大提高了电机效率。但永磁同步电机也因此无法通过励磁电流改变转子上的直流磁通幅值，难以根据电机运行条件的改变而调节，增大了控制复杂度。永磁同步电机的结构如图 2-3-1 所示。

永磁同步电机以永磁体提供励磁，使电机结构较为简单，降低了加工和装配费用，且省去了容易出问题的集电环和电刷，提高了电机运行的可靠性，便于生产；又因无须励磁电流，没有励磁损耗，提高了电机的效率和功率密度，因而近几年它在各个领域中的应用越来越广泛。

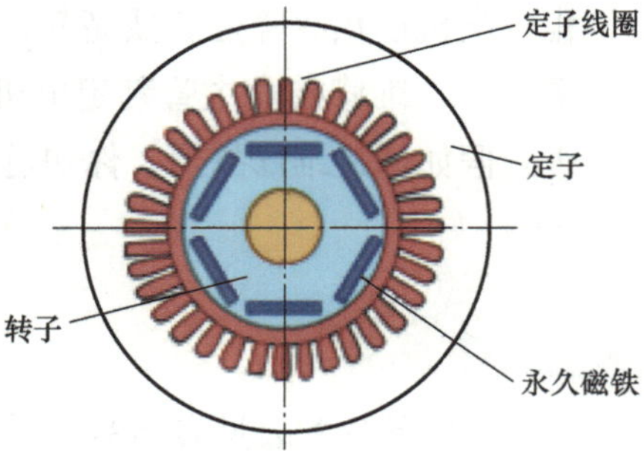

图 2-3-1　永磁同步电机的结构

永磁同步电机分为正弦波驱动电流的永磁同步电机和方波驱动电流的永磁同步电机。这里介绍的主要是以三相正弦波驱动的永磁同步电机。

在新能源汽车驱动电机中，永磁同步电机和新能源汽车的要求具有良好的兼容性。永磁同步电机相比其他电机具有高效、高控制精度、高转矩密度、良好的转矩平稳性及低振动噪声的特点。缺点是弱磁增速运行时控制复杂，高温时存在永磁体退磁现象，但通过合理设计永磁电路结构能获得较高的弱磁性能。

综上所述，永磁同步电机在新能源汽车驱动方面具有很高的应用价值，受到国内外新能源汽车界的高度重视，是最具竞争力的新能源汽车驱动电机之一。

得益于我国稀土储量高与开采加工成本低，如比亚迪股份有限公司、中国第一汽车集团有限公司、东风汽车集团有限公司、长安汽车集团有限公司、奇瑞汽车股份有限公司等我国车企和厂商基本都使用永磁同步电机作为新能源汽车驱动电机。我国永磁同步电机技术相当成熟，与国外差距较小，其中高铁用永磁同步电机已达世界一流。目前，我国已在高性能导磁硅钢、高性能永磁材料以及电机位置转速传感器等方面取得了重大突破，促进了我国永磁同步电机向高速、高转矩和大功率方向的发展。虽然在峰值转速、功率密度、峰值效率和冷却方式等领域仍有微小差距，但整体上我国也处于世界前列。

竞赛指南

在 2019 年中国技能大赛——全国新能源汽车关键技术技能大赛的理论知识竞赛中，汽车电动化的组卷占比有 60% 之多，在汽车电动化模块的出题范围中，就包括永磁同步电机的结构。

引导问题 2：请查阅相关资料，简述永磁同步电机定子的组成。

____

____

引导问题 3：请查阅相关资料，简述永磁同步电机转子的组成。

____

____

知识点提示

二、永磁同步电机的结构

永磁同步电机的结构如图 2-3-2 所示，主要由定子、转子和端盖组成。永磁同步电机（PMSM）转子用永磁体代替电励磁，转子结构相对更简单。

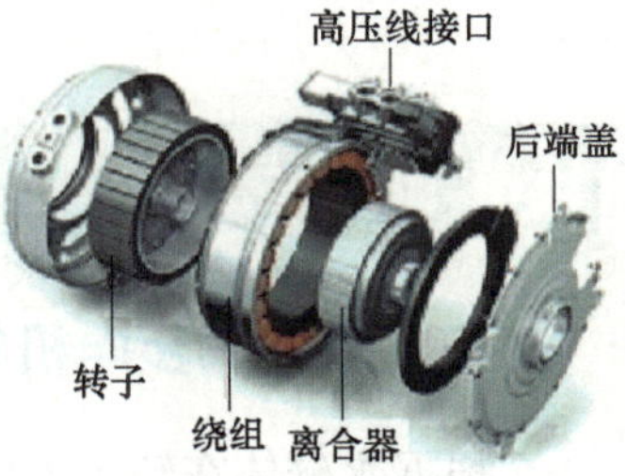

图 2-3-2 永磁同步电机的结构

1. 定子的组成

永磁同步电机的定子与普通电机的基本相同，由电枢铁心和电枢绕组构成，如图 2-3-3 所示。电枢铁心一般采用 0.5mm 硅钢冲片叠压而成，对于具有高效率指标或频率较高的电机，为了减少铁耗，可以考虑使用 0.35mm 的低损耗冷轧无取向硅钢片。

电枢绕组普遍采用分布、短距绕组；对于极数较多的电机，普遍采用分数槽绕组；需要进一步改善电动势波形时，可以考虑采用正弦绕组或其他绕组。

2. 转子的组成

永磁同步电机的转子由永磁体、转子铁心和转轴等构成，如图 2-3-4 所示。其中，永磁体主要采用铁氧体永磁和钕铁硼永磁材料；转子铁心可根据磁极结构的不同，选用实心钢或采用钢板、硅钢片冲制后叠压而成。

与普通电机相比，永磁同步电机必须装有转子永磁体位置检测器，用来检测磁极位置，并以此对电枢电流进行控制，达到对永磁同步电机驱动控制的目的。

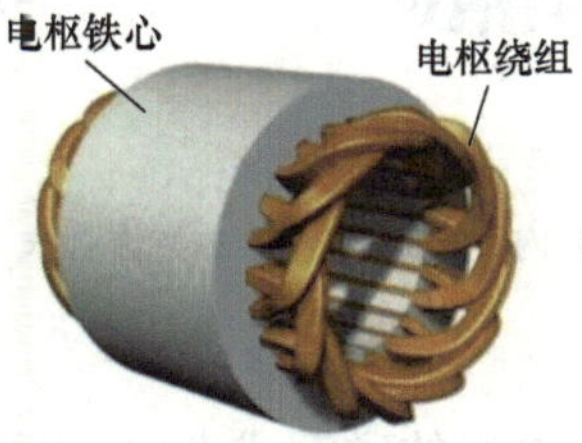

图 2-3-3 永磁同步电机的定子结构

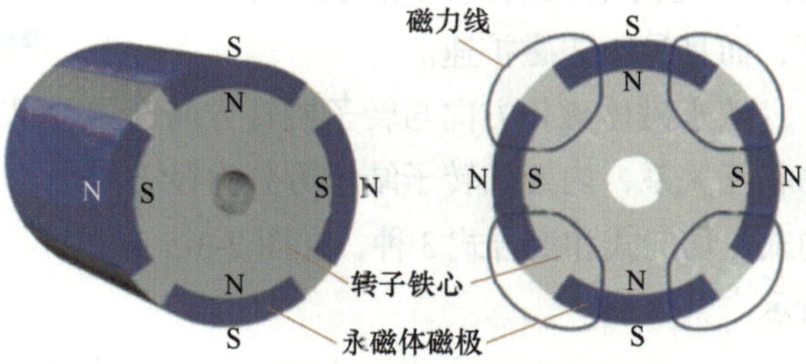

图 2-3-4 永磁同步电机的转子结构

引导问题 4：请查阅相关资料，简述内置径向式永磁同步电机的特点。

____

____

引导问题 5：请查阅相关资料，简述内置混合式永磁同步电机的特点。

____

____

引导问题 6：请查阅相关资料，简述外置式永磁同步电机的特点。

____

____

知识点提示

三、永磁同步电机的分类

根据永磁体在转子上位置的不同，永磁同步电机可以分为内置式永磁同步电机和外置式永磁同步电机。

1. 内置式永磁同步电机

内置式永磁同步电机将永磁体通过工艺埋在转子铁心内部，该结构与嵌入式永磁同步电机一样具有凸极效应，且埋在转子内部的永磁体不仅能减小永磁体退磁，还有利于增加电机高速运转时的安全性，更加适用于需要精度高、调速范围广、稳定性强的新能源汽车驱动电机。

永磁体外表面与定子铁心内圆之间有铁磁物质制成的极靴，极靴中可以放置铸铝笼或铜条笼，可以起到阻尼或起动的作用，动态、稳态性能好，广泛用于要求有异步起动能力或动态性能高的永磁同步电机。内置式转子内的永磁体受极靴的保护，其转子磁路结构的不对称性所产生的磁阻转矩也有助于提高电机的过载能力或功率密度，而且易于弱磁扩速。

按永磁体磁化方向与转子旋转方向的相互关系，内置式转子结构可分为径向式、切向式和混合式 3 种，如图 2-3-5 所示。

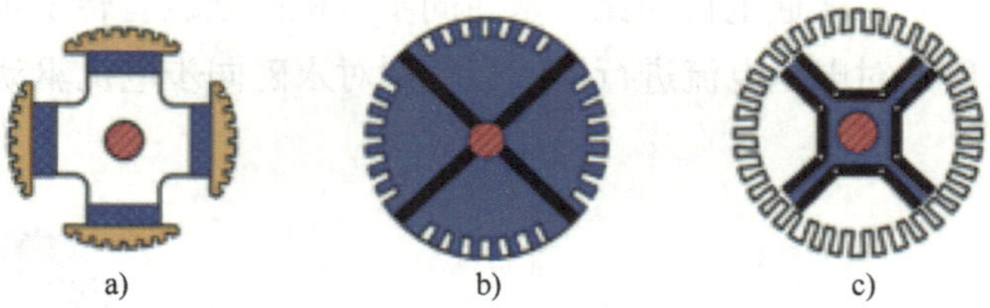

图 2-3-5 内置式转子磁路的结构

a）内置径向式 b）内置切向式 c）内置混合式

（1）内置径向式永磁同步电机 径向式转子结构的永磁同步电机的磁钢或者放在磁通轴的非对称位置上，或同时利用径向、切向充磁的磁钢，以产生高磁通密度。该结构的优点是漏磁系数小，转轴上不需要采用隔磁措施，极弧系数易于控制，转子冲片机械强度高，安装永磁体后转子不易变形等。

（2）内置切向式永磁同步电机 切向式转子有较大的惯性，漏磁系数较大，制造工艺和成本较径向式有所增加。其优点是一个极距下的磁通由相邻两个磁极并联提供，可得到更大的每极磁通。尤其当电机极数较多、径向式结构不能提供足够的每极磁通时，这种结构的优势就显得更为突出。此外，采用该结构的永磁同步电机的磁阻转矩可占到总电磁转矩的 40%，对提高电机的功率密度和扩展恒功率运行范围都是很有利的。

（3）内置混合式永磁同步电机 混合式转子结构集中了径向式和切向式的优点，但结构和制作工艺都比较复杂，制作成本也比较高。

2. 外置式永磁同步电机

在外置式转子磁路结构中，永磁体通常呈瓦片形，并位于转子铁心的外表面上，永磁体提供磁通的方向为径向。外置式转子的结构分为凸出式和嵌入式两种，如图 2-3-6 所示。对采用稀土永磁材料的电机来说，由于永磁材料的相对回复磁导率接近 1，所以外置凸出式转子在电磁性能上属于隐极转子结构；而嵌入式转子的相邻两永磁磁极间有着磁导率很大的铁磁材料，故在电磁性能上属于凸极转子结构。

外置凸出式永磁同步电机的转子如图 2-3-6a 所示，永磁体被直接安装在转子表面，用于提供径向磁通。永磁体的磁导率和气隙磁导率非常接近，相对回复磁导率近似为 1，转子结构对称，交直轴电感一致，没有凸极效应。因此，表贴式永磁同步电机也叫作隐极式同步电机。表贴式永磁同步电机的转子结构简单，制造成本低，但由于在高速旋转时易产生永磁体脱落的现象，一般要用一非磁性护环保护转子上的永磁体，护环增大了转子和定子之间的气隙磁路长度，消减了电机产生转矩的能力，因此很少应用于需要高速旋转的设计中。

外置凸出式转子具有结构简单、制造成本较低、转动惯量小等优点，在矩形波永磁同步电机和恒功率运行范围不宽的正弦波永磁同步电机中得到了广泛应用。此外，外置凸出式转子结构中的永磁磁极易于实现最优设计，使之成为能使电机气隙磁密波形趋近于正弦波的磁极形状，可显著提高电机乃至整个传动系统的性能。

外置嵌入式转子结构可充分利用转子磁路不对称性所产生的磁阻转矩，提高电机的功率密度，动态性能较凸出式有所改善，制造工艺也较简单，常被某些调速永磁同步电机采用，但漏磁系数和制造成本都较凸出式大。

嵌入式永磁同步电机的转子如图 2-3-6b 所示，永磁体被嵌入转子铁心中，转子更加稳固，功率密度更高，克服了表贴式永磁同步电机难以应用高速旋转的缺点，但嵌入式永磁同步电机漏磁系数大，结构和制造复杂，制造成本高。嵌入式永磁同步电机交直轴电感因磁路不同而产生差异，而交直轴电感的电感差会使电机产生磁阻转矩，即凸极效应，在一定程度上提高了电机功率密度，也便利了弱磁扩速控制。

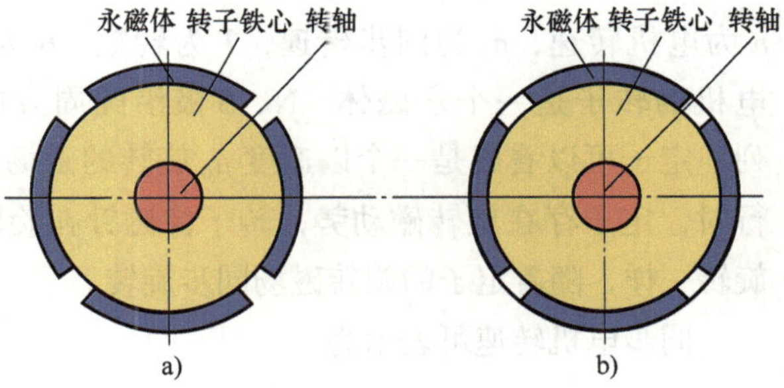

图 2-3-6 外置式转子磁路的结构
a）凸出式 b）嵌入式

引导问题 7：请查阅相关资料，简述以三相正弦波驱动的永磁同步电机的工作原理。

______

______

知识点提示

四、永磁同步电机的工作原理

永磁同步电机分为正弦波驱动电流的永磁同步电机和方波驱动电流的永磁同步电机。下面主要以三相正弦波驱动的永磁同步电机为例介绍其工作原理。

1. 永磁同步电机的驱动电路

永磁同步电机的驱动电路如图 2-3-7 所示，定子绕组产生旋转磁场的机理与感应电动机是相同的，其转子通过永久磁铁产生磁场，两个磁场相互作用产生转矩，定子绕组产生旋转的磁场，可看作是一对旋转磁极吸引转子的磁极随其一起旋转。永磁同步电机带负载时，气隙磁场是永磁体磁动势和电枢磁动势共同建立的，电枢磁动势对气隙磁场有影响，电枢磁动势的基波对气隙磁场的影响称为电枢反应。

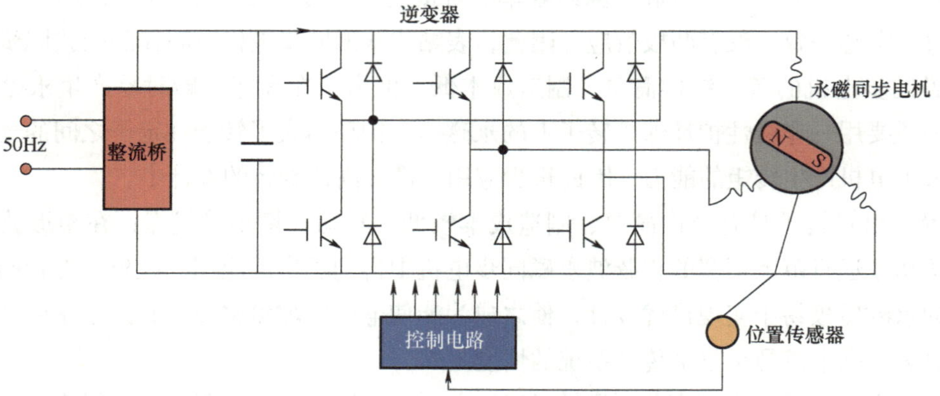

图 2-3-7　永磁同步电机的驱动电路

2. 永磁同步电机的工作原理

永磁同步电机的工作原理图如图 2-3-8 所示，图中，n 为电机转速，n_0 为同步转速，T 为转矩，θ 为功率角，电机的转子是一个永磁体，N、S 极沿圆周方向交替排列，定子可以看成是一个以速度 n_0 旋转的磁场。电机运行时，定子存在旋转磁动势，转子像磁针在旋转磁场中旋转一样，随着定子的旋转磁场同步旋转。

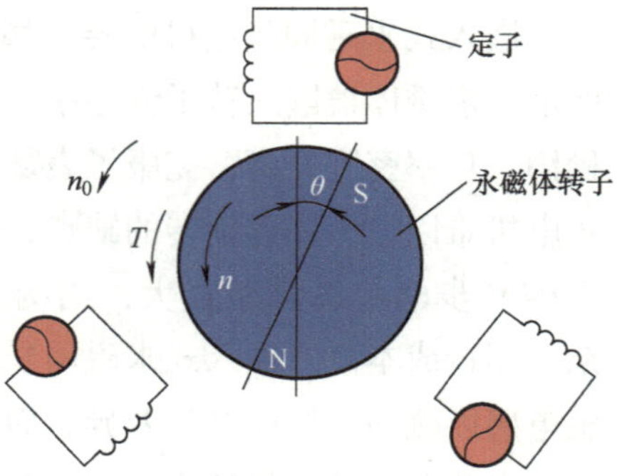

图 2-3-8　永磁同步电机的工作原理图

同步电机转速可表示为

$$n=n_0=\frac{60f_s}{p_n}$$

式中　f_s——电源频率；

p_n——电机极对数。

永磁同步电机的定子是三相对称绕组，三相正弦波电压在定子三相绕组中产生对称三相正弦波电流，并在气隙中产生旋转磁场。旋转磁极与已充磁的磁极作用，带动转子与旋转磁场同步旋转并力图使定子、转子磁场轴线对齐。当外加负载转矩后，转子磁场轴线将落后定子磁场轴线一个功率角，负载越大，功率角越大，直到一个极限角度，电机停止工作。由此可见，同步电机在运行中，转速必须与频率严格成比例旋转，否则会失步停转。所以，它的转速与旋转磁场同步，其静态误差为零。在负载扰动下，只是功率角变化，而不引起转速变化，它的响应时间是实时的。

3. 永磁同步电机的驱动工作原理

由定子提供旋转的磁场，磁场产生的方式和转速与交流异步电机相同。由转子永磁体提供磁极。这样，定子产生的旋转磁场，与转子永磁体磁极和转子铁心形成回路。根据磁阻最小原理，即磁通总是沿磁阻最小的路径闭合，利用旋转磁场的电磁力拉动转子旋转，于是永磁转子就会跟随定子产生的旋转磁场同步旋转，从而带动电机轴旋转。

4. 永磁同步电机的发电原理

根据法拉第电磁感应定律，闭合电路的一部分导体是由三相定子绕组提供的，磁场由转子上的永磁体提供，当外部力矩带动转子转动时，产生旋转磁场，切割三相定子绕组中的部分导体，产生感应三相对称电流，此时转子的动能转化为电能，永磁同步电机作为发电机工作。

工作计划

按照前面所了解的知识内容和小组内部讨论的结果，制订工作方案，包括资料查阅渠道的落实、任务实施的内容分工等。工作计划表见表 2-3-2。

表 2-3-2　工作计划表

步骤	工作内容	负责人
1		
2		
3		
4		

进行决策

1）各组派代表阐述资料查询结果。
2）各组就各自的查询结果进行交流，并分享技巧。
3）教师结合各组完成的情况进行点评，并选出最佳方案。

任务实施

引导问题 8：请扫描二维码观看微课，复习本任务所学内容，并完成永磁同步电机的拆卸与安装的实训工单，见表 2-3-3 和表 2-3-4。

永磁同步电机拆卸

永磁同步电机安装

竞赛指南

在 2022 年全国职业院校技能大赛——新能源汽车检测与维修赛项中，比赛车辆采用的就是永磁同步电机，其中一道题目就是要求参赛选手进行拆卸电机并取出转子。

表 2-3-3　实训准备

序号	设备及工具图片	设备及工具名称	数量	设备及工具是否完好
1				□是　□否
2				□是　□否
3				□是　□否
4				□是　□否

（续）

序号	设备及工具图片	设备及工具名称	数量	设备及工具是否完好
5				□是 □否
6				□是 □否
质检意见	原因：			

表 2-3-4 实训工单

姓名		班级（专业）		完成日期	
实训任务 1：永磁同步电机的拆卸					
序号	操作步骤	记录		完成情况	
1	拆卸后端盖 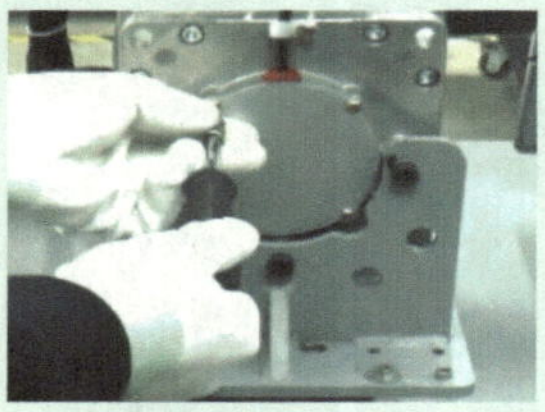	拆卸工具：		已完成□ 未完成□	
2	取出编码器 	拆卸工具：		已完成□ 未完成□	
3	拆卸电机外壳 	拆卸工具： 方法：		已完成□ 未完成□	
4	卸下电机外部所有固定螺钉 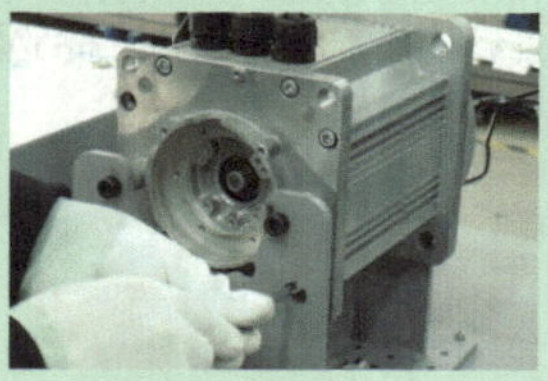	拆卸工具： 螺钉规格： 螺钉拆卸顺序： 螺钉拆卸力矩： 螺钉拆卸后的放置位置：		已完成□ 未完成□	
5	取出转子 	拆卸工具： 转子拆卸方法：		已完成□ 未完成□	

笔记栏

（续）

实训任务 2：永磁同步电机的安装			
序号	操作步骤	记录	完成情况
1	安装编码器 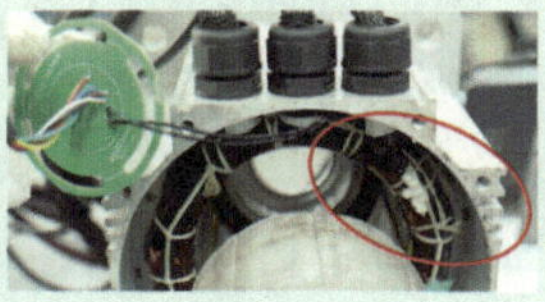	安装工具：	已完成□　未完成□
2	安装转子 	安装工具：	已完成□　未完成□
3	固定编码器 	安装工具：	已完成□　未完成□
4	锁紧转子后盖紧固螺钉	螺钉安装顺序： 螺钉紧固力矩：	已完成□　未完成□
5	固定卡扣	安装工具：	已完成□　未完成□
6	安装后端盖 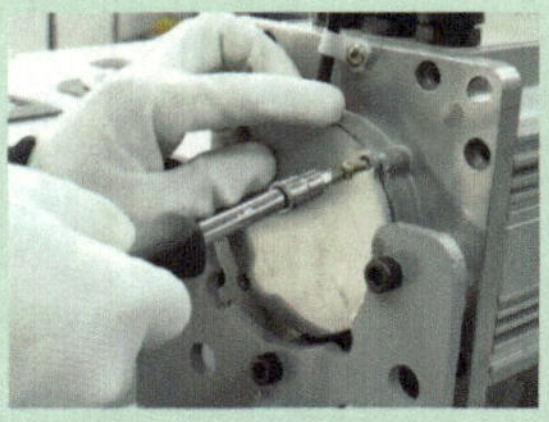	安装工具：	已完成□　未完成□

6S 现场管理			
序号	操作步骤	完成情况	备注
1	建立安全操作环境	已完成□　未完成□	
2	清理及整理工具、量具	已完成□　未完成□	
3	清理及复原设备	已完成□　未完成□	
4	清理场地	已完成□　未完成□	
5	物品回收和环保	已完成□　未完成□	
6	完善和检查工单	已完成□　未完成□	

评价反馈

1）各组代表展示汇报 PPT，介绍任务的完成过程。

2）以小组为单位，请对各组的操作过程与操作结果进行自评和互评，并将结果填入表 2-3-5。

表 2-3-5 学生评价表

姓名		学号		班级		组别							
实训任务													
评价项目	分值	等级				评价对象（组别）							
		A	B	C	D	1	2	3	4	5	6	7	8
方案合理	20	20	15	10	5								
团队合作	20	20	15	10	5								
工作质量	20	20	15	10	5								
工作规范	20	20	15	10	5								
汇报展示	20	20	15	10	5								
合计	100	各组得分											
总结与反思													
（如：学习过程中遇到什么问题→如何解决的 / 解决不了的原因→心得体会）													

3）教师对学生工作过程与工作结果进行评价，并将评价结果填入表 2-3-6。

表 2-3-6 教师对学生评价表

<table>
<tr><td>姓名</td><td colspan="2"></td><td>学号</td><td>班级</td><td>组别</td><td></td></tr>
<tr><td colspan="3">实训任务</td><td colspan="4"></td></tr>
<tr><td colspan="3">评价项目</td><td colspan="2">评价标准</td><td>分值</td><td>得分</td></tr>
<tr><td colspan="3">考勤（10%）</td><td colspan="2">无故意迟到、早退和旷课的现象</td><td>10</td><td></td></tr>
<tr><td rowspan="7">工作过程（60%）</td><td rowspan="2">知识目标</td><td>获取信息</td><td colspan="2">掌握工作相关知识</td><td>10</td><td></td></tr>
<tr><td>进行决策</td><td colspan="2">制订工作方案，方案合理可行</td><td>10</td><td></td></tr>
<tr><td rowspan="2">技能目标</td><td rowspan="2">任务实施</td><td colspan="2">能有序拆卸永磁同步电机</td><td>10</td><td></td></tr>
<tr><td colspan="2">能正确安装永磁同步电机</td><td>10</td><td></td></tr>
<tr><td rowspan="3">素养目标</td><td>工作态度</td><td colspan="2">认真严谨、积极主动、安全生产、文明施工</td><td>5</td><td></td></tr>
<tr><td>团队合作</td><td colspan="2">与小组成员、同学之间能合作交流，协调工作</td><td>5</td><td></td></tr>
<tr><td>工作质量</td><td colspan="2">能按照工作方案操作，按计划完成工作任务</td><td>10</td><td></td></tr>
<tr><td colspan="2" rowspan="3">项目成果（30%）</td><td>工作完整</td><td colspan="2">能按时完成工作任务的所有环节</td><td>10</td><td></td></tr>
<tr><td>工作规范</td><td colspan="2">能在整个操作过程中规范操作，避免意外事故的发生</td><td>10</td><td></td></tr>
<tr><td>汇报展示</td><td colspan="2">能准确表达、汇报工作成果</td><td>10</td><td></td></tr>
<tr><td colspan="5">合计</td><td>100</td><td></td></tr>
<tr><td colspan="2" rowspan="2">综合评价</td><td colspan="2">学生评价（50%）</td><td>教师评价（50%）</td><td colspan="2">综合得分</td></tr>
<tr><td colspan="2"></td><td></td><td colspan="2"></td></tr>
<tr><td colspan="2">综合评语</td><td colspan="5">（作业过程中存在的问题及改进建议）</td></tr>
</table>

任务四　开关磁阻电机的结构与检修

任务目标

知识目标

1. 掌握开关磁阻电机的概念。
2. 掌握开关磁阻电机的结构与工作原理。
3. 了解开关磁阻电机的优点和缺点。
4. 掌握开关磁阻电机拆装的注意事项。
5. 正确使用常规维修工具拆装开关磁阻电机。

技能目标

具备拆卸和安装开关磁阻电机的能力。

素养目标

1. 认真严谨、积极主动、安全生产、文明施工。
2. 与小组成员、同学之间能合作交流，协调工作。
3. 获得分析问题和解决问题的基本方法。
4. 与小组成员交流、讨论学习成果，取长补短，完成自我提升。

任务框图

- 开关磁阻电机的结构与检修
  - 开关磁阻电机的定义
  - 开关磁阻电机的结构与工作原理
    - 开关磁阻电机的结构
    - 开关磁阻电机的工作原理
  - 开关磁阻电机的优缺点
    - 开关磁阻电机的优点
    - 开关磁阻电机的缺点

任务导入

某款搭载开关磁阻电机的纯电动汽车行驶约85000km后，车主到店反映车辆行驶过程中加速无力，坡度过大时，车辆无法通过，仪表无故障灯提示。经反复试车，维修技术主管判定电机内部可能有损坏，告知维修技师需拆开电机进一步检查。假如你是该维修技师，你知道如何安全、规范地拆卸开关磁阻电机吗？

任务分组

学生任务分配表见表 2-4-1。

表 2-4-1　学生任务分配表

班　级		组　号		指导老师	
组　长		学　号			
组　员	姓名：＿＿ 学号：＿＿ 姓名：＿＿ 学号：＿＿ 姓名：＿＿ 学号：＿＿ 姓名：＿＿ 学号：＿＿		姓名：＿＿ 学号：＿＿ 姓名：＿＿ 学号：＿＿ 姓名：＿＿ 学号：＿＿ 姓名：＿＿ 学号：＿＿		
任务分工					
（就组织讨论、工具准备、数据采集、数据记录、安全监督、成果展示等工作内容进行任务分工）					

获取信息

引导问题 1：请查阅相关资料，简述开关磁阻电机的定义。

____

____

知识点提示

一、开关磁阻电机的定义

开关磁阻电机（Switched Reluctane Motor，SRM）是一种定子有绕组、转子无绕组，且定子、转子均采用凸极结构的电机。由于这种电机在工作时需要用开关不断切换绕组供电，并且是利用磁阻最小原理工作，所以称为开关磁阻电机。它具有结构简单、坚固、成本低、工作可靠、控制灵活、运行效率高，适于高速与恶劣环境运行等优点，由其构成的传动系统具有交、直流传动系统所没有的优点，因此，世界各国对开关磁阻电机调速系统接受和感兴趣的程度呈逐年上升趋势，现已形成了理论研究与实际应用并重的发展态势。众所周知，开关磁阻电机调速系统融开关磁阻电机、功率变换器、控制器与位置检测器为一体。其性能改善不能一味地依靠优化开关磁阻电机与功率变换器设计，而必须借助先进控制策略的手段，从 20 世纪 80 年代开关磁阻电机问世至今，在开关磁阻电机控制方面已出现了大量先进的控制理念，并取得了很多实用的成果。

竞赛指南

在 2019 年中国技能大赛——全国新能源汽车关键技术技能大赛的理论知识竞赛中，汽车电动化的组卷占比有 60% 之多，在汽车电动化模块的出题范围中，就包括开关磁阻电机的结构。

引导问题 2：请查阅相关资料，简述开关磁阻电机的结构。

____

____

开关磁阻电机的工作原理

引导问题 3：请扫描二维码观看动画，并查阅相关资料，简述开关磁阻电机的工作原理。

____

____

知识点提示

二、开关磁阻电机的结构与工作原理

1. 开关磁阻电机的结构

开关磁阻电机拥有简单的双凸极结构，定子与转子的材料都是硅钢，制作工艺是叠压技术。转子上无绕组和永磁体，定子上有绕组，其结构十分简单。

转子的作用是构成定子磁场磁通路，并在磁场力的作用下转动，产生电磁转矩。转子的凸极个数为偶数。实际应用的开关磁阻电机的转子凸极最少有 4 个（2 对），最多有 16 个（8 对）。定子的作用是定子绕组按顺序通电，产生的电磁力牵引转子转动。定子凸极的个数也是偶数，最少的有 6 个，最多的有 18 个。

定子极上径向相对的两个绕组可以串联或并联在一起成为一相绕组。径向的两个绕组串联成一个两极磁极，称为“一相”。开关磁阻电机（图 2-4-1）可以设计成多种不同的相数结构，且定子、转子的极数有多种不同的搭配，可以设计成单相、两相、三相、四相及多相等不同相数结构。单相开关磁阻类型的电机结构十分简单，而且便于控制，然而功能较为单一，无法满足复杂的使用环境所提出的要求。两相电机不具备自起动能力，这是其重大缺陷。三相开关磁阻电机具有单相、两相电机的特性，并且还有自起动的能力，因此其具备极为广泛的使用范围。四相开关磁阻电机难以控制，并且成本高，但其运行性能有所提高。更高相的电机应用范围较小。相数多，有利于减小转矩脉动，但导致结构复杂、主开关器件多、成本增加。目前，应用较多的是三相 6/4 极结构和四相 8/6 极结构。

图 2-4-1 一些常见的开关磁阻电机的实物外形

2. 开关磁阻电机的工作原理

开关磁阻电机的结构和工作原理与步进电动机的结构和工作原理相似，都是遵循"磁阻最小原理"——磁感线总是力图通过磁阻最小的路径。开关磁阻电机的典型结构与工作原理如图 2-4-2 所示，它是一个三相 6/4 型开关磁阻电机，即定子有三相绕组和 6 个凸极，转子有 4 个凸极。

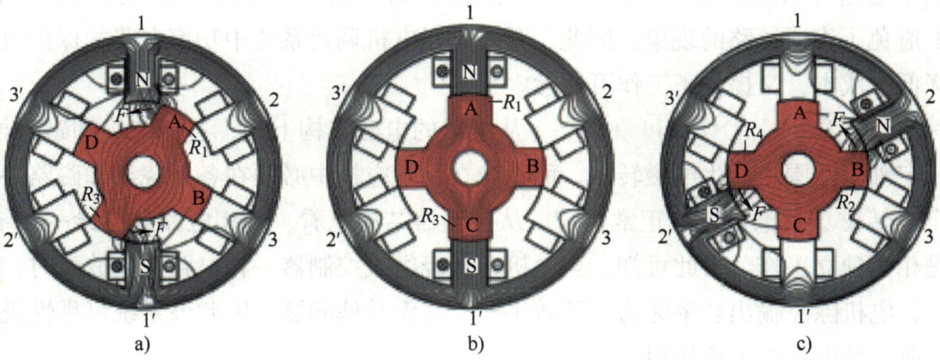

图 2-4-2　开关磁阻电机的典型结构与工作原理

a）定子绕组 11′ 得电时，转子凸极 AC 的受力情况　b）定子绕组 11′ 得电时，转子凸极 AC 转到稳定位置　c）定子绕组 22′ 得电时，转子凸极 BD 的受力情况

当定子绕组 11′ 得电时，1 凸极产生的磁场为 N，1′ 凸极产生的磁场为 S，如图 2-4-2a 所示。根据磁阻最小原理可知，转子凸极 AC 受到逆时针方向的磁转矩作用力，于是转子开始转动，当转到图 2-4-2b 所示位置时，定子凸极 11′ 与转子凸极 AC 对齐，此时磁阻最小，磁转矩为 0，转子不再转动。这时切断 11′ 绕组供电，接通 22′ 绕组供电，定子凸极 2 产生的磁场为 N，凸极 2′ 产生的磁场为 S，如图 2-4-2c 所示，转子凸极 BD 受到逆时针方向的磁转矩作用力，于是转子继续转动。

如果按 11′ → 22′ → 33′ 的顺序切换定子绕组电源，转子将按逆时针方向旋转。

如果按 11′ → 33′ → 22′ 的顺序切换定子绕组电源，转子将按顺时针方向旋转。

引导问题 4：请查阅相关资料，简述开关磁阻电机的优点。

____

____

引导问题 5：请查阅相关资料，简述开关磁阻电机的缺点。

____

____

知识点提示

三、开关磁阻电机的优缺点

1. 开关磁阻电机的优点

（1）结构简单，成本低　开关磁阻电机的结构比通常认为的简单。其突出优点是转子上没有任何形式的绕组，因此不会有笼型感应电机制造过程中鼠笼铸造不合适及使用中的断条等问题。其转子机械强度极高，可以用于超高速运转。在定子方面，它有几个集中绕组，因此制造简便，绝缘容易。

（2）功率电路简单可靠　因为电机转矩方向与绕组电流方向无关，即只需单方向绕组电流，故功率电路可以做到每相一个功率开关，并且每个功率开关元件均直接与电机绕组串联，从根本上避免了直通短路的现象。因此，开关磁阻电机调速系统中功率电路的保护电路可以简化，既降低了成本，又提高了工作可靠性。

（3）各相可以独立工作，可靠性高　从电机的电磁结构上看，各相绕组和磁路相互独立，各自在一定轴角范围内产生电磁转矩，而不像在一般电机中必须在各相绕组和磁路共同作用下产生一个旋转磁场，电机才能正常运转。从控制器结构上看，各相电路各自给一相绕组供电，一般也是相互独立工作。由此可知，当电机一相绕组或控制器一相电路发生故障时，只需停止该相工作，电机除总输出功率能力有所减小外，并无其他问题。因此该系统可靠性极高，可以适用于宇航、纯电动汽车等使用。

（4）起动电流小，转矩大　低起动电流控制器从电源侧吸收较少的电流，在电机侧得到较大的起动转矩是开关磁阻电机的一大特点。因此，开关磁阻电机很适合电动车辆等需要重载起动和较长时间低速重载运行的机械。

（5）适用于频繁起、停及正、反向转换运行　开关磁阻电机具有低起动电流、高起动转矩的特点，使其在起动过程中电流冲击小，电机和控制器发热较连续额定运行时还小，可控参数多，调速性能好。控制开关磁阻电机的主要运行参数有相开通角、相关断角、相电流幅值及相绕组电压等。因而可控参数多，控制灵活方便。根据对电机的运行要求和电机的情况，可采用不同控制方法和参数值，使其运行于最佳状态。还可使其实现各种不同的功能和特定的特性曲线。如使电机具有完全相同的四象限运行（即正转、反转、电动、制动）能力，并具有高起动转矩和串激电机的负载能力曲线。

（6）损耗小，效率高　因为开关磁阻电机的转子不存在绕组铜损，加上可控参数多，灵活方便，故易于在宽转速范围和不同负载下实现高效优化控制。其效率在很宽范围内都在 87% 以下。

（7）易于回收利用　定子和转子材料使用磁铁，都是常见硅钢片，因而材料容易得到且回收利用容易。

（8）高温运转性能好　由于运转时转子不发热，冷却控制比较容易，因此可以在高温下运转。

2. 开关磁阻电机的缺点

（1）转矩有脉动现象　开关磁阻电机的磁场是跳跃性旋转的，使开关磁阻电机输出的转速与转矩产生脉动现象。

（2）振动与噪声　开关磁阻电机的转速与转矩有脉动现象，加上单边磁拉力的作用，因此一般开关磁阻电机产生的振动与噪声比其他类型的电机大。

（3）控制系统复杂　开关磁阻电机必须安装位置检测器和电流检测器等总成，所以引线比其他电机要多，控制和接线变得更复杂。

（4）脉冲电流对供电电源有影响　开关磁阻电机的相电流是脉冲电流，这就会对为它供电的直流电源产生很大的脉冲电流。近年来，电动汽车电机驱动系统主要是开发系列化的交流异步电机驱动系统、永磁无刷电机驱动系统和开关磁阻电机驱动系统。与原来的直流有刷电机驱动系统相比，以上驱动系统具有明显优势，其突出优点是体积小、重量轻、调速范围广、可靠性高。目前，美国的汽车公司大多采用高速、高效的交流异步电机驱动系统；日本的汽车公司基本采用永磁同步电机驱动系统；我国纯电动汽车多采用永磁同步电机驱动系统，公交车多采用交流电机。

工作计划

按照前面所了解的知识内容和小组内部讨论的结果，制订工作方案，包括资料查阅渠道的落实、任务实施的内容分工等。工作计划表见表 2-4-2。

表 2-4-2　工作计划表

步骤	工作内容	负责人
1		
2		
3		
4		
5		

进行决策

1）各组派代表阐述资料查询结果。

2）各组就各自的查询结果进行交流，并分享技巧。

3）教师结合各组完成的情况进行点评，并选出最佳方案。

任务实施

引导问题 6：请扫描二维码观看微课，复习本任务所学内容，并完成下列开关磁阻电机拆卸与安装的实训工单，见表 2-4-3 和表 2-4-4。

开关磁阻电机拆卸

开关磁阻电机安装

表 2-4-3　实训准备

序号	设备及工具图片	设备及工具名称	数量	设备及工具是否完好
1				□是　□否
2				□是　□否
3				□是　□否
4				□是　□否
5				□是　□否
6				□是　□否
质检意见	原因：			

表 2-4-4 实训工单

姓名	班级（专业）		完成日期
实训任务 1：开关磁阻电机的拆卸			
序号	操作步骤	记录	完成情况
1	拆开风扇外壳 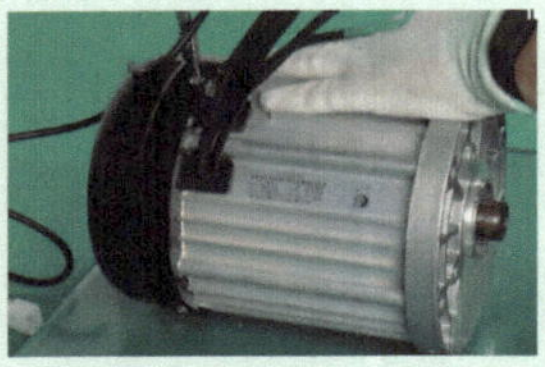	拆卸工具： 防护工具：	已完成□ 未完成□
2	取出卡簧 	拆卸工具：	已完成□ 未完成□
3	撬出风扇 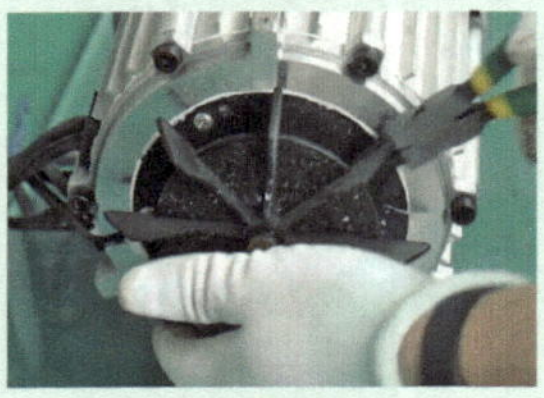	拆卸工具： 方法：	已完成□ 未完成□
4	卸掉转子后盖紧固螺钉 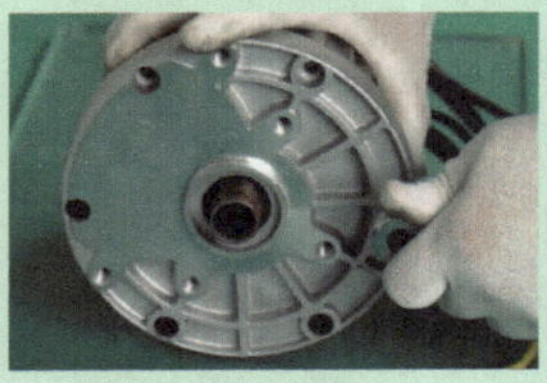	拆卸工具： 螺钉个数： 螺钉规格： 螺钉拆卸顺序： 螺钉拆卸力矩： 螺钉拆卸后的放置位置：	已完成□ 未完成□
5	取出转子 	拆卸工具： 转子拆卸力矩： 转子拆卸后的放置位置：	已完成□ 未完成□
实训任务 2：开关磁阻电机的安装			
序号	操作步骤	记录	完成情况
1	安装转子 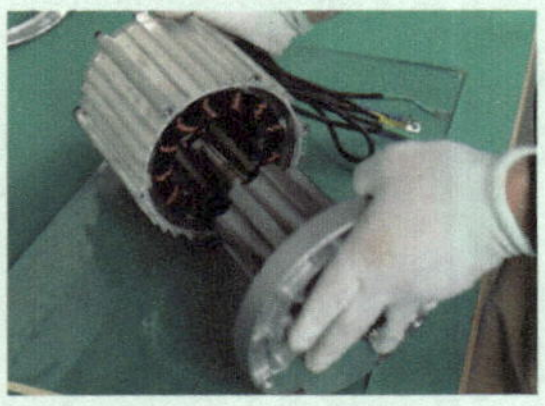	安装工具：	已完成□ 未完成□

（续）

序号	操作步骤	记录	完成情况
2	锁紧转子后盖紧固螺钉 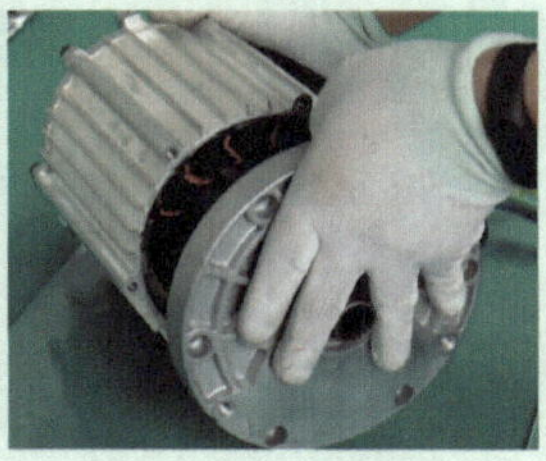	螺钉安装顺序： 螺钉紧固力矩：	已完成□　未完成□
3	安装风扇 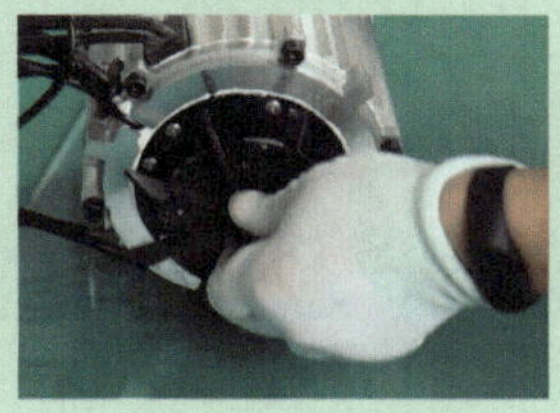	安装工具：	已完成□　未完成□
4	安装卡簧 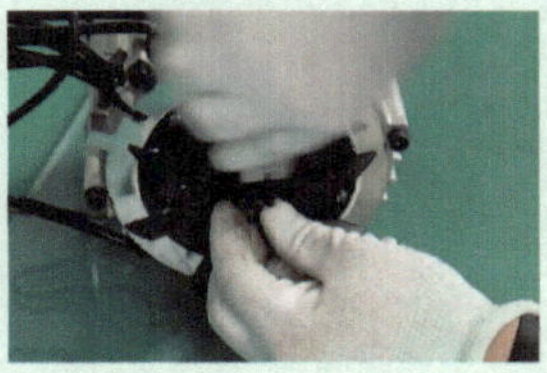	安装工具：	已完成□　未完成□
5	安装风扇外壳	安装工具：	已完成□　未完成□
6S 现场管理			
序号	操作步骤	完成情况	备注
1	建立安全操作环境	已完成□　未完成□	
2	清理及整理工具、量具	已完成□　未完成□	
3	清理及复原设备	已完成□　未完成□	
4	清理场地	已完成□　未完成□	
5	物品回收和环保	已完成□　未完成□	
6	完善和检查工单	已完成□　未完成□	

评价反馈

1）各组代表展示汇报 PPT，介绍任务的完成过程。

2）以小组为单位，请对各组的操作过程与操作结果进行自评和互评，并将结果填入表 2-4-5。

表 2-4-5 学生评价表

姓名		学号				班级					组别		
实训任务													
评价项目	分值	等级				评价对象（组别）							
		A	B	C	D	1	2	3	4	5	6	7	8
方案合理	20	20	15	10	5								
团队合作	20	20	15	10	5								
工作质量	20	20	15	10	5								
工作规范	20	20	15	10	5								
汇报展示	20	20	15	10	5								
合计	100	各组得分											
总结与反思													
（如：学习过程中遇到什么问题→如何解决的 / 解决不了的原因→心得体会）													

3）教师对学生工作过程与工作结果进行评价，并将评价结果填入表 2-4-6。

表 2-4-6　教师对学生评价表

姓名			学号		班级		组别	
实训任务								

评价项目			评价标准	分值	得分
考勤（10%）			无故意迟到、早退和旷课的现象	10	
工作过程（60%）	知识目标	获取信息	掌握工作相关知识	10	
		进行决策	制订工作方案，方案合理可行	10	
	技能目标	任务实施	能有序拆卸开关磁阻电机	10	
			能正确安装开关磁阻电机	10	
	素养目标	工作态度	认真严谨、积极主动、安全生产、文明施工	5	
		团队合作	与小组成员、同学之间能合作交流，协调工作	5	
		工作质量	能按照工作方案操作，按计划完成工作任务	10	
项目成果（30%）		工作完整	能按时完成工作任务的所有环节	10	
		工作规范	能在整个操作过程中规范操作，避免意外事故的发生	10	
		汇报展示	能准确表达、汇报工作成果	10	
合计				100	

综合评价	学生评价（50%）	教师评价（50%）	综合得分

综合评语	（作业过程中存在的问题及改进建议）

任务五　轮边电机的结构与检修

任务目标

知识目标

1. 理解轮边电机的定义。
2. 了解轮边电机的优势。
3. 理解和掌握轮边电机的工作原理。
4. 能使用常用检测工具检测轮边电机的工作状况。
5. 能使用常规维修工具拆装轮边电机。

技能目标

具备拆卸和安装轮边电机的能力。

素养目标

1. 认真严谨、积极主动、安全生产、文明施工。
2. 与小组成员、同学之间能合作交流，协调工作。
3. 获得分析问题和解决问题的基本方法。
4. 与小组成员交流、讨论学习成果，取长补短，完成自我提升。

任务框图

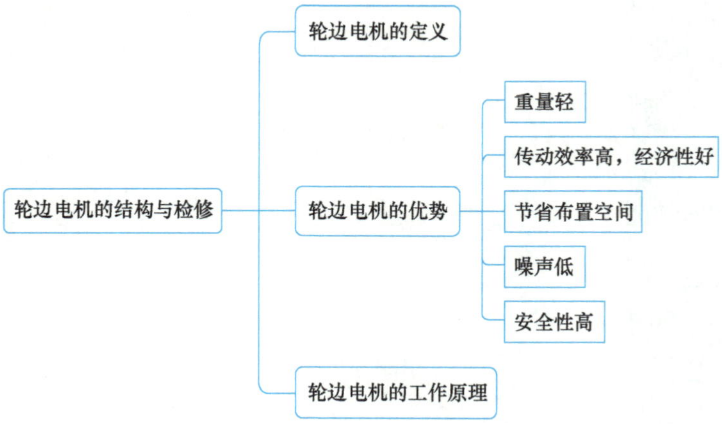

任务导入

一辆行驶里程为49000km的矿用自卸车，车主到店反映车辆行驶过程中驱动电机有杂音，不正常。经反复试车，维修技术主管判定是驱动电机故障，告知维修技师需拆开电机进一步检查。假如你是该维修技师，你知道如何安全、规范地检修驱动电机吗？

任务分组

学生任务分配表见表 2-5-1。

表 2-5-1 学生任务分配表

班级		组号		指导老师			
组长		学号					
组员	姓名：	学号：		姓名：		学号：	
	姓名：	学号：		姓名：		学号：	
	姓名：	学号：		姓名：		学号：	
	姓名：	学号：		姓名：		学号：	
任务分工							
（就组织讨论、工具准备、数据采集、数据记录、安全监督、成果展示等工作内容进行任务分工）							

获取信息

引导问题 1：请扫描二维码观看动画，并查阅相关资料，简述轮边电机的定义及组成。

____

____

轮边电机的结构组成

知识点提示

一、轮边电机的定义

众所周知，轮毂电机是电机嵌在车轮里，定子固定在轮胎上，转子固定在车轴上，而轮边电机是电机装在车轮边上，以单独驱动该车轮。比亚迪 K8、K9 客车轮边驱动桥如图 2-5-1 所示。

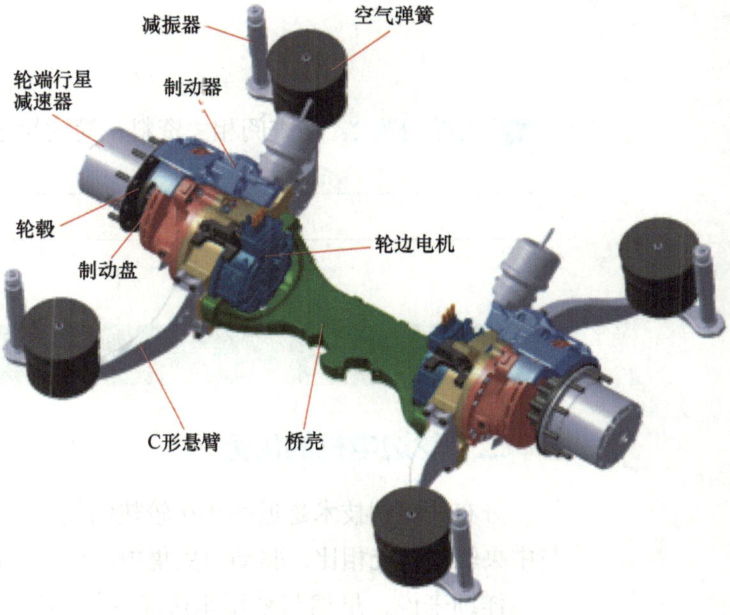

图 2-5-1 比亚迪 K8、K9 客车轮边驱动桥

轮边电机的两侧分别是一台电机和减速器，取消了主减速器和差速器，综合电耗比较好。通过控制两个电机来实现驱动和差速，但是差速控制一直都是个难题，目前还没有一个理想的方案完全解决轮边驱动的差速问题，尤其在高速转弯与路面颠簸上的差速控制难题未解决。而且非簧载质量较高，影响舒适性，目前有少数车型采用此方案。

有些同学或许会疑惑，为什么前面并没有提到轮边电机相对其他电机的优势？这要从轮边电机和轮毂电机的作用说起，这两种电机的作用和之前介绍的 4 种电机略有区别。在电动汽车电机系统中，需要使用一些辅助机械结构将电机的转矩传递到汽车轮毂上，目前市场上主流的驱动方案有两种，第一种是采用轮毂电机一体化直驱来驱动车辆，第二种是采用轮边电机配套机械结构来驱动车辆。

相比于轮边电机，轮毂电机的方案有着更为紧密的结构布置，并且无须传动轴和轮边减速器，技术沉淀深厚的电动汽车厂家可以做到电控、电机两电合一，即把电机和电机驱动器一体化。综合以上优点，使用轮毂电机是一种更理想的解决方案，图 2-5-2 所示为常见的轮毂电机系统结构图。但目前由于设计轮毂电机系统具有很高的技术难度，并且由于在散热设计、系统集成和生产工艺上的不足，我国电机厂鲜有成熟量产的产品。

而轮边电机系统由于可以采用减速比可调节的单级轮边减速器作为传动轴，配合装在车架侧面的轮边电机，是将电机与轮毂装置分割的解决方案。在对电机和轮毂装置进行分割后降低了电动汽车电机系统在结构设计上的难度，并且可以通过修改轮边减速器的制作方案以实现适应不同的轮边电机，降低了电机电磁设计和机械设计的难度，在国内外被广泛使用。常见的轮边电机驱动系统结构示意图如图 2-5-3 所示。

图 2-5-2　常见的轮毂电机系统结构图

图 2-5-3　常见的轮边电机驱动系统结构示意图

引导问题 2：请查阅相关资料，简述轮边电机的优势。

____

____

知识点提示

二、轮边电机的优势

分布式驱动技术是近些年比较热的技术，一些企业一直在研究分布式驱动。轮边驱动系统与中央驱动系统相比，驱动力更集中，也会更精细化，因此在客车行业里受到较高的关注。

详细来说，虽然与乘用车市场规模相比，商用客车的市场规模较小，但因其单车使用频率高、行驶里程长，不管是从能源角度考虑，还是从环保角度考虑，新能源客车的发展都是十分重要的。近些年纯电驱动的新能源客车发展十分迅速，但目前市面上的纯电动客车的驱动形式大多使用的是集中式单电机驱动，依然具有传统燃油车的传动系统笨重、底盘空间结构布局烦琐等缺点。而近几年兴起的采用分布式驱动控制技术的电动汽车则完美地避开了上述传统燃油车的缺点。分布式驱动控制不仅可以通过对各个驱动轮进行独立控制而改善车辆的行驶稳定性，还可以优化汽车的底盘结构，提高汽车的传动效率，从而最大限度地发挥电机转矩响应迅速的特点。

采埃孚是国际上首家生产电驱动车桥的轮边电机企业，该公司的轮边驱动技术最早用于沃尔沃商用车。在我国，比亚迪、长江客车（五龙公司）的轮边电机客车在2014年相继问世。同时，中植客车等国内大型客车企业生产的独立悬架轮边电机产品也开始进入公告目录。

比亚迪作为我国首家推出轮边驱动桥的车企，迄今为止搭载轮边电机的比亚迪K9客车已经有数千辆公交车投入运行。在比亚迪K9客车中采用轮边电机具有以下优势：

1. **重量轻**

相对于传统单电机车辆，比亚迪K9客车取消了变速器、传动轴和差速器等传动部件，减少整车零部件数量，极大减轻了整车重量。轮边驱动桥相对单电机驱动系统重量可以减轻300kg。

2. **传动效率高，经济性好**

轮边电机直接通过齿轮传动机构将动力传到车轮，减少变速器、传动轴和差速器等传统的传动机构，极大地缩短了动力传动链，减少因动力传动带来的能量损失，提高了传动效率，降低了能量消耗，提高了车辆经济性。

3. **节省布置空间**

实现整车全通道低地板紧凑的结构设计，大大提高了空间利用率，能够增加乘坐和站立面积，提高车辆运营效率。

4. **噪声低**

取消变速器、传动轴和差速器等传统的传动机构，减少了这些传动机构传动过程中产生的噪声，很大程度上减少了整车的噪声源，使整车噪声水平较低。

5. **安全性高**

轮边驱动电动汽车的安全性更易保证。轮边式电动大客车的底盘较低，整个车辆的重心降低，使车辆行驶的稳定性提高。而且容易通过电机控制技术，实现车轮制动防抱死控制，汽车的安全性得以提高。

轮边驱动虽然优势突出，但是其存在的技术难题也不容忽视。目前轮边驱动系统主要问题集中在电机的控制上，哪台电机需要工作，在什么样的工况下工作，这需要很长的时间来研究。比如，车辆转弯时两侧车轮转动的速度不一致，分布式驱动取消差速器之后，需要电子差速控制器来完成转弯，然而目前国内这项技术还达不到使用要求。

引导问题3：请查阅相关资料，简述轮边电机的工作原理。

____

____

知识点提示

三、轮边电机的工作原理

电机通电后，控制器通过判定旋变信号的初始位置，给出相应的控制电流。电机定子绕组有电流通过后形成磁场，和转子上的磁极相对应，定子的磁场是随着转子的旋转而不断变换的，以此来保证定子绕组所产生的磁场方向和转子磁极一直保持着相吸的状态。

其中，动力蓄电池的电能通过电机的三相动力线束传递给电机，电量传递的变化由电机控制器来实现。电机控制器通过旋变线束传导的信号来判断如何调节电流的交变频率和大小，相应信号由电机内部旋变产生。温控接插件通过指定的接口采集定子绕组的温度，对电机进行实时监控保护。

工作计划

按照前面所了解的知识内容和小组内部讨论的结果，制订工作方案，包括资料查阅渠道的落实、任务实施的内容分工等。工作计划表见表 2-5-2。

表 2-5-2　工作计划表

步骤	工作内容	负责人
1		
2		
3		
4		

进行决策

1）各组派代表阐述资料查询结果。

2）各组就各自的查询结果进行交流，并分享技巧。

3）教师结合各组完成的情况进行点评，并选出最佳方案。

任务实施

引导问题 4：请扫描二维码观看微课，复习本任务所学内容，并完成下列轮边电机的拆卸、检修与安装的实训工单，见表 2-5-3 和表 2-5-4。

表 2-5-3　实训准备

序号	设备及工具图片	设备及工具名称	数量	设备及工具是否完好
1				□是　□否
2				□是　□否

（续）

序号	设备及工具图片	设备及工具名称	数量	设备及工具是否完好
3				□是　□否
4				□是　□否
5				□是　□否
6				□是　□否
7				□是　□否
质检意见	原因：			

表 2-5-4　实训工单

姓名		班级（专业）		完成日期	
实训任务 1：轮边电机的拆卸					
序号	操作步骤	记录		完成情况	
1	拆卸转子总成 	拆卸方法：		已完成□　未完成□	
2	拆卸转子轴承室 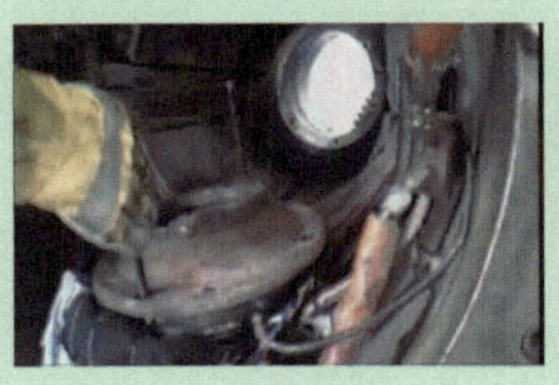	拆卸方法：		已完成□　未完成□	
3	拆卸磁极连接板 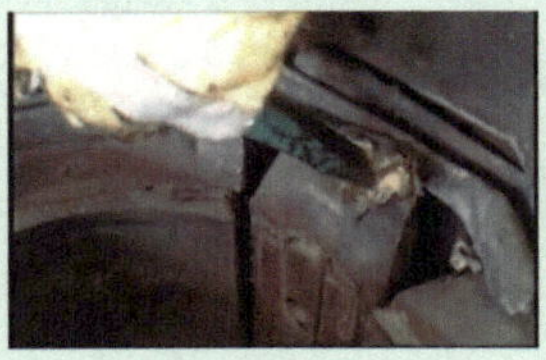	拆卸方法：		已完成□　未完成□	
4	拆卸磁极 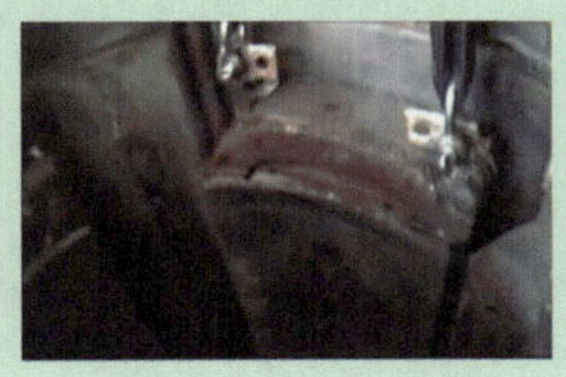	拆卸方法：		已完成□　未完成□	

（续）

实训任务 2：轮边电机的检修		
操作步骤	记录	完成情况
使用万用表检测磁极 	将万用表调至欧姆档，测量磁极电阻，电阻值应为__________Ω 将万用表两极连接至磁极接口和磁极本体，检查磁极绝缘，万用表显示__________，绝缘__________	已完成□　未完成□

实训任务 3：轮边电机的安装			
序号	操作步骤	记录	完成情况
1	安装磁极 	安装工具：	已完成□　未完成□
2	调整磁极螺栓转矩 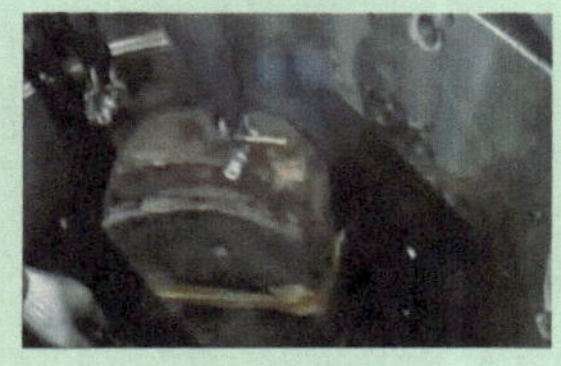	安装工具：	已完成□　未完成□
3	安装转子	安装工具：	已完成□　未完成□

6S 现场管理			
序号	操作步骤	完成情况	备注
1	建立安全操作环境	已完成□　未完成□	
2	清理及整理工具、量具	已完成□　未完成□	
3	清理及复原设备	已完成□　未完成□	
4	清理场地	已完成□　未完成□	
5	物品回收和环保	已完成□　未完成□	
6	完善和检查工单	已完成□　未完成□	

评价反馈

1）各组代表展示汇报 PPT，介绍任务的完成过程。

2）以小组为单位，请对各组的操作过程与操作结果进行自评和互评，并将结果填入表 2-5-5。

笔记栏

表 2-5-5　学生评价表

姓名		学号			班级			组别				
实训任务												
评价项目	分值	等级				评价对象（组别）						
		A	B	C	D	1	2	3	4	5	6	7	8
方案合理	20	20	15	10	5								
团队合作	20	20	15	10	5								
工作质量	20	20	15	10	5								
工作规范	20	20	15	10	5								
汇报展示	20	20	15	10	5								
合计	100	各组得分											
总结与反思													

（如：学习过程中遇到什么问题→如何解决的 / 解决不了的原因→心得体会）

3）教师对学生工作过程与工作结果进行评价，并将评价结果填入表 2-5-6。

表 2-5-6 教师对学生评价表

姓名			学号	班级		组别	
实训任务							
评价项目			评价标准			分值	得分
考勤（10%）			无故意迟到、早退和旷课的现象			10	
工作过程（60%）	知识目标	获取信息	掌握工作相关知识			10	
		进行决策	制订工作方案，方案合理可行			10	
	技能目标	任务实施	能正确有序地拆卸和检修轮边电机			10	
			能正确安装轮边电机			10	
	素养目标	工作态度	认真严谨、积极主动、安全生产、文明施工			5	
		团队合作	与小组成员、同学之间能合作交流，协调工作			5	
		工作质量	能按照工作方案操作，按计划完成工作任务			10	
项目成果（30%）		工作完整	能按时完成工作任务的所有环节			10	
		工作规范	能在整个操作过程中规范操作，避免意外事故的发生			10	
		汇报展示	能准确表达、汇报工作成果			10	
合计						100	
综合评价			学生评价（50%）	教师评价（50%）		综合得分	
综合评语			（作业过程中存在的问题及改进建议）				

情智课堂

东方电机厂研制的三峡右岸机组

1958 年 10 月 13 日，东方电机厂的前身——德阳水力发电设备厂在四川德阳开工兴建。1958 年 10 月 14 日，《四川日报》以“目前我国规模最大，将来产品世界称雄”的醒目标题报道了开工典礼盛况，描绘了东方电机未来“光耀中国，光耀世界”的蓝图。1965 年，德阳水力发电设备厂更名为东方电机厂。1966 年工厂建成，正式投产。1993 年 12 月，东方电机厂实行股份制改制，注册成立东方电机股份有限公司。2008 年 1 月更名为“东方电气集团东方电机有限公司”（简称“东方电机有限公司”）。

东方电机厂建厂初期，一批知名专家和一大批中青年才俊从我国各地云集德阳，艰苦创业，辛勤耕耘。工厂投产当年就生产出第一套水电机组——湖南双牌电站 45MW 机组。次年（1967 年）便制造成第一台 50MW 氢外冷汽轮发电机。1969 年为阿尔巴尼亚伐乌 • 代耶水电站制成 50MW 水电机组，翻开了我国大型水电机组出口援外新的一页。

20 世纪 70 年代，经过多年的努力，产品研发硕果累累。在水电设备方面，先后研制成功丹江口 150MW 机组（1970 年）、龚嘴电站 100MW 机组（1971 年）、乌江渡电站 210MW 机组（1974 年）、阿尔巴尼亚菲尔泽电站 125MW 机组（1975 年）、葛洲坝电站 170MW 转桨式水电机组（1979 年）；在汽轮发电机方面，先后开发 75MW 氢外冷机（1971 年）、200MW 水氢氢冷却机（1974 年）。其中，葛洲坝 170MW 水电机组 1985 年荣获国家科技进步奖特等奖。

20 世纪 80 年代，东方电机厂面对国内外电力在建工程不足的严峻局面，放眼全球发电设备市场，以“敢为天下先”的精神，率先在我国以国际竞标方式将发电设备打入国际市场，先后中标美国卡曼奇水电机组（1982 年）、美国远西营机组（1984 年）、菲律宾巴厘嘎丹机组（1985 年）、美国里奥 • 布拉瓦机组等。同时，在发电设备开发方面也取得了骄人的成绩，先后研制成功龙羊峡 320MW 水电机组（1984 年）、大寨电站 10MW 蒸发冷却水轮发电机（1981 年）、葛洲坝电站 125MW 转桨式水电机组（1986 年）、水氢氢型 300MW 汽轮发电机（1985 年）、75kV • A 稀土钴永磁发电机（1985 年）。其中，龙羊峡 320MW 水电机组 1991 年荣获国家科技进步奖一等奖；云南大寨 10MW 蒸发冷却水轮发电机、东方型 300MW 汽轮发电机和 75kV • A 稀土钴永磁发电机分别于 1988 年、1993 年和 1985 年荣获国家科技进步奖二等奖。

20 世纪 90 年代是企业转制改革的关键时期，东方电机厂完成了股份制改造，产品开发进入百花盛开时代，先后开发成功红岩子电站 30MW 灯泡贯流式机组（1999 年）、响洪甸电站 40MW 抽水蓄能机组（1997 年）、李家峡电站 400MW 水电机组（1997 年）、二滩电站 550MW 水电机组以及 600MW 汽轮发电机（1997 年）等。其中，50MW、400MW 蒸发冷却水轮发电机 2002 年荣获国家科技进步奖二等奖。

进入 21 世纪后，东方电机厂在产品方面，以三峡电站 700MW 水电机组的引进、消化和再创造为龙头，带动水电机组水平的全面提升，先后于2004年、2006年和2009年研制成功三峡左岸、三峡右岸和三峡地下电厂的700MW水电机组（其中三峡地下电厂700MW水轮发电机采用了我国独特的蒸发冷却技术）（图2-5-4），完成了9台770MW溪洛渡水电机组研制工作，开发成功金窝电站140MW冲击式水电机组及小龙门电站13MW竖井贯流式机组，研制成功一批高水平的灯泡贯流式机组，如桥巩电站57MW机组、长洲电站42MW机组以及世界上单机容量最大的巴西杰瑞（Jirau）电站75MW机组。在热电产品开发方面，先后研制成功60~350MW空冷汽轮发电机、300~480MW全氢冷燃汽轮发电机、1000MW水氢氢冷汽轮发电机（2006），以及制成核电站用1150MW和1750MW、4极汽轮发电机。在2005—2014年间，共生产核能发电机17台，总容量19680MW，占世界同期产量一半以上。特别是2012年制造成功的台山核电站1750MW核能发电机是世界上单机容量最大的发电机，曾被中国科学院院士、中国工程院院士评为2013年中国十大科技进展新闻。

图2-5-4　2006年9月21日，三峡右岸首台700MW水轮机转轮研制完成

2015年2月27日，东方电机厂累积发电设备产量超过4亿kW（400GW），创造世界奇迹。从2005年开始，东方电机厂发电设备年产量就一直领先全球，已成为全球最有竞争力的发电设备供应商之一。

我国电机产业已经历百年发展，从一穷二白发展到了如今的“产品世界称雄”，这离不开一批又一批仁人志士的努力，但从工业大国到工业强国，从汽车大国到汽车强国，还有一段路要走。发展新能源汽车产业是从汽车大国迈向汽车强国的必由之路，还望同学们砥砺奋进，继续为国家新能源汽车产业的发展添砖加瓦。

笔记栏

项目三

新能源汽车电机控制器的检修

任务一　制动能量回馈强度设置

任务目标

知识目标

1. 掌握制动能量回馈的作用与分类、控制策略和基本原理。
2. 理解制动能量回馈系统的能量回收模式。

技能目标

1. 具备设置整车制动能量回馈强度的能力。
2. 具备通过整车数据和故障诊断仪判断能量回馈系统工作状况的能力。

素养目标

1. 认真严谨、积极主动、安全生产、文明施工。
2. 与小组成员、同学之间能合作交流，协调工作。
3. 获得分析问题和解决问题的基本方法。
4. 与小组成员交流、讨论学习成果，取长补短，完成自我提升。

任务框图

- 制动能量回馈强度设置
  - 制动能量回馈系统的作用与分类
  - 制动能量回馈的控制策略
    - 理想制动力分配控制策略
    - 最佳制动能量回馈控制策略
    - 前后制动力固定比值控制策略
  - 制动能量回馈的基本原理
    - 纯电动汽车制动能量回馈系统的组成
    - 纯电动汽车制动能量回馈系统的工作原理
  - 制动能量回馈系统的能量回收模式
    - 发动机关闭时滑行/制动状态下的能量回收模式
    - 发动机倒拖时滑行/制动状态下的能量回收模式
    - 发动机起动时滑行/制动状态下的能量回收模式

任务导入

吴小姐刚买了一辆比亚迪秦 PRO EV，但是在开车过程中老是感觉减速时车辆出现顿挫现象（拽车），电话咨询 4S 店服务顾问后，推断可能是因为其将制动能量回馈强度设置为了“较大”级别。服务顾问指导吴小姐更改制动能量回馈强度级别后，车辆恢复正常。

任务分组

学生任务分配表见表 3-1-1。

表 3-1-1　学生任务分配表

班　级			组　号		指导老师		
组　长			学　号				
组　员	姓名：______	学号：______			姓名：______	学号：______	
	姓名：______	学号：______			姓名：______	学号：______	
	姓名：______	学号：______			姓名：______	学号：______	
	姓名：______	学号：______			姓名：______	学号：______	
任务分工							
（就组织讨论、工具准备、数据采集、数据记录、安全监督、成果展示等工作内容进行任务分工）							

获取信息

引导问题 1：请查阅相关资料，简述制动能量回馈系统的作用。

____

____

引导问题 2：请查阅相关资料，简述采用制动能量回馈可提升多少续驶里程。

____

____

知识点提示

一、制动能量回馈系统的作用与分类

制动能量回馈系统也称为“制动能量回收系统”或“再生制动”，该系统的作用是在新能源

汽车减速制动（或者滑行）时将汽车的部分动能转化为电能，并将电能储存在储能装置（如动力蓄电池、超级电容器和超高速飞轮）中，最终增加新能源汽车的续驶里程，如图 3-1-1 所示。

电动汽车在制动减速或停车过程中，驱动电机处于发电机工况，制动能量回馈系统完成从汽车动能到动力蓄电池电能的转化，这就是制动能量的回收过程。

电动汽车在驱动过程中，驱动电机处于驱动工况，储存的电能，通过驱动电机将电能转换为机械能，这就是能量消耗的过程，如图 3-1-2 所示。

图 3-1-1　制动能量回馈

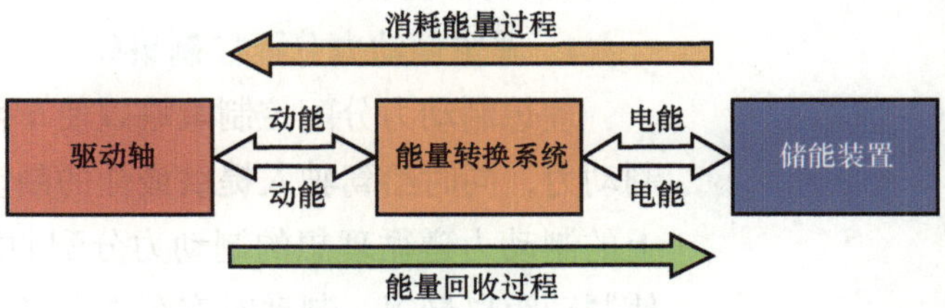

图 3-1-2　制动能量转换原理图

在制动减速或停车时，电动汽车的动能主要通过行驶阻力和制动系统消耗，制动系统中的一部分能量由制动能量回馈系统回收，另一部分能量由机械摩擦作用转换成热能消耗或在能量传递过程中损失。

影响能量回收的因素主要可分为三类：第一类是影响制动总能量的因素，主要是制动初始速度和终止速度、电动汽车质量等；第二类是影响可回收能量的因素，如制动能量回馈系统结构、驱动系统布置形式、电动汽车结构（滚动阻力消耗、空气阻力消耗等）、制动力分配策略（摩擦制动损耗）和制动强度等；第三类是影响制动能量回馈系统的因素，如驱动电机和动力蓄电池工作特性、传动系统特性、各部件及传递电路损耗和控制器损耗等。

制动总能量、可回收能量和制动能量回馈三者之间的关系如图 3-1-3 所示。

驱动电机制动的方法可分为机械制动和电气制动两大类。电动汽车的制动方式应考虑机械制动和电气制动两种类型的结合，尽可能多地用回馈发电方式取代机械式制动。在电动汽车制动和滑行时，通过控制系统将驱动电机的状态改为发电状态，将发电机发出的电能储存于动力蓄电池中，这样既可减小机械制动系统的损耗，又能提高整车能量使用效率，达到节约能源和提高电动汽车续驶里程的目的。一般来讲，在动力蓄电池充电效率为 100%，驱动电机效率、制动回馈效率为 50%，车辆总消耗能量的 50% 用于获得车辆动能的设定条件下，基于能量守恒而解析计算得到，采用制动能量回馈系统可提高车辆续驶里程的 33%。

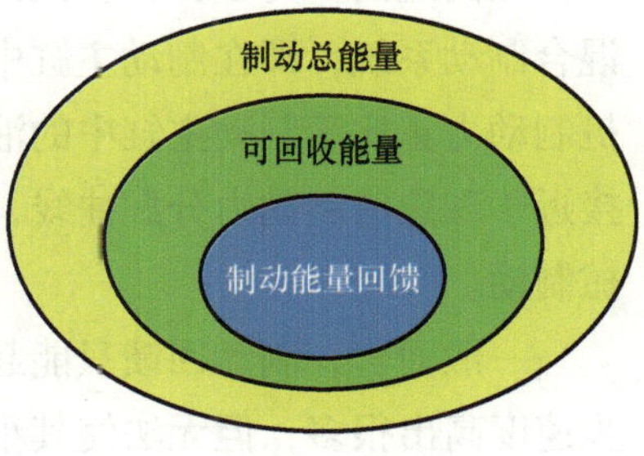

图 3-1-3　制动总能量、可回收能量和制动能量回馈三者之间的关系

引导问题 3：请查阅相关资料，简述主要的制动能量回馈的控制策略有哪些。

____

____

知识点提示

二、制动能量回馈的控制策略

制动能量回馈的控制策略是指在确保整车制动安全、稳定和舒适性的情况下，根据节气门的开度、车辆行驶的速度、动力蓄电池的荷电状态和驱动电机的工作特性等诸多参数，同时考虑到动力蓄电池储存能量的能力、驱动电机的能量回馈功率以及发电效率等诸多限制条件，控制纯电动汽车的机械摩擦制动和电机制动，使制动能量的回收量最多的控制方法。目前，主要有理想制动力分配控制策略、最佳制动能量回馈控制策略和前后制动力固定比值控制策略 3 种不同的制动控制策略。

1. 理想制动力分配控制策略

理想制动力分配控制策略以使车辆的制动距离最小化为控制目标，控制施加在前后轮上的制动力，同时给驾驶人提供最佳的制动方向稳定性。要想实现这两个目的，要求施加在前后轮上的制动力遵循理想的制动力分配曲线。理想制动力分配控制策略能充分利用地面附着条件，使制动距离最短，制动时汽车方向稳定性也好，不仅如此，理想制动力分配控制策略回收制动能量的效果相当好，但控制系统较复杂，适用于全可控的混合制动系统。

2. 最佳制动能量回馈控制策略

在符合制动要求的条件下，最佳制动能量回馈控制策略的原理是在满足对应于给定减速度指令的总制动力情况下，向前轮分配更多的制动力。因此，对于能量回馈制动，将有更多的制动能量可得到回收。这种控制策略对并联式的混合制动系统与全可控的混合制动系统均适用。

3. 前后制动力固定比值控制策略

前后制动力固定比值控制策略对于常规机械制动系统，前后轮制动力的分配比例是固定的。对于电动汽车的混合制动系统而言，前后制动力固定比值控制策略是指前轮（前轮驱动）的总制动力（摩擦制动力与电力制动力之和）与后轮摩擦制动力的比值在一定的制动减速度范围内是固定的。为了获得较大的制动能量回馈，这种控制策略主要用于前轮驱动汽车并联式的混合制动系统，即在制动主缸中安装检测主缸液压的压力传感器，使施加在驱动轮上的驱动电机制动力正比于制动主缸中的液压力。前后制动力固定比值控制策略使前后轮上的实际制动力接近于理想的制动力分配曲线，有较短的制动距离，并在危机情况下可更多地依靠强有力的机械制动。

一般而言，制动回馈只能起到限制驱动电机转子速度过高的作用，即不让汽车的速度比同步速度高出很多，但无法使其小于同步转速。也就是说，回馈发电制动仅能起到稳定运行的作用。因此，制动回馈发电系统工作时应根据汽车运行状况改变，如在制动、下坡滑行、高速运行和减速运行时等不同场合应采用不同的策略。

引导问题 4：请查阅相关资料，简述纯电动汽车制动能量回馈系统的组成。

____

____

知识点提示

三、制动能量回馈的基本原理

1. 纯电动汽车制动能量回馈系统的组成

纯电动汽车制动能量回馈系统（图 3-1-4）主要由整车控制器、动力蓄电池（储能系统）、电机控制器、驱动电机、液压系统以及传动装置等部分组成。整车控制器接收到节气门开度为 0 时，整车控制器通过动力 CAN 向电机控制器发出能量回收指令，驱动电机的反电动势通过电机控制器整流后给动力蓄电池充电。BMC 通过动力 CAN 向整车控制器反馈当前的动力蓄电池信息，当纯电动车辆动力蓄电池 SOC>95%/ 插电或混合动力车辆动力蓄电池 SOC>93% 时，能量回收的电流不输送给动力蓄电池，整车控制器通过 CAN 总线给电机控制器信号来控制驱动电机工作于驱动模式与发电模式，实现对汽车的正常行驶与制动。

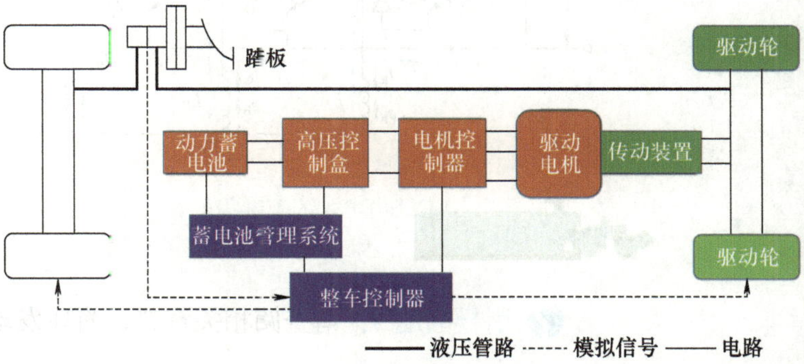

图 3-1-4　纯电动汽车制动能量回馈系统的组成

2. 纯电动汽车制动能量回馈系统的工作原理

根据制动能量回馈系统的结构以及工作原理（图 3-1-5），由电机控制器控制逆变器以及整流电路等开关管导通与断开，来实现车辆在爬坡或加速行驶时动力蓄电池向驱动电机和负载供电，以及在减速制动时驱动电机对动力蓄电池进行充电。

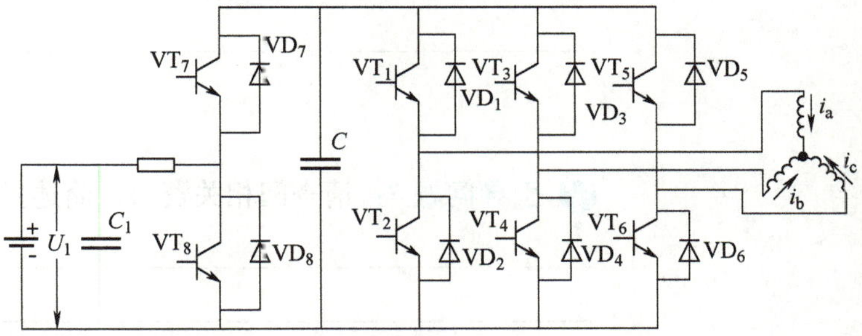

图 3-1-5　电机控制器控制逆变器

以永磁无刷直流电机为例，其具有电动以及发电这两种工作模式，纯电动汽车在匀速或者加速行驶过程中，驱动电机工作于电动模式；在减速制动行驶过程中，驱动电机工作于发电模式，此时进行能量回馈。

当驱动电机工作为电动模式时，逆变器下半桥的开关管处于常通状态，对上半桥的开关管进行 PWM（脉冲宽度调制）控制，通过控制驱动电机的三相按顺序导通而产生转矩推动汽车行驶。当驱动电机从电动模式切换到发电模式时，逆变器上半桥的开关管处于截止状态，对逆变器的下半桥开关管进行 PWM 控制，假设下半桥某开关管导通，回路电流逐渐上升，相电感积蓄能量，此为续流过程，如图 3-1-6 所示；然后把该开关管进行关闭，续流过程的回路断开，此时三相绕组中有很高的电动势产生，即驱动电机电压大于动力蓄电池电压，故向动力蓄电池充电，此过程为充电过程，如图 3-1-7 所示。驱动电机进行回馈制动时，相变量的电角度为 0°~60° 的电流情况。

续流过程：当开关管 VT_2 导通时，形成了 VT_2 → VD_4 二极管→ B 相绕组→ A 相绕组→ VT_2 的续流回路，该能量储存于驱动电机的绕组电感中，因此其电流不断增大。

充电过程：关断 VT_2 管，使续流过程切换至充电过程，充电回路为 A 相绕组→ VD_2 二极管→双向 DC/DC 变换器→动力蓄电池→ VD_4 二极管→ B 相→ A 相，续流过程中储存在电感中的能量将被释放出来，储存到动力蓄电池中，因此其电流不断减小。

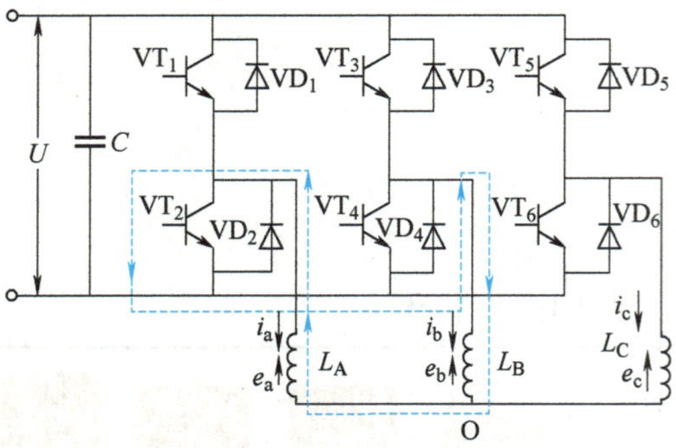

图 3-1-6　续流过程

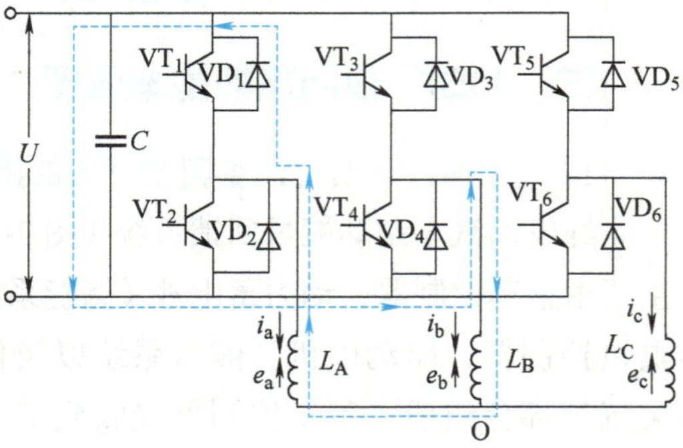

图 3-1-7　充电过程

引导问题 5：请查阅相关资料，简述发动机关闭时滑行 / 制动状态下的能量回收模式。

____

____

引导问题 6：请查阅相关资料，简述发动机倒拖时滑行 / 制动状态下的能量回收模式。

____

____

引导问题 7：请查阅相关资料，简述发动机起动时滑行 / 制动状态下的能量回收模式。

____

____

知识点提示

四、制动能量回馈系统的能量回收模式

根据混合动力汽车的运行状况，制动能量回馈系统的能量回收具备以下不同的模式：

1. 发动机关闭时滑行 / 制动状态下的能量回收模式

在发动机关闭时滑行 / 制动状态下，发动机与驱动电机离合器分离，驱动电机 / 发电机离合器接合，能量仅通过电机 / 发电机回收，如图 3-1-8 所示。

2. 发动机倒拖时滑行 / 制动状态下的能量回收模式

在发动机倒拖时滑行 / 制动状态下，发动机与驱动电机离合器接合，驱动电机 / 发电机离合器接合，能量除了通过驱动电机 / 发电机回收外，一部分用于发动机制动（此时发动机切断燃油供给），如图 3-1-9 所示。

3. 发动机起动时滑行 / 制动状态下的能量回收模式

在发动机起动时滑行 / 制动状态下，发动机与驱动电机离合器分离，驱动电机 / 发电机离

合器接合，能量仅通过驱动电机 / 发电机回收，如图 3-1-10 所示。

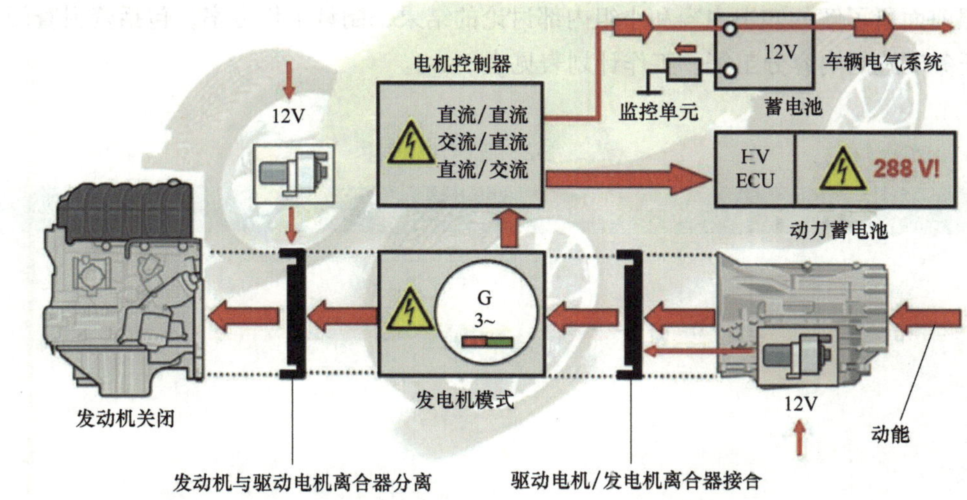

图 3-1-8　在发动机关闭时滑行 / 制动状态下的能量回收模式

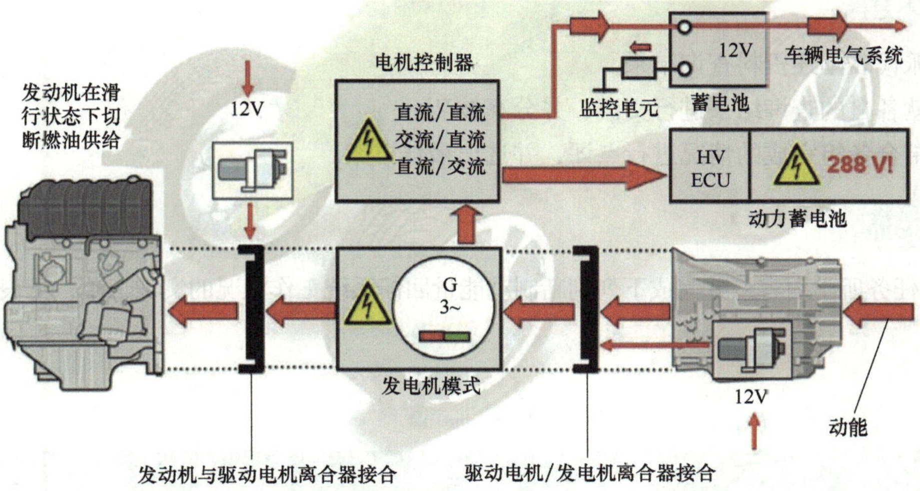

图 3-1-9　在发动机倒拖时滑行 / 制动状态下的能量回收模式

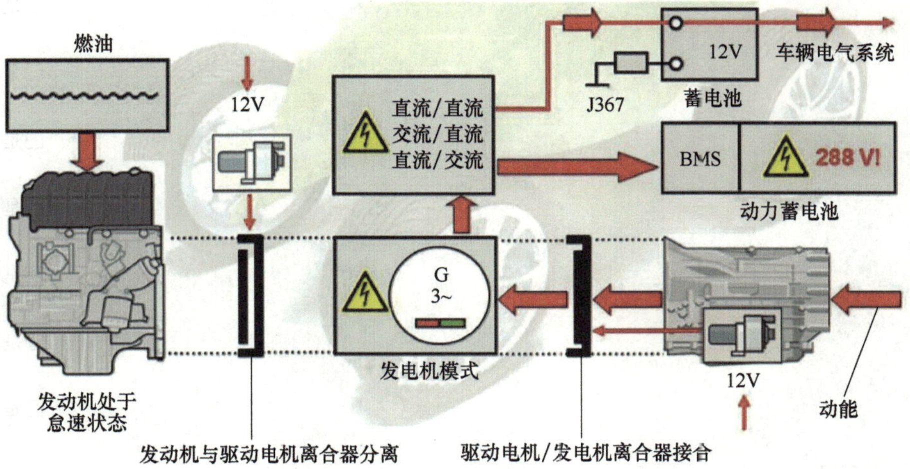

图 3-1-10　发动机起动时滑行 / 制动状态下的能量回收模式

工作计划

按照前面所了解的知识内容和小组内部讨论的结果，制订工作方案，包括资料查阅渠道的落实、任务实施的内容分工等。工作计划表见表 3-1-2。

表 3-1-2 工作计划表

步骤	工作内容	负责人
1		
2		
3		
4		

进行决策

1）各组派代表阐述资料查询结果。

2）各组就各自的查询结果进行交流，并分享技巧。

3）教师结合各组完成的情况进行点评，并选出最佳方案。

任务实施

请复习本任务所学内容，并完成下列判断制动能量回馈系统工作状况的实训工单，见表 3-1-3 和表 3-1-4。

表 3-1-3 实训准备

序号	设备及工具图片	设备及工具名称	数量	设备及工具是否完好
1				□是 □否
2				□是 □否
3				□是 □否
4				□是 □否
5				□是 □否
6				□是 □否
7				□是 □否
8				□是 □否
质检意见	原因：			

表 3-1-4 实训工单

姓名		班级（专业）		完成日期	

实训任务 1：通过仪表判断制动能量回馈系统的工作状况			
序号	操作步骤	记录	完成情况
1	记录检修车型	台架□ 单机□ 实车□ 其他：________	已完成□ 未完成□
2	设置能量回馈模式	标准能量□ 较大能量□	已完成□ 未完成□
3	车速提至最高	车速：________km/h	已完成□ 未完成□
4	观察功率指针现象	功率指针指向________动力蓄电池放电 功率指针指向________动力蓄电池充电	已完成□ 未完成□

实训任务 2：通过故障诊断仪判断制动能量回馈系统的工作状况			
序号	操作步骤	记录	完成情况
1	记录检修车型	台架□ 单机□ 实车□ 其他：________	已完成□ 未完成□
2	读取数据流	读取数据流过程：选择车辆制造商→________→数据流	已完成□ 未完成□
3	车辆操作	车辆操作过程： 设置车辆较大能量回馈→________→汽车即可进入能量回馈过程	已完成□ 未完成□
4	记录动力蓄电池当前总电流数据流变化	正到负□ 负到正□	已完成□ 未完成□
5	得出结论	电流示数为________动力蓄电池放电________ 电流示数为________动力蓄电池充电________	已完成□ 未完成□

6S 现场管理			
序号	操作步骤	完成情况	备注
1	建立安全操作环境	已完成□ 未完成□	
2	清理及整理工具、量具	已完成□ 未完成□	
3	清理及复原设备	已完成□ 未完成□	
4	清理场地	已完成□ 未完成□	
5	物品回收和环保	已完成□ 未完成□	
6	完善和检查工单	已完成□ 未完成□	

评价反馈

1）各组代表展示汇报 PPT，介绍任务的完成过程。

2）以小组为单位，请对各组的操作过程与操作结果进行自评和互评，并将结果填入表 3-1-5。

表 3-1-5 学生评价表

姓名		学号				班级				组别			
实训任务													
评价项目	分值	等级				评价对象（组别）							
		A	B	C	D	1	2	3	4	5	6	7	8
方案合理	20	20	15	10	5								
团队合作	20	20	15	10	5								
工作质量	20	20	15	10	5								
工作规范	20	20	15	10	5								
汇报展示	20	20	15	10	5								
合计	100	各组得分											
总结与反思													
（如：学习过程中遇到什么问题→如何解决的 / 解决不了的原因→心得体会）													

3）教师对学生工作过程与工作结果进行评价，并将评价结果填入表 3-1-6。

表 3-1-6　教师对学生评价表

姓名			学号		班级		组别	

实训任务					
评价项目			评价标准	分值	得分
考勤（10%）			无故意迟到、早退和旷课的现象	10	
工作过程（60%）	知识目标	获取信息	掌握工作相关知识	10	
		进行决策	制订工作方案，方案合理可行	10	
	技能目标	任务实施	具备设置整车制动能量回馈强度的能力	10	
			具备通过整车数据和故障诊断仪判断能量回馈系统工作状况的能力	10	
	素养目标	工作态度	认真严谨、积极主动、安全生产、文明施工	5	
		团队合作	与小组成员、同学之间能合作交流，协调工作	5	
		工作质量	能按照工作方案操作，按计划完成工作任务	10	
项目成果（30%）		工作完整	能按时完成工作任务的所有环节	10	
		工作规范	能在整个操作过程中规范操作，避免意外事故的发生	10	
		汇报展示	能准确表达、汇报工作成果	10	
合计				100	

综合评价	学生评价（50%）	教师评价（50%）	综合得分
综合评语	（作业过程中存在的问题及改进建议）		

任务二　绝缘栅双极型晶体管的检测

任务目标

知识目标

1. 了解 IGBT 的定义。
2. 掌握 IGBT 的结构与工作原理。
3. 了解 IGBT 的功能、发展与应用。
4. 完成电机控制器 IGBT 模块的检测。

技能目标

具备检测 IGBT 驱动板的能力。

素养目标

1. 认真严谨、积极主动、安全生产、文明施工。
2. 与小组成员、同学之间能合作交流，协调工作。
3. 获得分析问题和解决问题的基本方法。
4. 与小组成员交流、讨论学习成果，取长补短，完成自我提升。

任务框图

- 绝缘栅双极型晶体管的检测
  - IGBT的定义
  - IGBT的结构与工作原理
  - IGBT的功能
  - IGBT的发展与应用

任务导入

小李来到 4S 店面试，面试官提供了一台秦 EV 前驱总成上的 IGBT 驱动板，要求他快速且熟练地检测其好坏。如果你是小李，你能通过面试官的测试吗？

任务分组

学生任务分配表见表 3-2-1。

表 3-2-1　学生任务分配表

班　级		组　号		指导老师	
组　长		学　号			
组　员	姓名：______	学号：______	姓名：______	学号：______	
	姓名：______	学号：______	姓名：______	学号：______	
	姓名：______	学号：______	姓名：______	学号：______	
	姓名：______	学号：______	姓名：______	学号：______	
任务分工					
（就组织讨论、工具准备、数据采集、数据记录、安全监督、成果展示等工作内容进行任务分工）					

获取信息

引导问题 1：请查阅相关资料，简述 IGBT 的概念。

____

____

知识点提示

一、IGBT的定义

图 3-2-1 所示为绝缘栅双极型晶体管（Insulated Gate Bipolar Transistor，IGBT）的结构，其是 20 世纪 80 年代发展起来的一种电压控制型双极型复合器件，是一种由 MOS（绝缘栅型场效应管）和 BJT（双极型晶体管）组合成的复合全控型电压驱动式功率半导体器件，被认为是电动汽车的核心技术之一。

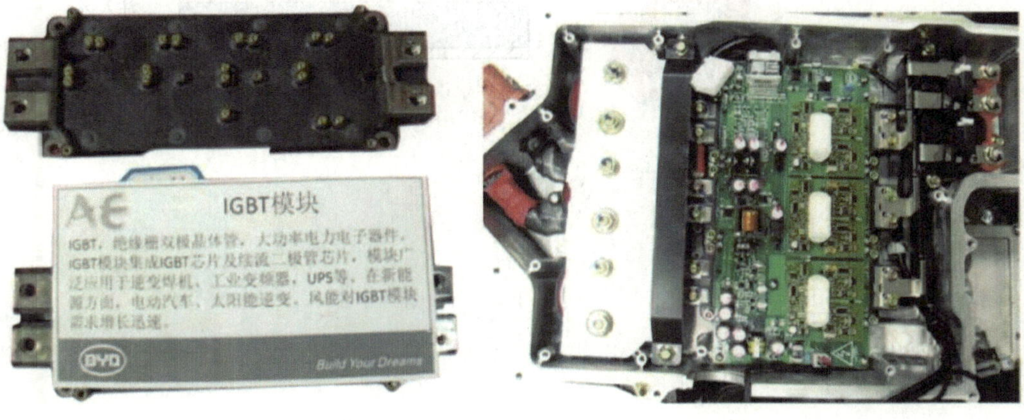

图 3-2-1　IGBT 的结构

IGBT 兼有 MOSFET（金属氧化物半导体场效应晶体管）的高输入阻抗和 GTR（电力晶体

管）的低导通压降两方面的优点。MOSFET 驱动功率很小，开关速度快，但导通压降大，载流密度小；GTR 饱和压降低，载流密度大，但驱动电流较大。作为 MOSFET 和 GTR 两种器件优点的“集大成者”，IGBT 的驱动功率小且饱和压降低，开关速度快且开关损耗小，在高压、大电流和高速等方面具备其他功率器件不可比拟的优势。因此，IGBT 非常适合应用于直流电压为 600V 及以上的变流系统，如交流电机、变频器、开关电源、照明电路、牵引传动等领域。

竞赛指南

在 2019 年中国技能大赛——全国新能源汽车关键技术技能大赛的理论知识竞赛中，汽车电动化的组卷占比有 60% 之多，在汽车电动化模块的出题范围中，就包括了电控技术中 IGBT 驱动模块的相关知识。

IGBT 的工作原理

引导问题 2：请扫描二维码观看动画，并查阅相关资料，简述 IGBT 的工作原理。

____

____

知识点提示

二、IGBT的结构与工作原理

如图 3-2-2 所示，IGBT 是由一个 PNP 型晶体管和增强型 N 沟道 MOS 组合而成的，这种 IGBT 称为 N-IGBT，用图 3-2-2d 所示图形符号表示。IGBT 有 C 极（集电极）、G 极（栅极）和 E 极（发射极）3 个极。相应的还有 P 沟道 IGBT，称为 P-IGBT，将图 3-2-2d 所示图形符号中的箭头改为由 E 极指向 G 极，即 P-IGBT 的图形符号。

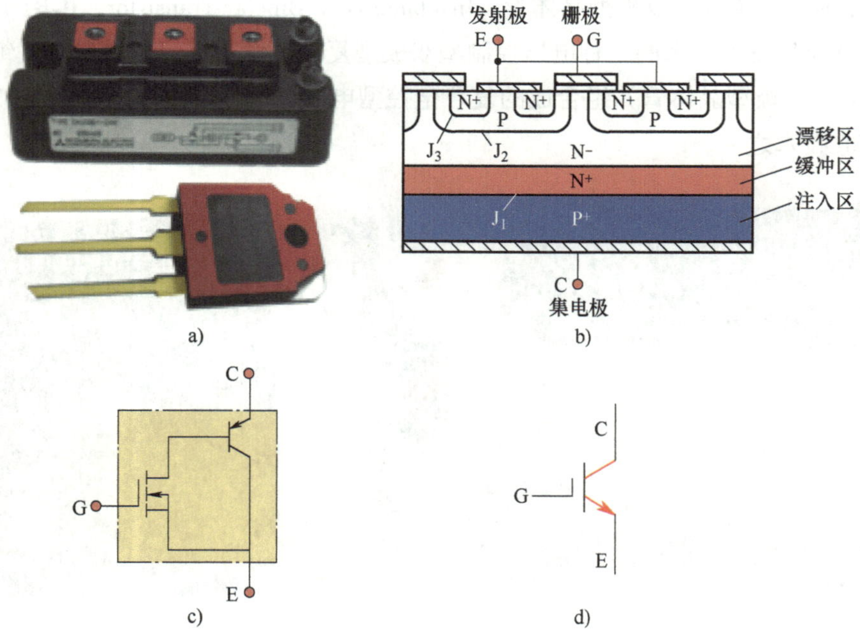

图 3-2-2　IGBT

a）外形　b）结构　c）等效图　d）图形符号

电力电子设备中主要采用N-IGBT，下面以图3-2-3所示电路来说明N-IGBT的工作原理。

电源 E_2 通过开关S为IGBT提供 U_{GE} 电压，电源 E_1 经 R_1 为IGBT提供 U_{CE} 电压。当开关S闭合时，IGBT的G、E极之间获得电压 U_{GE}，只要 U_{GE} 电压大于开启电压（2~6V），IGBT内部的NMOS就有导电沟道形成，NMOS管D、S极之间导通，为晶体管的基极通电，晶体管导通，有电流 I_C 从IGBT的C极流入，经晶体管E极后分成 I_1 和 I_2 两路电流，I_1 电流流经NMOS的D、S极，I_2 电流从晶体管的集电极流出，I_1、I_2 电流汇合成 I_E 电流从IGBT的E极流出，即IGBT处于导通状态。当开关S断开后，U_{GE} 电压为0，NMOS导电沟道夹断（消失），I_1、I_2 都为0，I_C、I_E 的电流也为0，即IGBT处于截止状态。

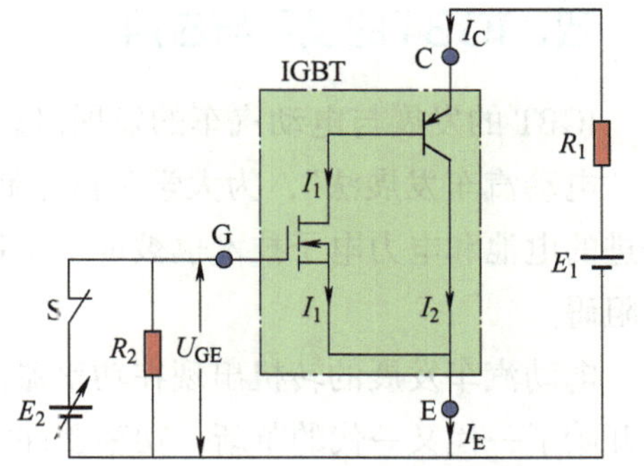

图3-2-3　N-IGBT工作原理图

调节电源 E_2 可以改变 U_{GE} 电压的大小，IGBT内部的NMOS的导电沟道宽度会随之变化，I_1 的电流大小也会发生变化。由于 I_1 电流实际上是晶体管的 I_b 电流，I_1 细小的变化会引起 I_2 电流（I_2 为晶体管的 I_C 电流）的急剧变化。例如，当 U_{GE} 增大时，NMOS的导电沟道变宽，I_1 电流增大，I_2 电流也增大，即IGBT的C极流入、E极流出的电流增大。

引导问题3：请查阅相关资料，简述IGBT的功能。

____

____

知识点提示

三、IGBT的功能

IGBT的主要功能是控制交流电和直流电的转换，同时承担电压的高低转换功能，还能将驱动电机回收的交流电流转换成可供动力蓄电池充电的电流。

简单来讲，IGBT可被视为“非通即断”的开关，导通时可被看作导线，断开时可以充当断路。对此，比亚迪功率器件产品负责人的解释是：“功率半导体器件是电流的开关，在关断的时候，能够保证漏电流和残余电流很小，且耐受电压很高。在开通的时候，功率半导体器件能够保证电阻小、电流大，并且开关的时间很短。”

引导问题4：请查阅相关资料，简述IGBT在新能源汽车中的应用。

____

____

知识点提示

四、IGBT的发展与应用

IGBT 的发展与电动汽车的发展息息相关，1966 年，出于保护环境的考量，美国国会通过了“电动汽车发展法”，为大学和汽车制造商提供资金用以开发电动汽车技术。但是连当时最先进的电池和电力电子技术也被证明不足以创造商业上可行的电动汽车，电动汽车的发展受到了阻碍。

电动汽车发展的转机出现在功率器件的革新上，随着对功率器件研究的不断深入，功率器件开始了一代又一代的革新，功率器件的发展也为电动汽车的研发带来了更多的选择。

在 20 世纪 50 年代，固态电子器件开始出现并逐渐替代真空管，电力电子产业基于第一代以双极型晶体管和晶闸管为代表的功率半导体器件逐步发展起来，尽管这些器件取得了快速的发展并广泛应用于各个行业，但是其控制和保护较为复杂且价格昂贵，限制了其应用范围进一步的扩展；在 20 世纪 70 年代，应用于逻辑和储存电路的 MOS 技术的出现和发展极大地促进了以功率 MOSFET 为代表的第二代功率半导体器件的出现和规模应用，硅基功率 MOSFET 的成功迅速拓展了电力电子器件在低压高频中小功率电力电子装备中的应用；在 20 世纪 80 年代，以 IGBT 为代表的基于 MOS 和双极型复合的第三代功率半导体器件得到迅速发展，IGBT 的高功率密度、电压驱动和宽安全工作区特性使其成为中大功率、中低频率电力电子设备的首选。

IGBT 的快速发展使以前使用双极型功率晶体管的设备都改用了 IGBT，这也使设备的性能得到了大幅度的提高，可以说 IGBT 为电动汽车的发展做出了重大贡献，是电动汽车中不可缺少的功率器件。在 1996 年，通用汽车推出了一款命名为 GM EVI 的纯电动汽车，该纯电动汽车研发时用几个 IGBT 替代了逆变器中的 48 个功率 MOS 场效应晶体管（功率 MOSFET），这个方法对电动汽车的商业化至关重要，大大推动了电动汽车行业的发展。

在电子装置中，功率半导体 IGBT 是电能转换与电路控制的核心，它主要用来改变电子装置中的电压、频率和直流交流转换，以提高能量的转化效率。对比各个种类和批次的功率半导体，IGBT 是其中最具代表性的产品。从功率半导体的演进历程来看，IGBT 也是当之无愧的新一代功率半导体。自 21 世纪以来，随着市场需求持续增长，IGBT 工艺也在不断改进。目前，IGBT 是新一代功率半导体器件的中流砥柱，被业内视为电力电子技术第三次革命中最具代表性的产品。

IGBT 在新能源汽车中的应用较为普遍。在电动汽车的“三电”方面，特斯拉 Model S 使用的是三相异步电动机。其中，每一相的驱动控制需要 28 颗塑封的 IGBT 芯片，三相共需要 84 颗 IGBT 芯片。由此可见，新能源汽车对 IGBT 芯片的需求非常庞大。此外，充电桩的核心部件也离不开 IGBT 芯片。有关信息显示，在新能源汽车中，IGBT 模块约占整车成本的 7%~10%，是除动力蓄电池之外所占成本第二高的元件，决定了整车的能源效率。

作为电力电子重要大功率主流器件之一，IGBT 已经广泛应用于家用电器、交通运输、电力工程、可再生能源和智能电网等领域。在工业应用方面，如交通控制、功率变换、工业电机、不间断电源、风电与太阳能设备，以及用于自动控制的变频器。在消费电子方面，IGBT 用于家用电器、相机和手机。

工作计划

按照前面所了解的知识内容和小组内部讨论的结果，制订工作方案，包括资料查阅渠道的落实、任务实施的内容分工等。工作计划表见表 3-2-2。

表 3-2-2　工作计划表

步骤	工作内容	负责人
1		
2		
3		
4		
5		

进行决策

1）各组派代表阐述资料查询结果。
2）各组就各自的查询结果进行交流，并分享技巧。
3）教师结合各组完成的情况进行点评，并选出最佳方案。

任务实施

引导问题 5：请扫描二维码观看微课，复习本任务所学内容，并完成下列 IGBT 驱动板检测的实训工单，见表 3-2-3 和表 3-2-4。

IGBT 驱动电路检测

表 3-2-3　实训准备

序号	设备及工具图片	设备及工具名称	数量	设备及工具是否完好
1				□是　□否
2				□是　□否
3				□是　□否
4				□是　□否
5				□是　□否
6				□是　□否
质检意见	原因：			

表 3-2-4 实训工单

姓名		班级（专业）		完成日期	

实训任务 1：第一组 IGBT 上桥二极管测试			
序号	操作步骤	记录	完成情况
1	使用万用表，调至二极管档，红笔固定搭在 IGBT 的正极铜排，黑笔分别搭在两个输出端 	测得二极管示数： 二极管是否正常：	已完成□ 未完成□
2	交换表笔，黑笔固定搭在 IGBT 的正极铜排，红笔分别搭在两个输出端 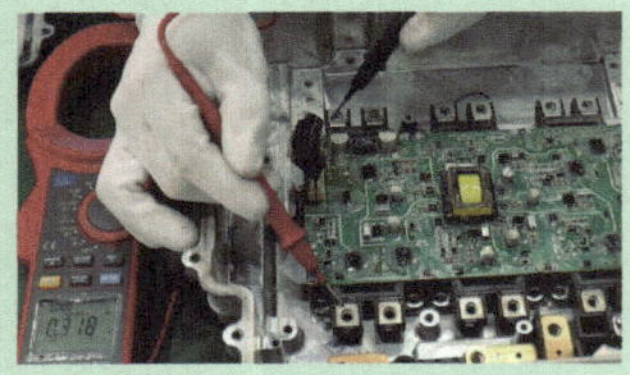	测得二极管示数： 二极管是否正常：	已完成□ 未完成□
实训任务 2：第一组 IGBT 下桥二极管测试			
序号	操作步骤	记录	完成情况
1	表笔红笔搭在 IGBT 的负极铜排，黑笔分别搭在输出端 	测得二极管示数： 二极管是否正常：	已完成□ 未完成□
2	变换表笔，红笔搭在负极铜排，黑笔搭在输出端 	测得二极管示数： 二极管是否正常：	已完成□ 未完成□
实训任务 3：其他两组 IGBT 二极管测试			
序号	操作步骤	记录	完成情况
1	以相同的方式，分别测得剩下的两组 IGBT 上下桥的二极管示数，记录下来	测得二极管示数： 二极管是否正常：	已完成□ 未完成□
2	查看 IGBT 的结构示意图，对照各组 IGBT 上下桥的测试数据结果	总结：	已完成□ 未完成□

（续）

6S 现场管理			
序号	操作步骤	完成情况	备注
1	建立安全操作环境	已完成□ 未完成□	
2	清理及整理工具、量具	已完成□ 未完成□	
3	清理及复原设备	已完成□ 未完成□	
4	清理场地	已完成□ 未完成□	
5	物品回收和环保	已完成□ 未完成□	
6	完善和检查工单	已完成□ 未完成□	

评价反馈

1）各组代表展示汇报 PPT，介绍任务的完成过程。

2）以小组为单位，请对各组的操作过程与操作结果进行自评和互评，并将结果填入表 3-2-5。

表 3-2-5 学生评价表

姓名		学号		班级		组别								
实训任务														
评价项目	分值	等级				评价对象（组别）								
		A	B	C	D	1	2	3	4	5	6	7	8	
方案合理	20	20	15	10	5									
团队合作	20	20	15	10	5									
工作质量	20	20	15	10	5									
工作规范	20	20	15	10	5									
汇报展示	20	20	15	10	5									
合计	100	各组得分												
总结与反思														
（如：学习过程中遇到什么问题→如何解决的 / 解决不了的原因→心得体会）														

3）教师对学生工作过程与工作结果进行评价，并将评价结果填入表 3-2-6。

表 3-2-6　教师对学生评价表

姓名			学号	班级	组别
实训任务					
评价项目			评价标准	分值	得分
考勤（10%）			无故意迟到、早退和旷课的现象	10	
工作过程（60%）	知识目标	获取信息	掌握工作相关知识	10	
		进行决策	制订工作方案，方案合理可行	10	
	技能目标	任务实施	能正确认识 IGBT 驱动板的主要结构	10	
			能正确有序地进行 IGBT 驱动板的检测	10	
	素养目标	工作态度	认真严谨、积极主动、安全生产、文明施工	5	
		团队合作	与小组成员、同学之间能合作交流，协调工作	5	
		工作质量	能按照工作方案操作，按计划完成工作任务	10	
项目成果（30%）		工作完整	能按时完成工作任务的所有环节	10	
		工作规范	能在整个操作过程中规范操作，避免意外事故的发生	10	
		汇报展示	能准确表达、汇报工作成果	10	
合计				100	

综合评价	学生评价（50%）	教师评价（50%）	综合得分
综合评语	（作业过程中存在的问题及改进建议）		

任务三　电机控制器的检测与更换

任务目标

知识目标

1. 了解 IPM 的定义。
2. 掌握 IPM 的结构与工作原理。
3. 了解 IPM 的应用。
4. 识别电机控制器的内部结构。
5. 完成电机控制器的拆卸。

技能目标

1. 具备控制器扼流圈、电机控制器主控板与 IGBT 驱动板的拆卸能力。
2. 具备正确进行电机控制器电容的拆卸与检测的能力。

素养目标

1. 认真严谨、积极主动、安全生产、文明施工。
2. 与小组成员、同学之间能合作交流，协调工作。
3. 获得分析问题和解决问题的基本方法。
4. 与小组成员交流、讨论学习成果，取长补短，完成自我提升。

任务框图

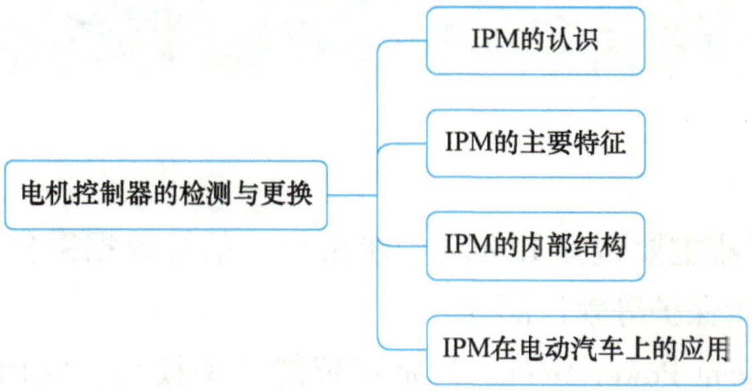

任务导入

小李来到 4S 店面试，面试官提供了一台秦 EV 前驱总成上的电机控制器，要求他快速且熟练地拆解内部的各个零部件，并能检测各部件好坏。如果你是小李，你能通过面试官的测试吗？

任务分组

学生任务分配表见表 3-3-1。

表 3-3-1 学生任务分配表

班　级		组　号			指导老师		
组　长		学　号					
组　员	姓名：		学号：	姓名：		学号：	
	姓名：		学号：	姓名：		学号：	
	姓名：		学号：	姓名：		学号：	
	姓名：		学号：	姓名：		学号：	
任务分工							
（就组织讨论、工具准备、数据采集、数据记录、安全监督、成果展示等工作内容进行任务分工）							

获取信息

引导问题 1：请查阅相关资料，简述前驱总成电机控制器的组成。

____

____

知识点提示

一、IPM的认识

前驱总成电机控制器主要包括 IPM、IGBT 模块、信号数据采集模块、关联电路等硬件，以及电机控制算法与逻辑保护等软件部分。

其中，IPM（Intelligent Power Module）是指智能功率模块，它由高速低工耗的管芯和优化的门级驱动电路以及快速保护电路构成。即使发生负载事故或使用不当，IPM 自身也不受损坏。

引导问题 2：请查阅相关资料，简述 IPM 的主要特征。

____

____

知识点提示

二、IPM的主要特征

一般说来，IPM 包含有数字接口电路、驱动电路、功率器件 IGBT、保护电路、内部 DC/AC 变换器、AC/DC 变换器等部分，是数模混合式大规模集成电路。具备的特点主要有：

1）开关速度快。IPM 内的 IGBT 芯片都选用高速型，而且驱动电路紧靠 IGBT 芯片，驱动延时小，所以 IPM 开关速度快，损耗小。

2）低功耗。IPM 内部的 IGBT 导通压降低，开关速度快，故 IPM 功耗小。

3）过电流、短路保护。IPM 中的 IGBT 电流传感器是射极分流式，采样电阻上流过的电流很小，但与流过开关器件上的电流呈正比例关系，从而取代了大功率电阻、电流互感器和霍尔电流传感器等电流监测组件。如果 IPM 中任意一 IGBT 的 C 极电流大于过电流动作电流 10μs 时，IPM 将软关断，并且输出过电流报警信号。

4）过热保护。IPM 内部绝缘基板上设有温度传感器，当 IPM 的温度达到 53~64℃，电机控制器通过动力 CAN 在网关控制器内与整车控制器进行通信，整车控制器控制散热风扇低速运转；当整车控制器接到 IPM 的温度 >64℃，整车控制器控制散热风扇高速运转；整车控制器接到 IPM 的温度 >85℃，IPM 内部的保护电路就会阻止门极驱动信号，不接收控制输入信号，直至过热现象消失，保护器件不受损坏，同时输出过热故障信号。当温度下降到过热复位阈值时，电路自动恢复正常工作。组合仪表点亮电机过热指示灯，提醒“请检查动力系统”。

5）制动能量回收功能。当车辆在减速或滑行，整车控制器接收到节气门的开度为 0° 时，整车控制器在网关控制器内通过动力 CAN 与电机控制器进行通信。电机根据磁场旋转的方法切割导线，旋转磁场是转子，被切割的导线是定子绕组。转子旋转（机械能转换成磁能）产生磁场，定子绕组线圈（磁能转成电能 - 电磁感应）产生电能；每转动 180° 产生的电压方向（极性）改变一次（进去低电位，出来高电位），从而产生交流方波电。然后经过电机控制器内 IGBT 上的二极管整流变成直流电输出给动力蓄电池充电，此工作过程称为制动能量回收。

6）驱动电源欠电压保护。当电机控制器检测到母线电压比动力蓄电池标称电压低 10V 以上时，电机控制器通过动力 CAN 在网关控制器与电池管理器进行信息交互，电池管理器控制动力蓄电池正、负极接触器断开。电机控制器根据母线电压进行主动泄放，保护电机控制器内部电子元件不受损坏。

7）主动 / 被动泄放保护功能。主控板的电路架构上使用了一片 DSP 控制芯片以及一片 FPGA 芯片，如图 3-3-1 所示。FPGA 芯片的反应速度快，在车辆发生故障时，比如，电机出现绝缘不良导致电流过大，电机控制器通过动力 CAN 网关控制器内与电池管理器进行通信，电池管理器控制动力蓄电池正负极接触器断开，电机控制器对电容进行主动泄放，5s 内迅速将电容端的电压释放到 60V 以下。若电机控制器的主动泄放失效，电机控制器会启动被动泄放程序，在 2min 内迅速将电容端的电压释放到 60V 以下，有效保障

图 3-3-1　电机控制器主控板

了维修人员和车辆电子元件的安全。

8）电机控制器电压跌落保护。当车辆在行驶过程中，由于动力蓄电池的某个模组或单体蓄电池下降过快，电机控制器检测到母线端的电压下降超过 30V 时，电机控制器通过动力 CAN 在网关控制器与电池管理器进行信息交互，电池管理器控制动力蓄电池正、负极接触器断开。

9）安装方便。IPM 采用陶瓷绝缘结构，直接安装在绝缘板上。直流输入（P、N）、制动单元输出（B）和变频器输出端子直接用螺钉连接；输入、输出控制端子并排成一列，可用通用插座连接。主接线端子和控制端接线端子都可以直接拆卸，不需要烙铁焊接，非常方便。

引导问题 3：请查阅相关资料，简述 IPM 被分为哪几个单元。

____

____

知识点提示

三、IPM的内部结构

图 3-3-2 所示为 IPM 的内部结构原理图，可以分为 4 个单元，分别为：UV 为欠电压保护单元、OC 为过电流保护单元、SC 为短路保护单元、OT 为过热保护单元。这些保护单元的输出信号作为或门输入信号。4 种保护单元中只要有一种保护单元发生故障，IPM 就会输出故障信号。在图 3-3-2 中，Drive 为驱动放大单元，从图中可以看出，驱动放大单元一方面将接收到的控制信号进行放大输出，驱动 IGBT 控制极；同时，可以接收任意故障保护电路的信号，一旦接收到故障保护电路的信号，便输出软关断驱动信号去软关断 IGBT，使 IGBT 受到保护。

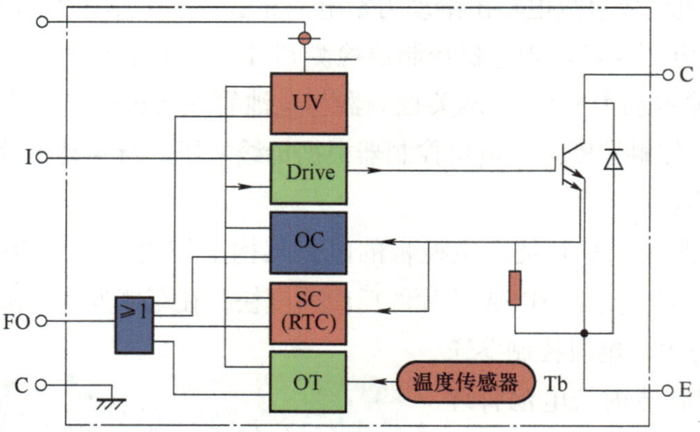

图 3-3-2 IPM 的内部结构原理图

由图 3-3-3 可见，$IGBT_1$~$IGBT_6$ 组成逆变桥，VDF_1~VDF_6 分别为六个 IGBT 的续流二极管。其中，$IGBT_1$~$IGBT_3$ 为上桥臂开关器件，由三个单独“浮地直流电源”给三组控制电路供电；$IGBT_4$~$IGBT_6$ 为下桥臂开关器件，由一组直流电源供电给三组控制电路；$IGBT_7$ 为制动电路开关器件，VDW 是它的续流二极管，内部具有门极驱动控制、故障检测和多种保护电路。内部故障保护电路若检测到过电流、欠电压、过热和短路故障中的任一故障，IPM 就会自行软关断，同时送出故障报警信号。其对应端子名称见表 3-3-2。

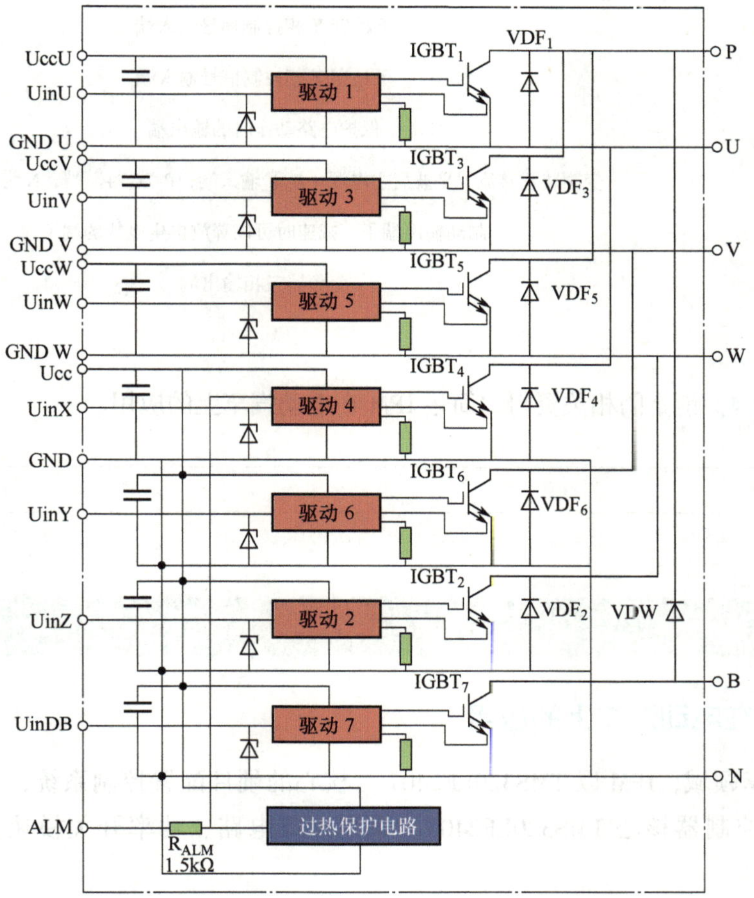

图 3-3-3　IPM 结构图

表 3-3-2　IPM 端子定义表

端子名称	定义
UinU	上桥臂 U 相控制信号输入端
UccU	上桥臂 U 相驱动电源输入端，UccU 为“+”端
GND U	为“–”端
UinV	上桥臂 V 相控制信号输入端
UccV	上桥臂 V 相驱动电源输入端，UccV 为“+”端
GND V	为“–”端
UinW	上桥臂 W 相控制信号输入端
UccW	上桥臂 W 相驱动电源输入端，UccW 为“+”端
GND W	为“–”端
Ucc	下桥臂共用驱动电源（Ucc）输入端，Ucc 为“+”端，GND 为“–”端
UinDB	制动控制信号输入端
UinX	下桥臂 X 相控制信号输入端

（续）

端子名称	定义
UinY	下桥臂 Y 相控制信号输入端
UinZ	下桥臂 Z 相控制信号输入端
ALM	保护电路动作时的输出端
P、N	变频装置整流、平波后主电源（U_d）输入端，P 为“+”端，N 为“−”端
B	制动输出端子，减速时可以释放再生电能的端子
U、V、W	变频器三相输出端

引导问题 4：请查阅相关资料，简述 IPM 在电动汽车上的应用。

____

____

知识点提示

四、IPM在电动汽车上的应用

在电动汽车领域，IPM 以 TMS320LF2407 为核心的硬件配置控制系统，其结构如图 3-3-4 所示，主要由控制器核心 TMS320LF2407、外围接口电路、功率开关模块及其驱动几部分构成。

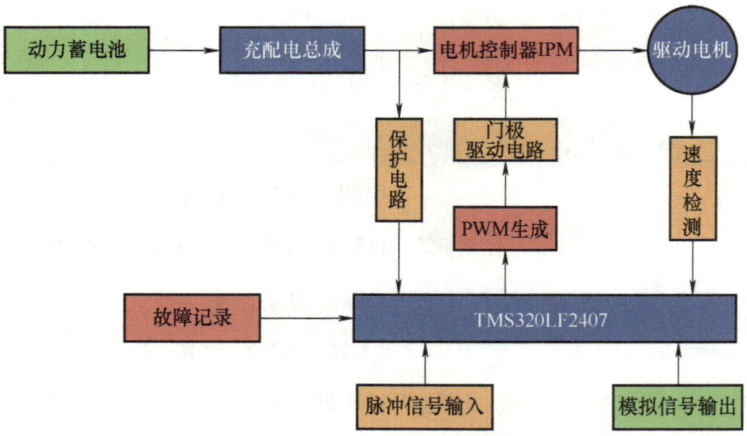

图 3-3-4　IPM 控制模块结构框图

高度集成的技术使 IPM 能够显著简化整个 PWM 变频器的设计。变频器开发工程师只需设计简单的绝缘接口和 4 个或者 6 个 IPM 供电电源电路。简化的外围电路能够很好地满足电动汽车变频器对于单位体积内功率密度高的要求。当 IPM 快速关断时，储存在杂散电感中的能量耗散在开关器件上，从而在开关器件上会产生浪涌电压，浪涌电压的值直接与杂散电感值以及集电极电流关断变化率相关。因此，功率部分的换流电路设计必须尽可能地降低杂散电感。电动汽车变频器通常采用叠层母线排可有效降低杂散电感，如图 3-3-5 所示。即使 IPM 在直流母线电压很高时发生短路关断，浪涌过电压也不会超过模块的耐压极限。

图 3-3-6 所示为逆变器在发生相间短路时的 IPM 内部 IGBT 单元的测试波形。电动汽车通常采用水冷散热，为了提高冷却能力，水冷的水路应设计在 IPM 内的 IGBT 硅片正下方。此外，必须确保这些水路的密封，以避免泄漏，并选择合适的位置，以消除管道与安装孔之间的冲突。高效的散热系统能保证功率循环寿命和热循环寿命。

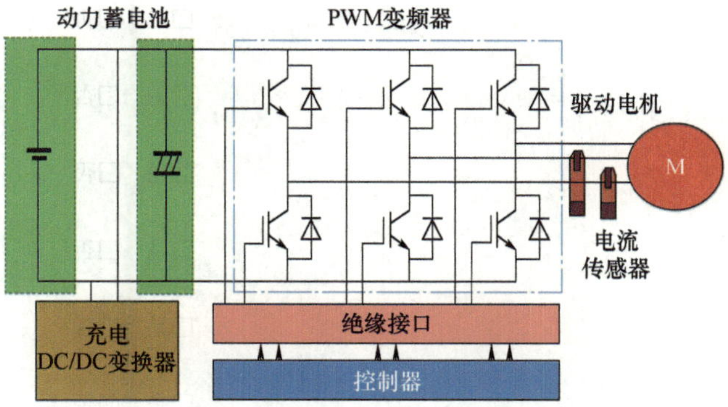

图 3-3-5　纯电动汽车应用框图

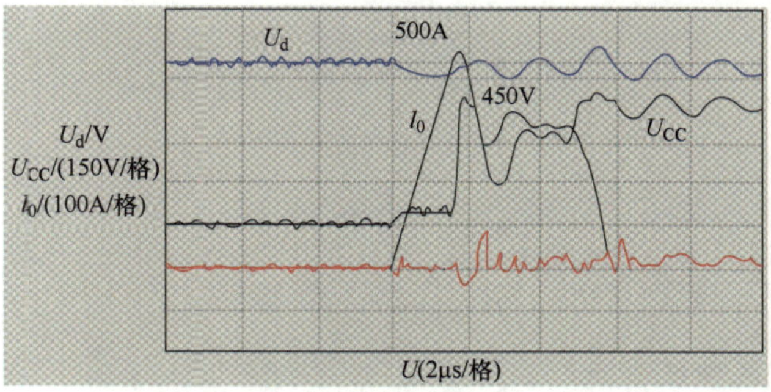

图 3-3-6　逆变器在发生相间短路时的 IPM 内部 IGBT 单元的测试波形

工作计划

按照前面所了解的知识内容和小组内部讨论的结果，制订工作方案，包括资料查阅渠道的落实、任务实施的内容分工等。工作计划表见表 3-3-3。

表 3-3-3　工作计划表

步骤	工作内容	负责人
1		
2		
3		
4		
5		

进行决策

1）各组派代表阐述资料查询结果。

2）各组就各自的查询结果进行交流，并分享技巧。

3）教师结合各组完成的情况进行点评，并选出最佳方案。

任务实施

请复习本任务所学内容，并完成下列驱动总成电机控制器的拆卸与检测的实训工单，见表 3-3-4 和表 3-3-5。

表 3-3-4 实训准备

序号	设备及工具图片	设备及工具名称	数量	设备及工具是否完好
1				□是 □否
2				□是 □否
3				□是 □否
4				□是 □否
5				□是 □否
6				□是 □否
7				□是 □否
8				□是 □否
质检意见	原因：			

表 3-3-5 实训工单

姓名		班级（专业）		完成日期	

实训任务 1：前驱动总成电机控制器的组成认知			
序号	操作步骤	记录	完成情况
1	识别电机控制器标签，识别电机控制器高压母线、三相电接口，记录驱动电机的标签与型号 		已完成□ 未完成□
2	使用旋柄与对应批头松开电机控制器保护盖紧固螺钉，拆掉电机控制器保护盖 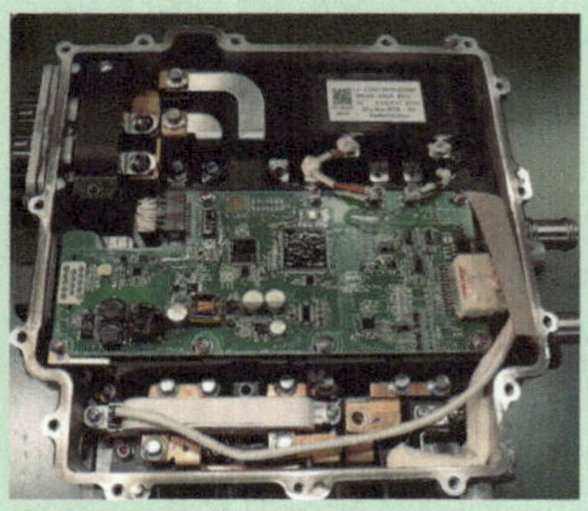		已完成□ 未完成□
3	识别驱动总成电机控制器内部主要模块及主要功能：扼流圈、电容、IPM 电机控制器主控板、IGBT 驱动板、温度传感器、霍尔电流传感器等		已完成□ 未完成□

（续）

实训任务 2：电机控制器扼流圈的拆卸

序号	操作步骤	记录	完成情况
1	使用合适的批头与旋柄松开保护盖螺钉。用合适的力度取下保护盖，注意保护盖下方有固定胶 		已完成□ 未完成□
2	使用合适的批头与旋柄松开电容的母线铜排固定螺栓，拆下扼流圈保护盖 		已完成□ 未完成□
3	使用合适的批头与旋柄拆除直流母线外部的紧固螺钉，做好高压绝缘防护，规范地拔下母线 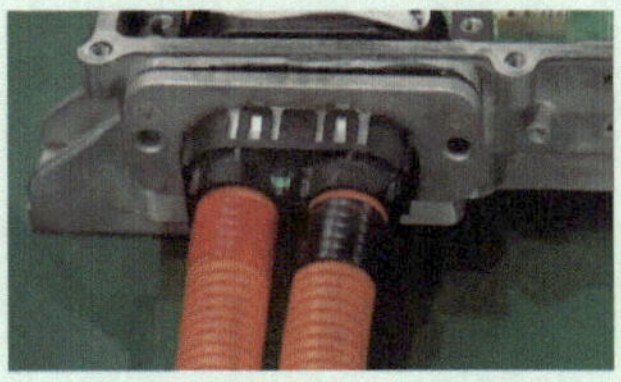		已完成□ 未完成□
4	取下扼流圈，拆除时注意下部有固定胶，使用合适的力度或工具取下来（备注：扼流圈有磁性） 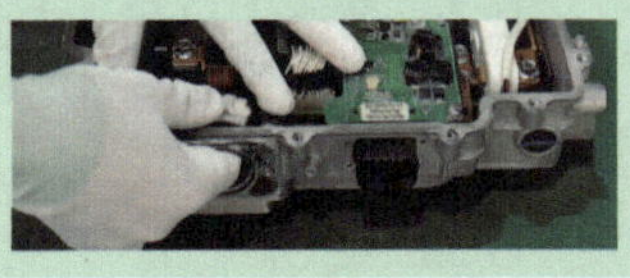		已完成□ 未完成□

实训任务 3：电机控制器的电容拆卸与检测

序号	操作步骤	记录	完成情况
1	使用套筒嫁接杆松开电容表面的母排紧固螺钉，取下母排 		已完成□ 未完成□
2	使用批头与旋柄松开扼流圈支架固定螺栓，取下支架		已完成□ 未完成□

（续）

序号	操作步骤	记录	完成情况
3	使用批头与旋柄拆卸薄膜电容的紧固定螺钉		已完成□ 未完成□
4	使用套筒嫁接杆松开电容与 IGBT 的固定螺栓 		已完成□ 未完成□
5	使用批头与棘轮拆卸主控板与电容预充检测线 		已完成□ 未完成□
6	取下电容，查看薄膜电容标准参数规格。观察薄膜电容外观是否有鼓包、绝缘层是否有萎缩等情况，若有，请及时更换 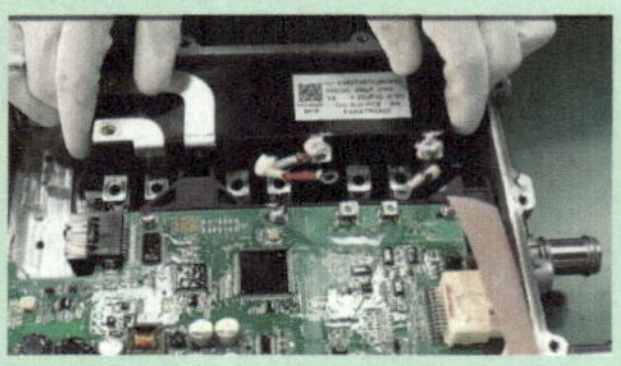		已完成□ 未完成□
7	使用万用表，打开电容档，红笔与黑笔分别搭在 3 组铜排上，测得 3 组电容示数。若均在电容标准值范围内，说明电容正常，否则说明电容损坏 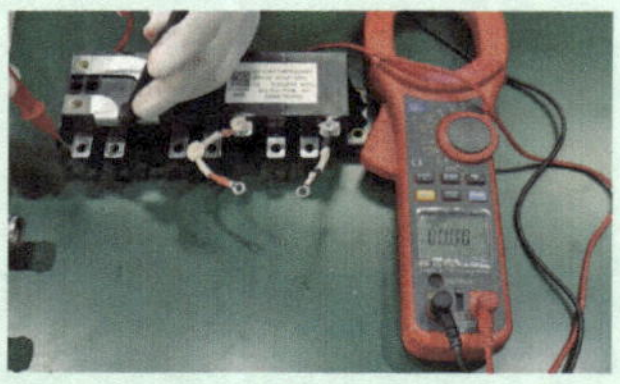		已完成□ 未完成□

实训任务 4：电机控制器主控板与 IGBT 驱动板的拆卸			
序号	操作步骤	记录	完成情况
1	识别电机控制器主控板结构：低压插头、连接线、主控板芯片、IGBT 驱动板（位于主控板下方）		已完成□ 未完成□
2	使用批头与旋柄松开电机控制器主控板上层板螺栓，松开电机控制器两侧的搭铁线以及温度传感器 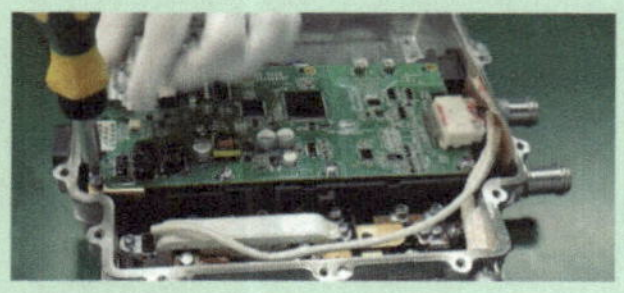		已完成□ 未完成□
3	使用批头与旋柄松开侧面螺钉 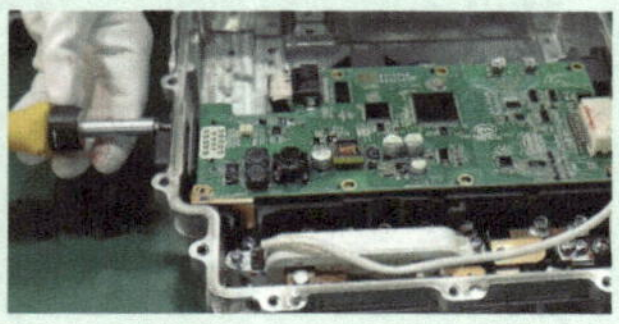		已完成□ 未完成□

（续）

序号	操作步骤	记录	完成情况
4	按住电机控制器端口卡扣，用合适的力度拔掉两个低压插头 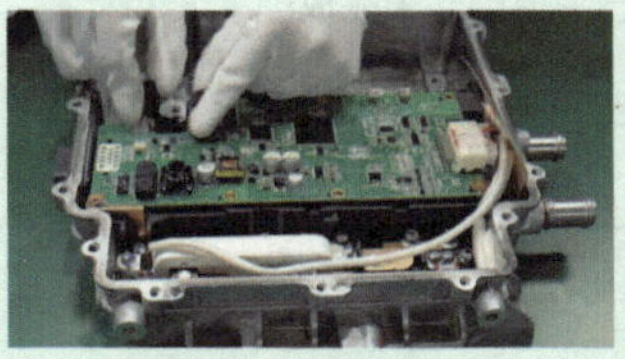		已完成□ 未完成□
5	取下电机控制器主控板，拆卸完成 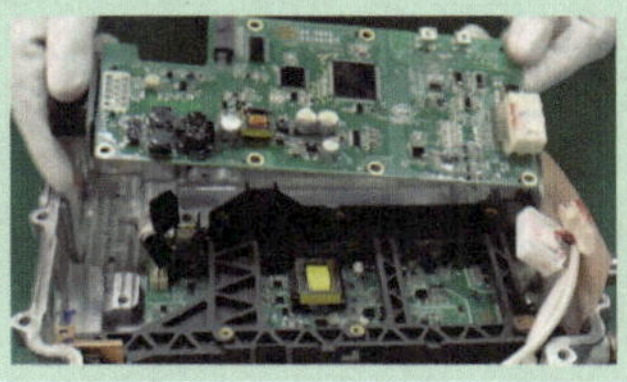		已完成□ 未完成□
6	松开支架紧固螺钉，取下 IGBT 驱动板与电机控制器支架 		已完成□ 未完成□
7	识别 IGBT 的 A、B、C 三相铜排		已完成□ 未完成□
8	拔下电流传感器的低压插头		已完成□ 未完成□
9	使用批头与旋柄松开电流传感器两侧的固定螺栓		已完成□ 未完成□
10	使用套筒松开 BC 相母排螺钉，取下电流传感器与母排 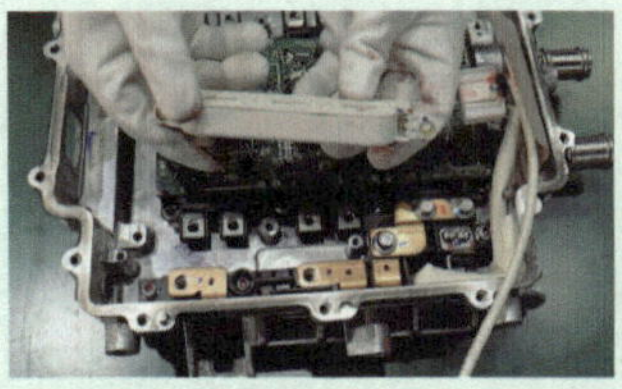		已完成□ 未完成□
11	使用批头与旋柄松开 IGBT 驱动板紧固螺钉，使用套筒和棘轮松开 A 相母排螺栓，取下铜排和 IGBT 驱动板  电机控制器各部件拆卸完成		已完成□ 未完成□
12	识别 IGBT 驱动板主要结构位置，如驱动芯片识别、3 组 IGBT 桥臂、3 组 IGBT 正负极等		已完成□ 未完成□

（续）

6S 现场管理			
序号	操作步骤	完成情况	备注
1	建立安全操作环境	已完成□　未完成□	
2	清理及整理工具、量具	已完成□　未完成□	
3	清理及复原设备	已完成□　未完成□	
4	清理场地	已完成□　未完成□	
5	物品回收和环保	已完成□　未完成□	
6	完善和检查工单	已完成□　未完成□	

评价反馈

1）各组代表展示汇报 PPT，介绍任务的完成过程。

2）以小组为单位，请对各组的操作过程与操作结果进行自评和互评，并将结果填入表 3-3-6。

表 3-3-6　学生评价表

姓名		学号				班级				组别				
实训任务														
评价项目	分值	等级				评价对象（组别）								
		A	B	C	D	1	2	3	4	5	6	7	8	
方案合理	20	20	15	10	5									
团队合作	20	20	15	10	5									
工作质量	20	20	15	10	5									
工作规范	20	20	15	10	5									
汇报展示	20	20	15	10	5									
合计	100	各组得分												
总结与反思														
（如：学习过程中遇到什么问题→如何解决的 / 解决不了的原因→心得体会）														

3）教师对学生工作过程与工作结果进行评价，并将评价结果填入表 3-3-7。

表 3-3-7　教师对学生评价表

<table>
<tr><td>姓名</td><td colspan="2"></td><td>学号</td><td>班级</td><td>组别</td><td></td></tr>
<tr><td colspan="3">实训任务</td><td colspan="4"></td></tr>
<tr><td colspan="3">评价项目</td><td colspan="2">评价标准</td><td>分值</td><td>得分</td></tr>
<tr><td colspan="3">考勤（10%）</td><td colspan="2">无故意迟到、早退和旷课的现象</td><td>10</td><td></td></tr>
<tr><td rowspan="8">工作过程（60%）</td><td rowspan="2">知识目标</td><td>获取信息</td><td colspan="2">掌握工作相关知识</td><td>10</td><td></td></tr>
<tr><td>进行决策</td><td colspan="2">制订工作方案，方案合理可行</td><td>10</td><td></td></tr>
<tr><td rowspan="2">技能目标</td><td rowspan="2">任务实施</td><td colspan="2">能有序进行电机控制器扼流圈、电机控制器主控板与 IGBT 驱动板的拆卸</td><td>10</td><td></td></tr>
<tr><td colspan="2">能正确进行电机控制器电容的拆卸与检测</td><td>10</td><td></td></tr>
<tr><td rowspan="3">素养目标</td><td>工作态度</td><td colspan="2">认真严谨、积极主动、安全生产、文明施工</td><td>5</td><td></td></tr>
<tr><td>团队合作</td><td colspan="2">与小组成员、同学之间能合作交流，协调工作</td><td>5</td><td></td></tr>
<tr><td>工作质量</td><td colspan="2">能按照工作方案操作，按计划完成工作任务</td><td>10</td><td></td></tr>
<tr><td colspan="6" style="display:none"></td></tr>
<tr><td colspan="2" rowspan="3">项目成果（30%）</td><td>工作完整</td><td colspan="2">能按时完成工作任务的所有环节</td><td>10</td><td></td></tr>
<tr><td>工作规范</td><td colspan="2">能在整个操作过程中规范操作，避免意外事故的发生</td><td>10</td><td></td></tr>
<tr><td>汇报展示</td><td colspan="2">能准确表达、汇报工作成果</td><td>10</td><td></td></tr>
<tr><td colspan="5">合计</td><td>100</td><td></td></tr>
<tr><td colspan="3" rowspan="2">综合评价</td><td>学生评价（50%）</td><td>教师评价（50%）</td><td colspan="2">综合得分</td></tr>
<tr><td></td><td></td><td colspan="2"></td></tr>
<tr><td colspan="3">综合评语</td><td colspan="4">（作业过程中存在的问题及改进建议）</td></tr>
</table>

任务四 电机控制器数据标定

任务目标

知识目标

1. 掌握电机控制器的主要功能及其组成。
2. 了解纯电动汽车对电驱动系统的要求。
3. 掌握驱动电机系统台架标定及测试的方法。
4. 掌握驱动电机系统装车后的标定及测试方法。

技能目标

具备纯电动汽车驱动电机系统的标定能力。

素养目标

1. 认真严谨、积极主动、安全生产、文明施工。
2. 与小组成员、同学之间能合作交流，协调工作。
3. 获得分析问题和解决问题的基本方法。
4. 与小组成员交流、讨论学习成果，取长补短，完成自我提升。

任务框图

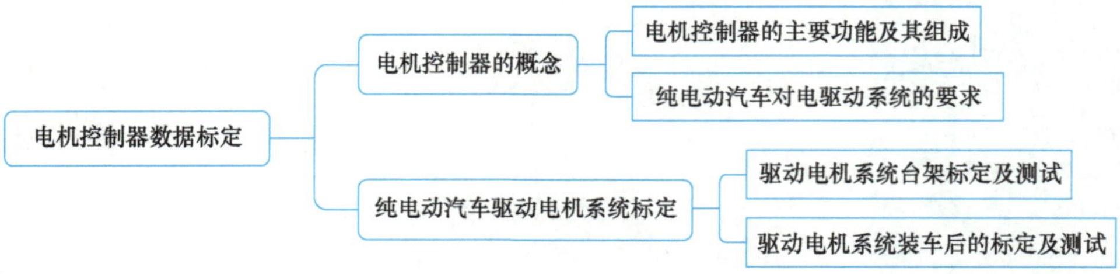

任务导入

小李来到某整车厂面试，面试官提供了一台秦 EV 前驱总成上的电机控制器，询问要如何进行驱动电机系统台架标定测试，你能回答这个问题吗？

任务分组

学生任务分配表见表 3-4-1。

表 3-4-1　学生任务分配表

班　级		组　号		指导老师			
组　长		学　号					
组　员	姓名：		学号：		姓名：		学号：
	姓名：		学号：		姓名：		学号：
	姓名：		学号：		姓名：		学号：
	姓名：		学号：		姓名：		学号：
任务分工							
（就组织讨论、工具准备、数据采集、数据记录、安全监督、成果展示等工作内容进行任务分工）							

获取信息

引导问题 1：请查阅相关资料，简述电机控制器的主要功能。

____

____

引导问题 2：请查阅相关资料，简述电机控制器的组成。

____

____

知识点提示

一、电机控制器的概念

1. 电机控制器的主要功能及其组成

纯电动汽车的电机控制器是一个能量转换装置，其主要功能是实现纯电动汽车的电能与机械能之间的转换及逆转换。电机控制器主要由低压主控电路、高压驱动电路、功率电子器件、薄膜电容以及其他配套附件组成。

电机控制器主要的功能如下：

1）控制驱动电机驱动机械负载，执行来自整车控制器的目标转矩指令。

2）控制驱动电机转速，执行来自整车控制器的目标转速指令。

3）控制驱动电机发电，执行来自整车控制器的目标转矩命令。

4）通过高速 CAN 总线与其他节点进行数据交换。

5）实现系统的自我保护，保护电机控制器本身不受损坏，包括过温保护、过电压保护、欠电压保护和过电流保护等。

2. 纯电动汽车对电驱动系统的要求

电机控制器作为一个能量转换装置，为了克服纯电动汽车使用过程中产生的滚动阻力、空气阻力、坡道阻力和加速阻力，需要把动力蓄电池输出的电能转化为驱动电机的机械能。通过电机控制器，可以实现纯电动汽车在低转速下输出峰值转矩、在高转速下实现恒功率输出的优秀动力输出性能，同时可以通过优化电机控制策略，最大限度地扩展驱动电机的恒功率转速范围。电驱动系统由驱动电机、电机控制器以及变速器组成，其中驱动电机是电驱动系统的“躯干”，电机控制器是电驱动系统的“大脑”，变速器是电驱动系统的“杠杆”。只有拥有聪明的“大脑”，才能让“躯干”用最小的能量输出最大的转矩，并通过“杠杆”把转矩进行放大。

纯电动汽车对电驱动系统主要技术要求如下：

1）在起步阶段，要求电驱动系统能以最大转矩输出，以适应日常使用快速起动、加速、爬坡和频繁起停要求。

2）峰值转矩至少是额定转矩的 1.8~2 倍以上，并且时间要求能持续 20~40s。

3）永磁同步电机无论在何种工况下运行，都不应出现永磁体退磁的情况。

4）恒功率转速区要求足够的宽广，通常需要是基转速区域的 3~4 倍。

5）永磁同步电机的反电动势电压需要控制在一个合理的水平范围内，否则在电机控制器失去对电机控制时，一个异常的反电动势有可能击穿电机控制器的 IGBT。

6）驱动电机需要有较低的转矩脉动和较低的振动和噪声，在转矩 / 转速特性的较宽范围内具有较高的效率。

7）电驱动系统需要有较高的体积功率密度和系统效率。

8）能适应不同环境（如高温、低温、高海拔）的使用要求。

引导问题 3：请查阅相关资料，简述驱动电机系统台架标定及测试需要遵守哪些规定。

____

____

引导问题 4：请查阅相关资料，简述驱动电机系统装车后的标定及测试应当在什么地方进行。

____

____

知识点提示

二、纯电动汽车驱动电机系统标定

1. 驱动电机系统台架标定及测试

以永磁同步电机为例，基于永磁同步电机台架标定的主要内容是电机特性标定、传感器标定、旋转变压器零位标定。对驱动电机系统进行标定的目的是获得更高的转速与更大的输出转矩。标定是一项需要花费大量时间的工作，例如当我们想获得电机特性 I_d/I_q 图像，就要标定不同转速和转矩下的 I_d/I_q 指令。

驱动电机系统属于法规件，每一个车用驱动电机都需要进行国家强制性检验，并进行公告参数备案。目前，车用驱动电机系统的台架测试都是按照 GB/T 18488.1—2015 和 GB/T 18488.2—2015 的规定进行的，GB/T 18488.1—2015 和 GB/T 18488.2—2015 详细规定了驱动电机系统的技术要求和测试方法，主要进行驱动电机系统电气特性、效率、转矩 - 转速特性、安全保护功能、环境适应性、电磁兼容、可靠性测试等试验项目，基本能满足纯电动汽车驱动电机系统产品的要求。

2. 驱动电机系统装车后的标定及测试

台架测试不能完全模拟整车状态，尤其是坏路、路面不平度为 E 级及以下路面，四个轮胎附着力不同，负载突变，控制不好容易失控，对驱动电机系统可靠性是一个巨大的考验。驱动电机系统装车后的标定测试主要是电机控制器与整车控制器的参数调整优化，以控制驱动电机达到理想状态。

（1）基于 CAN 总线的网络拓扑结构及标定　CAN 总线技术已经广泛运用于汽车及其零部件制造，基于 CAN 总线技术的标定系统主要由标定控制器、USB-CAN 通信模块和主控 PC 机端的标定平台软件组成，PC 机端监控及标定界面通过 USB-CAN 从总线上读取电机控制器的通信报文并能实时修改标定参数，将程序写入电机控制器内。汽车控制系统通信配置示意图如图 3-4-1 所示，电机控制器的标定框图如图 3-4-2 所示。

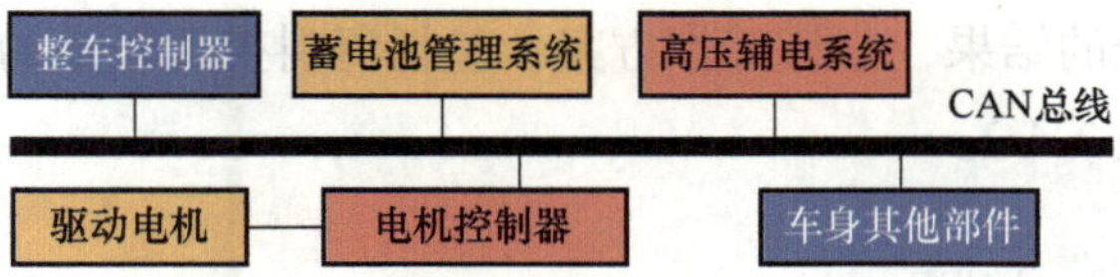

图 3-4-1　汽车控制系统通信配置示意图

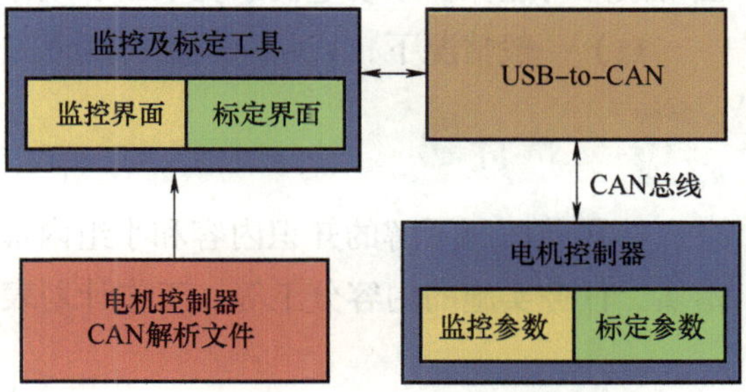

图 3-4-2　电机控制器的标定框图

（2）标定项目及方法

1）通信协议规范性校正。确定电机控制器 CAN 总线节点地址、通信速率、报文格式和报文内容等 CAN 网络通信协议是否与设计状态一致。

2）确定 CAN 通信正常。利用标定工具及软件，使整车控制器向电机控制器发送指令，确定电机控制器能接收到整车控制器的指令并能正常响应，同时整车控制器也能接收到电机控制器发送的信息。

3）故障模拟。人为制造可恢复性故障，查看系统能否报出相应的故障码，做出相应的处理措施，并记录故障数据。

4）整车控制器程序驱动系统参数的标定。确定整车控制器当前程序中驱动电机系统电动和发电状态的转速、转矩、效率和温度等标定参数是否同台架测试状态一致。

5）驱动工况标定。标定低速小转矩起步、大转矩加速、中低速交变载荷、中高速交变载荷、低速巡航、高速巡航、坡道起步、大转矩爬坡等工况，调整电机控制器驱动模式控制策略参数、驱动电机转矩的输出阶跃参数，确定电机控制器的输出转矩能完全响应整车控制器的指令，转速无异常波动、驱动电机噪声无异常并能改善驱动电机啸叫，车身无抖动现象。

6）倒车。挂 R 位，驱动电机接收到整车控制器反转指令，标定驱动模式控制策略参数，确定驱动电机无异常啸叫、转速无异常波动、车身无抖动现象。

7）能量回收模式。车辆滑行和制动时，接收到整车控制器发电指令，MCU 能进入发电模式，综合考虑整车经济性、驾驶舒适性、驱动电机噪声标定转矩阶跃参数、不同 SOC 下的驱动电机发电功率。

8）整车动力性能验证。按照 GB/T 18385—2015 的试验方法验证爬坡、加速性能、最高车速时转矩的输出能力，是否与设计一致。

9）驻坡。电机控制器需有驻坡功能，驻坡时依靠驻坡功能，全过程不进行驻坡制动。车辆驻坡时驱动电机有转矩输出，实际处于堵转模式，标定转速、转矩、驱动控制策略参数、驻坡时间，关注驱动电机系统温度，确保溜坡距离满足设计要求，驱动电机系统正常工作，车辆无抖动、窜动。

10）坏路测试。驱动电机系统除了能在一般平整路面保证高可靠性外，还需进行坏路标定测试。坏路测试属于强化试验，用来验证零部件的可靠性。坏路路面一般不平整、扭曲、坑洼，路面类型主要有比利时路、扭曲路、坑洼路、搓板路、混凝土凸块路、横枕木路、盐水路、泥泞路、铸铁饼路、石块路、卵石路、砂石路、沥青混凝土坏路、水泥混凝土坏路等。汽车在坏路路面上行驶时，轮胎的附着力会瞬间发生突变，易造成电机控制器失控，出现故障，标定驱动控制策略，确定驱动电机的输出转矩能完全响应整车控制器的指令，不误报故障，当出现故障时能保护驱动电机系统不出现致命性损坏。

11）一般情况下，1）~4）项在举升机上进行，5）~9）项在平整的沥青混凝土路面进行。

工作计划

按照前面所了解的知识内容和小组内部讨论的结果，制订工作方案，包括资料查阅渠道的落实、任务实施的内容分工等。工作计划表见表 3-4-2。

表 3-4-2 工作计划表

步骤	工作内容	负责人
1		
2		
3		

进行决策

1）各组派代表阐述资料查询结果。

2）各组就各自的查询结果进行交流，并分享技巧。

3）教师结合各组完成的情况进行点评，并选出最佳方案。

任务实施

请复习本任务所学内容，并完成下列前驱动电机控制器的标定实训工单，见表 3-4-3 和表 3-4-4。

表 3-4-3　实训准备

序号	设备及工具图片	设备及工具名称	数量	设备及工具是否完好
1				□是　□否
2				□是　□否
3				□是　□否
4				□是　□否
5				□是　□否
6				□是　□否
7				□是　□否
8				□是　□否
质检意见	原因：			

表 3-4-4　实训工单

姓名		班级（专业）		完成日期	

前驱动电机控制器的标定（秦 EV）			
序号	操作步骤	记录	完成情况
1	连接诊断仪，界面显示已连接		已完成□ 未完成□
2	单击选择“诊断” 		已完成□ 未完成□
3	单击选择“比亚迪” 		已完成□ 未完成□

（续）

序号	操作步骤	记录	完成情况
4	单击“手动选择车型” 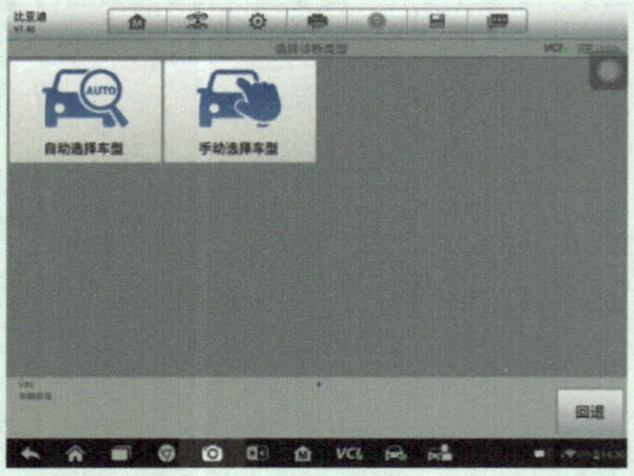		已完成□ 未完成□
5	单击选择“秦” 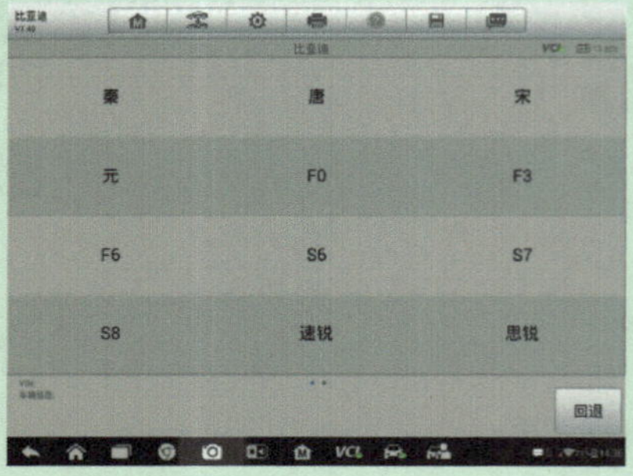		已完成□ 未完成□
6	单击选择“全新秦 EV” 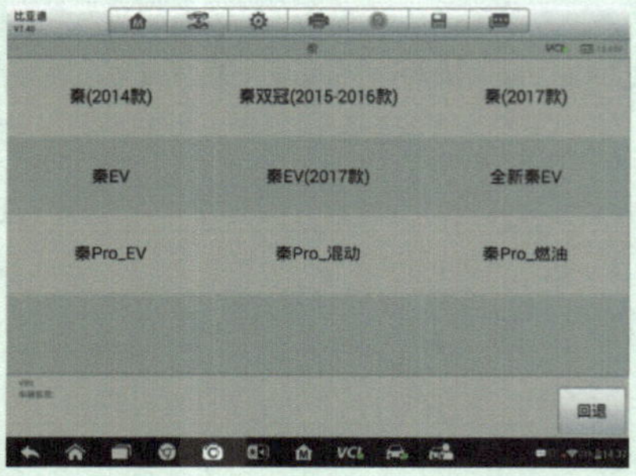		
7	单击选择“诊断” 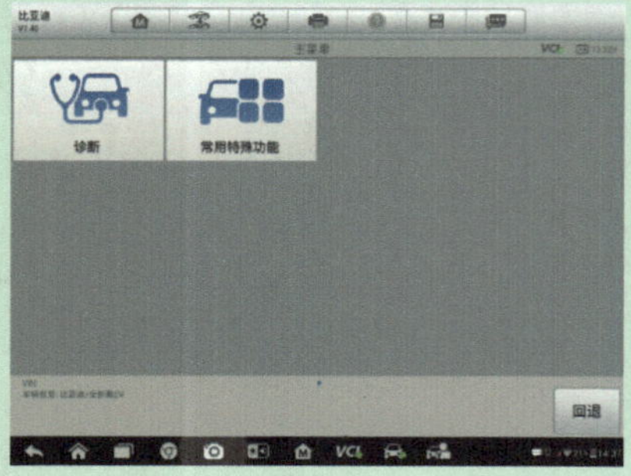		已完成□ 未完成□
8	单击“控制单元” 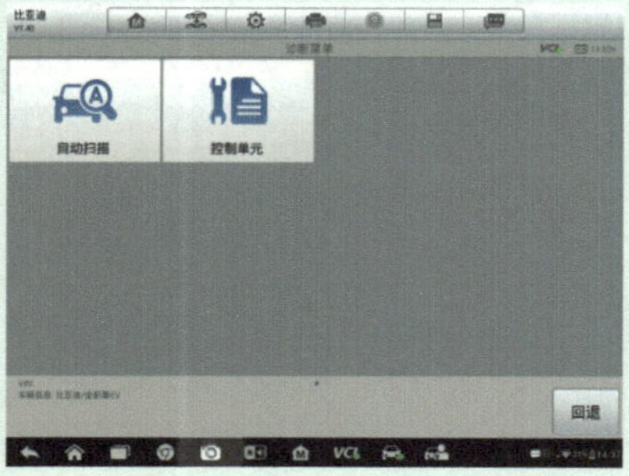		已完成□ 未完成□

（续）

<table>
<tr><th>序号</th><th>操作步骤</th><th>记录</th><th>完成情况</th></tr>
<tr><td>9</td><td>单击“动力网”
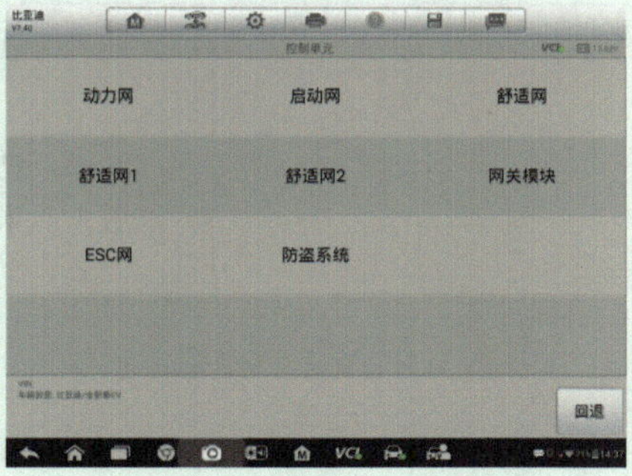
</td><td></td><td>已完成□
未完成□</td></tr>
<tr><td>10</td><td>单击“前驱动电机控制器”
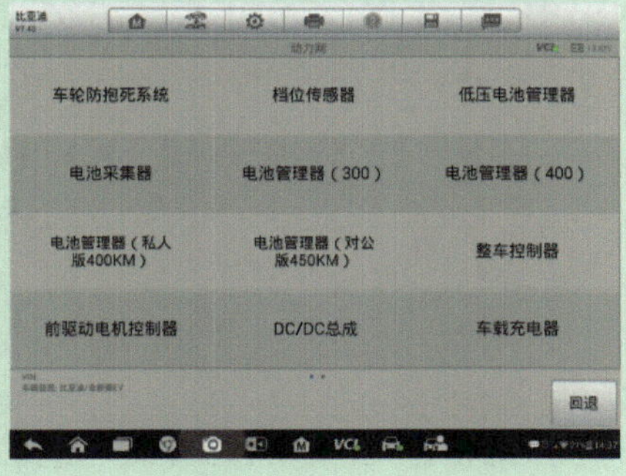
</td><td></td><td>已完成□
未完成□</td></tr>
<tr><td>11</td><td>系统显示“诊断系统正在初始化”界面跳转后，单击“特殊功能”
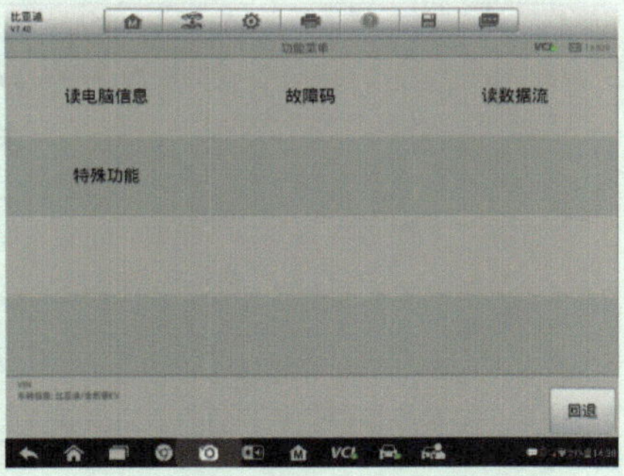
</td><td></td><td>已完成□
未完成□</td></tr>
<tr><td>12</td><td>单击“电机零位标定”
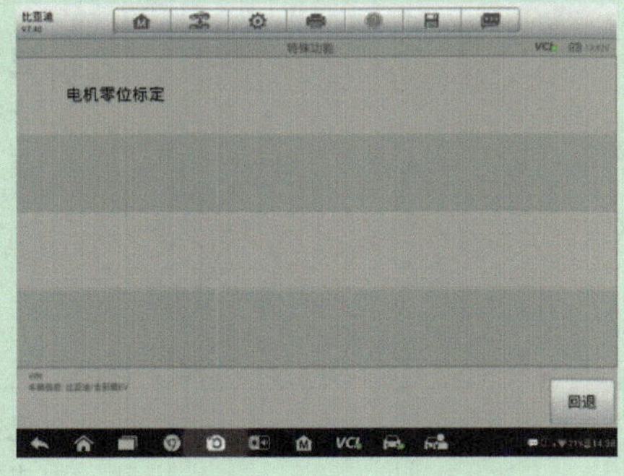
</td><td></td><td>已完成□
未完成□</td></tr>
</table>

（续）

序号	操作步骤	记录	完成情况
13	界面显示的“车辆建立通讯中”页面跳转后，进入请输入28位标签数据，确认数据后，单击确定 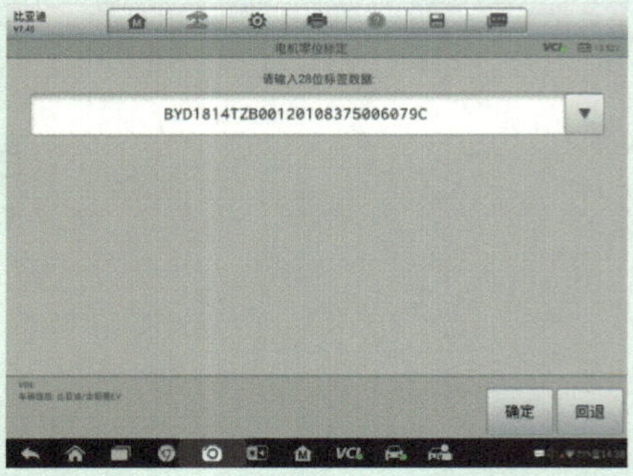		已完成□ 未完成□
14	再次确认数据，如有错误，单击取消返回上一步修改。如正确，继续单击确定进行数据标定 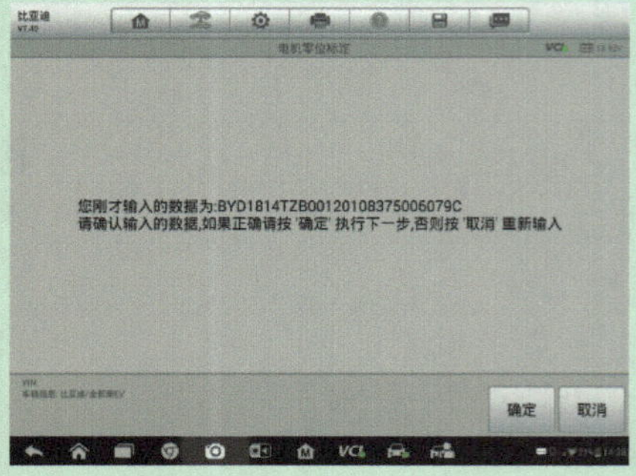		已完成□ 未完成□
15	画面显示“标定成功，进入下一步”，单击“确定” 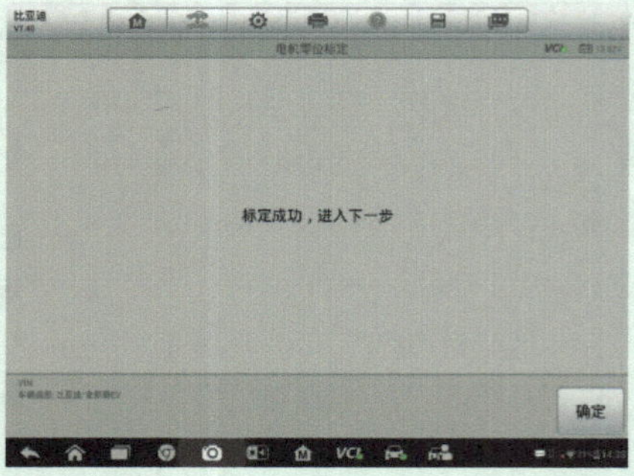		已完成□ 未完成□
16	画面显示电机编号和电机流水号，单击确定，画面返回“单击零位标定” 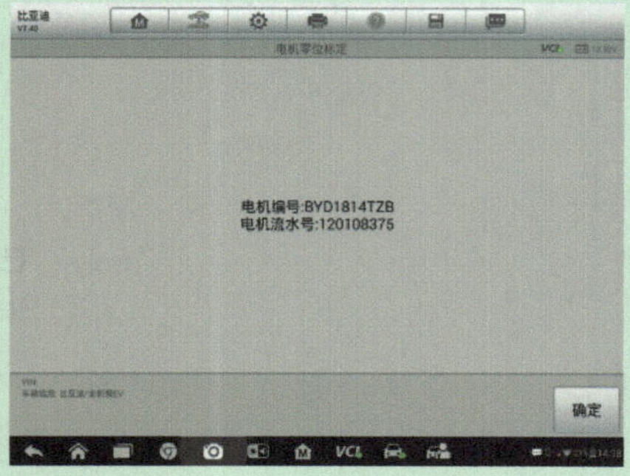		已完成□ 未完成□
17	标定完成		已完成□ 未完成□

（续）

6S 现场管理			
序号	操作步骤	完成情况	备注
1	建立安全操作环境	已完成☐　未完成☐	
2	清理及整理工具量具	已完成☐　未完成☐	
3	清理及复原设备	已完成☐　未完成☐	
4	清理场地	已完成☐　未完成☐	
5	物品回收和环保	已完成☐　未完成☐	
6	完善和检查工单	已完成☐　未完成☐	

评价反馈

1）各组代表展示汇报 PPT，介绍任务的完成过程。

2）以小组为单位，请对各组的操作过程与操作结果进行自评和互评，并将结果填入表 3-4-5。

表 3-4-5　学生评价表

姓名		学号			班级				组别			
实训任务												
评价项目	分值	等级				评价对象（组别）						
		A	B	C	D	1	2	3	4	5	6	7	8
方案合理	20	20	15	10	5								
团队合作	20	20	15	10	5								
工作质量	20	20	15	10	5								
工作规范	20	20	15	10	5								
汇报展示	20	20	15	10	5								
合计	100	各组得分											
总结与反思													
（如：学习过程中遇到什么问题→如何解决的 / 解决不了的原因→心得体会）													

3）教师对学生工作过程与工作结果进行评价，并将评价结果填入表 3-4-6。

表 3-4-6　教师对学生评价表

姓名			学号		班级		组别	
实训任务								
评价项目			评价标准				分值	得分
考勤（10%）			无故意迟到、早退和旷课的现象				10	
工作过程（60%）	知识目标	获取信息	掌握工作相关知识				10	
		进行决策	制订工作方案，方案合理可行				10	
	技能目标	任务实施	能够进行前驱动电机控制器的标定				20	
	素养目标	工作态度	认真严谨、积极主动、安全生产、文明施工				5	
		团队合作	与小组成员、同学之间能合作交流，协调工作				5	
项目成果（30%）		工作质量	能按照工作方案操作，按计划完成工作任务				10	
		工作完整	能按时完成工作任务的所有环节				10	
		工作规范	能在整个操作过程中规范操作，避免意外事故的发生				10	
		汇报展示	能准确表达、汇报工作成果				10	
合计							100	
综合评价			学生评价（50%）		教师评价（50%）		综合得分	
综合评语			（作业过程中存在的问题及改进建议）					

情智课堂

“半导体”被誉为20世纪最伟大的科技发明之一，早在19世纪，科学家们就开始了对半导体技术的研究，但受限于材料，直到20世纪50年代，人们掌握了决定材料特性的基本理论，也能通过一定的技术手段制备出高质量的材料后，半导体技术才在各领域中得到了广泛使用。材料特性的不断突破也使半导体的应用领域不断拓宽，带动了计算机、移动通信、航空航天、汽车、国防科技等诸多行业和领域的进步，同时也成了国家科研力量和国民经济水平的一种综合表现。

半导体产业链结构见表3-4-7。

表3-4-7　半导体产业链结构

制造半导体所需设备	半导体制造产业			半导体产品终端应用	
	工艺过程	按产品分类			
	芯片设计		存储器	移动通信	个人计算机
		集成电路	逻辑芯片		
			微处理器	云计算	大数据
单晶炉			模拟芯片		
刻蚀机					
气相沉积			IGBT	汽车电子	物联网
光刻机					
涂胶显影	芯片制造	分立器件	MOSFET		
检测设备			二极管	工业电子	军事太空
清洗机			晶闸管		
引线键合					
		传感器	MEMS	人工智能	虚拟现实
			图像传感器		
	芯片封测	光电子器件		LED	OLED

之前学习过的IGBT，就是半导体器件的一种，常说的芯片，也是对半导体元件产品的统称，半导体的重要性可以说是不言自明的。

我国从未放弃对半导体技术的研究和投入，早在1956年，中共中央提出“向科学进军”的伟大口号，国家发布《1956—1967年科学技术发展远景规划》，半导体成为国家生产与国防紧急发展领域，同年，在黄昆、谢希德教授的主持下，我国第一个半导体班在北大创办，培养出了中国新兴半导体事业的第一批骨干。1957年，中国科学院应用物理所林兰英研制成功我国第一根硅单晶、第一根无错位硅单晶、第一台高压单晶炉、第一片单异质结 SOI 外延材料、第一根 GAP 半晶、第一片双异质结 SOI 外延材料，为我国微电子和光电子学的发展奠定了基础。1959 年，我国成功拉出硅单晶（林兰英）与高纯度多晶硅（李志坚），掀起一波中国半导体自主热潮。1965 年，王守觉仿造了我国第一块硅基数字集成电路，开创了我国集成电路产业史。1982 年，国务院为了加强全国计算机和大规模集成电路的领导，成立了“电子计算机和大规模集成电路领导小组”，制订了我国 IC 发展规划，提出“六五”期间要对半导体工业进行技术改造。同年，无锡 742 厂从东芝引进电视机集成电路生产线，这是我国第一次从国外引进集成电路技术。1990 年，908 工程启动，我国第一次对微电子产业制定国家规划。2008 年，《集成电路产业“十一五”专项规划》推出，重点建设北京、天津、上海、苏州、宁波等国家集成电路产业园。2018 年 4 月 26 日，习近平总书记来到武汉新芯集成电路制造有限公司，察看集成电路生产线，了解芯片全流程智能化制造和加快国产化进程等情况，习近平总书记说，要实现“两个一百年”奋斗目标，一些重大核心技术必须靠自己攻坚克难。

从 1954 年到现在，已经过去了 70 余年，我国的半导体产业这些年发展得如何呢?

多晶硅是半导体硅材料的上游材料，生产技术要求较高、难度较大。近 10 余年来，通过对国外技术的消化吸收、再创新，我国多晶硅企业取得了突破，形成了具有自主知识产权和成熟的生产技术。随着江苏鑫华半导体科技股份有限公司、洛阳中硅高科技有限公司和浙江金瑞泓科技股份有限公司等国内硅片厂商在多晶硅方面试产、试用和验证的成功，我国的多晶硅产品正逐步实现量产、稳产和广泛应用。2018 年 6 月，江苏鑫华半导体科技股份有限公司一批集成电路用高纯度多晶硅出口韩国。

低阻砷化镓衬底用于制造红黄光 LED，是目前国内砷化镓材料市场的主要组成部分，早在 2015 年，国内低阻砷化镓衬底的市场规模就超过了 1 亿元。近些年是我国卫星通信、太阳能电池进入高速发展的时代，对砷化镓外延片的需求也不断增加。2016 年，成都海威华芯科技有限公司的 0.2μm 6in 砷化镓微波集成电路生产线成功完成试产，具备商用化生产的能力，填补了国内空白，成功突破了国外对我国高端射频芯片的封锁，保障了我国高端芯片的安全供应。

我国第三代半导体的研究工作起步稍晚于日本和美国等发达国家，多年来在国家的政策支持下，打下了不错的技术基础，拥有了一定的人才储备。在国防和新能源汽车等领域已率先开始了应用。因我国潜在的应用市场巨大，若通过需求牵引，则有望使我国第三代半导体在新的时代背景下实现“弯道超车”，抢占第三代半导体的战略制高点。

近年来，包括比亚迪半导体股份有限公司、广州粤芯半导体技术有限公司、广东芯聚能半导体有限公司等国产芯片商逐渐获得车企青睐，且已有部分国产芯片实现搭载新能源车型并量产。而在车规级 AI 芯片方面，包括地平线人工智能技术有限公司、华为技术有限公司等国产芯片商均已得到车企认可。

除了粤芯半导体，广汽集团子公司广汽零部件有限公司与株洲中车时代半导体公司合资设立广州青蓝半导体有限公司，该合资公司将围绕新能源汽车自主 IGBT 领域开展自主技术研发和产业化应用，成为华南地区首个新能源汽车自主 IGBT 投资项目。同时，广汽资本还新增投资了苏州旗芯微半导体，后者基于 ArmCortex-M4 的 32 位车规级 MCU 芯片 FC4 系列已开始正式流片。

从 1956 年的“一无所有”到如今的突破技术封锁，这些进步离不开国家政策的扶持，也离不开相关从业者攻坚克难的探索精神。发展新能源汽车产业是我国迈入汽车强国的必由之路，同学们如今正是处于产业升级的档口，希望同学们能继承和发扬前辈们的探索精神，为产业的发展和个人的前途增光添彩。

笔记栏

项目四 新能源汽车驱动电机控制系统的检修

任务一 驱动电机限功率故障的检修

任务目标

知识目标

1. 理解车辆限功率的概念。
2. 掌握秦 EV 限功率分析的方法。
3. 能够识别动力蓄电池、驱动电机控制系统、充配电总成导致的限功率。

技能目标

具备分析秦 EV 限功率的能力。

素养目标

1. 认真严谨、积极主动、安全生产、文明施工。
2. 与小组成员、同学之间能合作交流，协调工作。
3. 获得分析问题和解决问题的基本方法。
4. 与小组成员交流、讨论学习成果，取长补短，完成自我提升。

任务框图

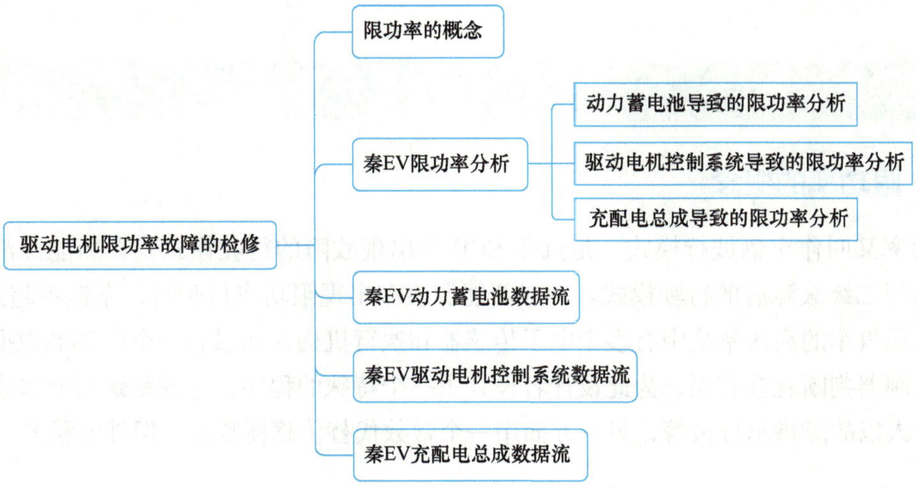

任务导入

一辆秦 EV 新能源汽车，行驶里程超 20000km，仪表上显示“限功率模式”，车辆速度限制在 40km/h，无法提速，是什么原因导致的呢？作为技术维修人员的你，遇到这种情形知道该如何处理吗？

任务分组

学生任务分配表见表 4-1-1。

表 4-1-1 学生任务分配表

班 级		组 号		指导老师	
组 长		学 号			
组 员	姓名：＿＿＿ 学号：＿＿＿ 姓名：＿＿＿ 学号：＿＿＿ 姓名：＿＿＿ 学号：＿＿＿ 姓名：＿＿＿ 学号：＿＿＿		姓名：＿＿＿ 学号：＿＿＿ 姓名：＿＿＿ 学号：＿＿＿ 姓名：＿＿＿ 学号：＿＿＿ 姓名：＿＿＿ 学号：＿＿＿		
任务分工					
（就组织讨论、工具准备、数据采集、数据记录、安全监督、成果展示等工作内容进行任务分工）					

获取信息

引导问题 1：请查阅相关资料，简述限功率的概念。

____

____

知识点提示

一、限功率的概念

限功率又叫作车辆跛行模式，是汽车 ECU 中出现故障的行驶模式。在新能源汽车中是高压系统出现二级故障后的行驶模式。一般新能源汽车出现限功率行驶时，车速不超过 40km/h。由于新能源汽车的高压系统中有多个电子传感器和执行机构，如果有一个传感器数据不准确或失效，控制器判断就会有误，为此设计者设计了一个特殊的程序，也就是跛行回家模式，一方面向驾驶人以故障指示灯报警，另一方面用一个常数代替传感器数据，但性能稍差。

引导问题 2：请查阅相关资料，简述秦 EV 限功率可能的原因。

____

____

职业认证

新能源汽车装调与测试职业技能等级要求（初级）中的驱动系统装配与调试任务就要求考生能识别驱动系统装配和连接的不良状况，通过检查、测试和调整等方法排除，确认驱动系统工作正常。通过新能源汽车装调与测试职业技能等级（初级）考核可获得教育部职业技能等级证书中的《新能源汽车装调与测试职业技能等级证书（初级）》。

知识点提示

二、秦EV限功率分析

1. 动力蓄电池导致的限功率分析

比亚迪秦 EV 动力蓄电池的温度设置了一般过温和严重过温两级告警，当 BMS 接收到单体或模组温度超过 40℃，整车控制器控制散热风扇高速运转，同时通过空调系统的制冷剂冷却动力蓄电池的冷却液，目标是将动力蓄电池的温度降至 35℃以下。若散热风扇和空调系统的制冷剂无法将动力蓄电池的目标温度降下来，那么 BMC 会限制动力蓄电池的输出功率，即降低驱动电机、空调压缩机、PTC 等部件的电流，仪表显示报警信息。若动力蓄电池的温度持续上升，达到 50℃时，BMC 延迟 10~15s 后控制动力蓄电池的正负极接触器断开。驱动电机、空调压缩机、PTC 等负载停止工作。

其限功率工作状态分为放电状态、充电状态与充放电状态。

1）车辆在放电状态下，当 BMC 接收到单体蓄电池压差过大时，根据压差等级分为一般故障和严重故障。电池信息采集器采集到压差 >50mV 时，BMC 会限制动力蓄电池的输出功率，即降低驱动电机、空调压缩机、PTC 等部件的电流，仪表显示报警信息。

2）车辆在充电状态下，当电池信息采集器采集到压差 >50mV 时，BMC 会限制充电桩的充电电流，仪表显示报警信息。若动力蓄电池的压差持续增大，压差 >100mV 时，BMC 延迟 10~15s 后控制动力蓄电池的正负极接触器断开。驱动电机、空调压缩机、PTC、充电设施等负载停止工作。

3）车辆在充放电的状态下，BMC 接收到绝缘阻值 $100\Omega/V<R\leqslant500\Omega/V$，车辆报一般绝缘故障，车辆限功率行驶或限功率充电，仪表显示报警信息。当 BMC 接收到绝缘值在 $R\leqslant100\Omega/V$ 时，此时 BMC 控制动力蓄电池正负极接触器断开，仪表显示报警信息，车辆停止充放电。

2. 驱动电机控制系统导致的限功率分析

车辆在行驶过程中，驱动电机及控制器内的 IGBT 模块、IPM 的温度会逐渐升高。当 IGBT 模块的温度 >90℃，电机控制器限制功率、转矩输出，仪表显示告警信息；当 IGBT 模块的温度 >100℃时，电机控制器停止转矩输出，仪表显示告警信息。电机控制器检测到 IPM 的温度 >85℃，电机控制器限制功率、转矩输出，仪表显示告警信息。当驱动电机的旋变温度传感器给电机控制器输入的温度信号 >160℃，电机控制器限制功率、转矩输出，仪表显示告警信息。

3. 充配电总成导致的限功率分析

对于充配电总成来说，其主要的故障表现为不能充电、不能上电或充电功率限制。充配电总成的故障都可以根据故障码和数据流的方式快速锁定故障。

引导问题 3：请查阅相关资料，简述如何查看秦 EV 动力蓄电池数据流。

____

____

知识点提示

三、秦EV动力蓄电池数据流

车辆上电后，连接故障诊断仪查看动力蓄电池数据流中动力蓄电池的放电总电流（图 4-1-1），若动力蓄电池电压正常，灯光、空调系统未开情况下，动力蓄电池放电电流超过 20A 就要检查负载端是否有绝缘不良的故障。

若动力蓄电池在充电时有压差过大的情况（压差超过 50mV），动力蓄电池限制功率输出；在放电时单体的压差超过 50mV，动力蓄电池限制功率输出，如图 4-1-2 所示。

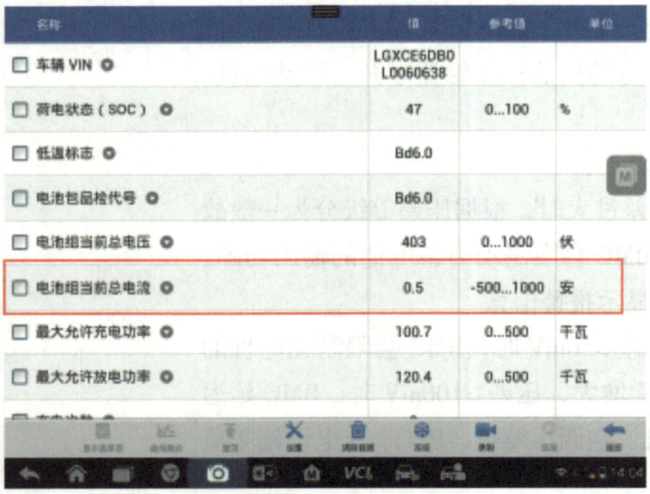

图 4-1-1　读取动力蓄电池组放电总电流

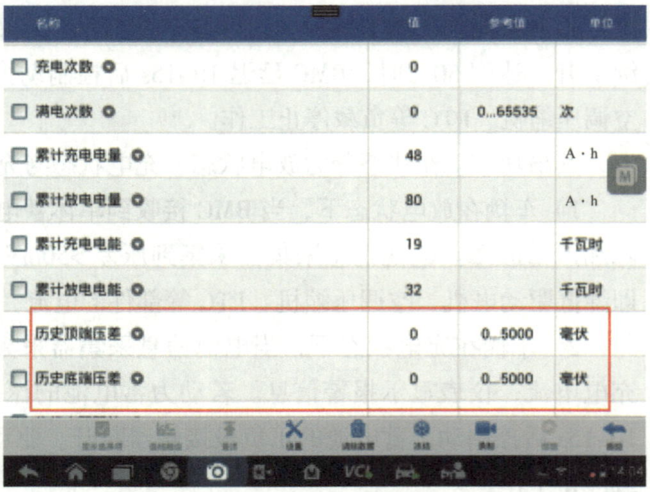

图 4-1-2　读取压差

不管车辆在充电或放电的情况下，若 BMC 接收到的绝缘阻值较低时，动力蓄电池限制功率输出或停止输出，如图 4-1-3 所示。

不管车辆在充电或放电的情况下，BMC 接收到单体温差超过 40℃，整车控制器控制散热风扇高速运转，同时通过空调系统的制冷剂冷却动力蓄电池的冷却液，那么 BMC 会限制动力蓄电池输出功率，如图 4-1-4 所示。

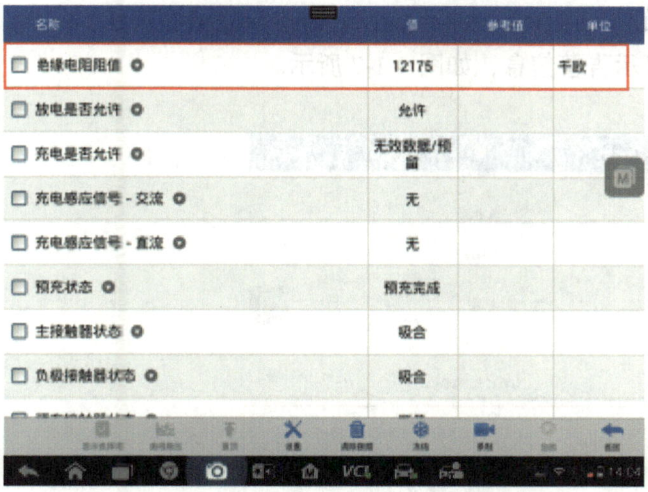

名称	值	参考值	单位
绝缘电阻阻值	12175		千欧
放电是否允许	允许		
充电是否允许	无效数据/预留		
充电感应信号 - 交流	无		
充电感应信号 - 直流	无		
预充状态	预充完成		
主接触器状态	吸合		
负极接触器状态	吸合		

图 4-1-3 读取绝缘阻值

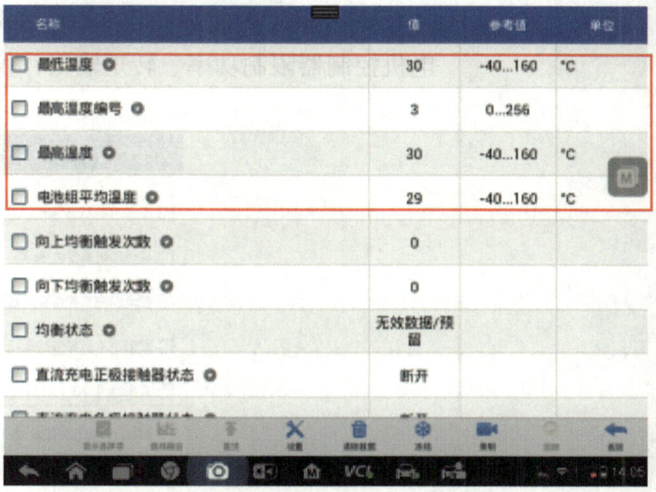

名称	值	参考值	单位
最低温度	30	-40...160	℃
最高温度编号	3	0...256	
最高温度	30	-40...160	℃
电池组平均温度	29	-40...160	℃
向上均衡触发次数	0		
向下均衡触发次数	0		
均衡状态	无效数据/预留		
直流充电正极接触器状态	断开		

图 4-1-4 读取单体蓄电池温差

❓ 引导问题 4：请查阅相关资料，简述驱动电机及控制器的温度为多少时，电机控制器限制功率、转矩输出，仪表显示告警信息。

____

____

知识点提示

四、秦EV驱动电机控制系统数据流

车辆在行驶过程中，驱动电机及控制器内的 IGBT 模块、IPM 的温度会逐渐升高，当 IPM 的温度 >85℃，电机控制器限制功率、转矩输出，仪表显示告警信息；当 IGBT 模块的温度 >90℃，电机控制器限制功率、转矩输出，仪表显示告警信息，如图 4-1-5 和图 4-1-6 所示。

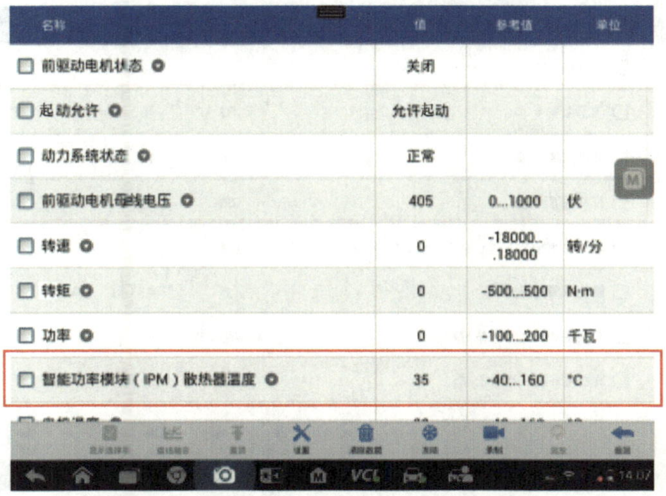

名称	值	参考值	单位
前驱动电机状态	关闭		
起动允许	允许起动		
动力系统状态	正常		
前驱动电机母线电压	405	0...1000	伏
转速	0	-18000...18000	转/分
转矩	0	-500...500	N·m
功率	0	-100...200	千瓦
智能功率模块（IPM）散热器温度	35	-40...160	℃

图 4-1-5 读取驱动电机控制系统 IPM 散热器温度

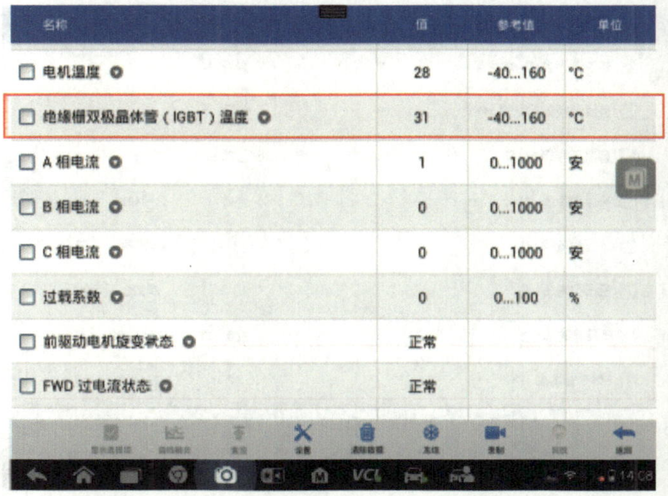

名称	值	参考值	单位
电机温度	28	-40...160	℃
绝缘栅双极晶体管（IGBT）温度	31	-40...160	℃
A 相电流	1	0...1000	安
B 相电流	0	0...1000	安
C 相电流	0	0...1000	安
过载系数	0	0...100	%
前驱动电机旋变状态	正常		
FWD 过电流状态	正常		

图 4-1-6 读取驱动电机控制系统 IGBT 温度

车辆在行驶过程中，当驱动电机的旋变温度传感器给电机控制器输入的温度信号 >160℃，电机控制器限制功率、转矩输出，仪表显示告警信息，如图 4-1-7 所示。

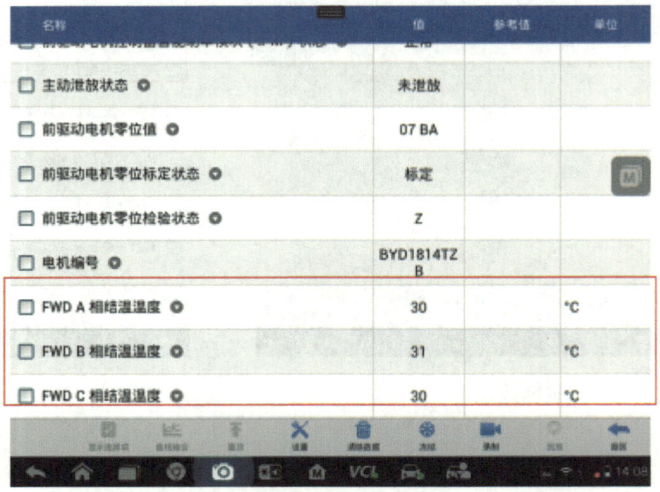

图 4-1-7　读取驱动电机控制系统旋变温度

引导问题 5：请查阅相关资料，简述能从秦 EV 充配电总成数据流中读出什么信息。

____

____

知识点提示

五、秦EV充配电总成数据流

读取充配电总成 MOS 管温度如图 4-1-8 所示，读取充配电总成内部温度与充电口温度如图 4-1-9 所示。

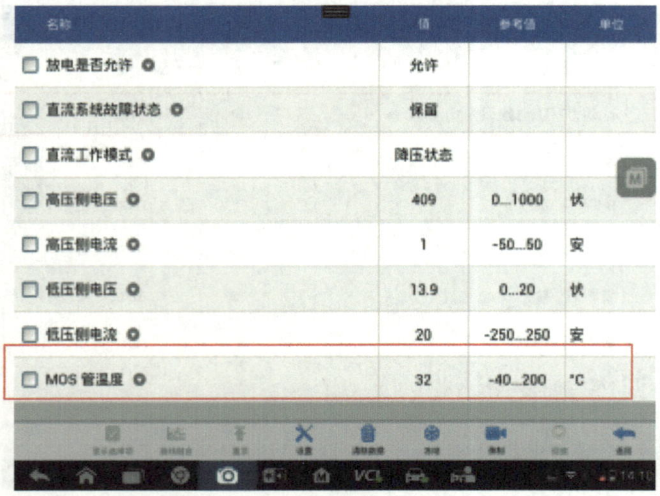

图 4-1-8　读取充配电总成 MOS 管温度

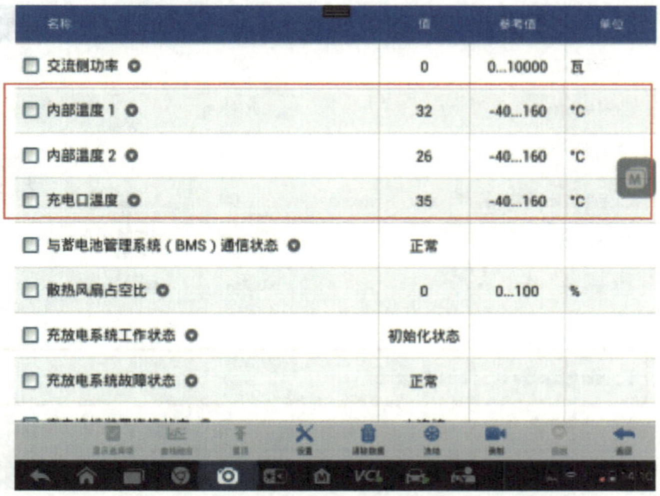

图 4-1-9　读取充配电总成内部温度与充电口温度

工作计划

按照前面所了解的知识内容和小组内部讨论的结果，制订工作方案，包括资料查阅渠道的落实、任务实施的内容分工等。工作计划表见表 4-1-2。

表 4-1-2　工作计划表

步骤	工作内容	负责人
1		
2		
3		
4		
5		

进行决策

1）各组派代表阐述资料查询结果。

2）各组就各自的查询结果进行交流，并分享技巧。

3）教师结合各组完成的情况进行点评，并选出最佳方案。

任务实施

请复习本任务所学内容，并完成下列驱动总成电机控制器的拆卸与检测的实训工单，见表 4-1-3 和表 4-1-4。

表 4-1-3　实训准备

序号	设备及工具图片	设备及工具名称	数量	设备及工具是否完好
1				□是　□否
2				□是　□否
3				□是　□否
4				□是　□否
5				□是　□否
6				□是　□否
7				□是　□否
8				□是　□否
质检意见	原因：			

表 4-1-4　实训工单

姓名		班级（专业）		完成日期	
实训任务：驱动电机限功率故障检修					

序号	操作步骤	记录	完成情况
1	起动车辆，发现车辆显示 EV 功能受限 		已完成□　未完成□
2	连接故障诊断仪→找到车型→全新秦 EV →进行自动扫描→单击故障码→读取数据流		已完成□　未完成□
3	发现为未预充，主接触器、负极接触器、预充接触器均为断开状态 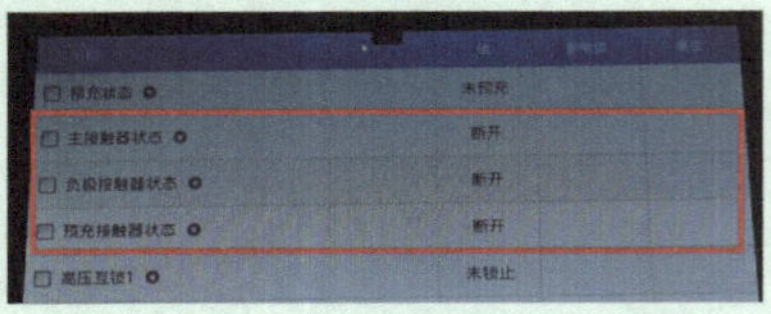		已完成□　未完成□
4	接触器吸合与断开由 IG3 控制，因此初步推断 IG3 故障		已完成□　未完成□
5	找到 IG3 相关电路图，对 IG3 的供电末端 BK45（B）/08 进行电压测量。测得 3.3V，异常 		已完成□　未完成□
6	对 IG3 的供电始端 F1/34 电压进行测量，测得 12V，正常 		已完成□　未完成□
7	测量 F1/34 对 BK45（B）/08 电阻，测得电阻无穷大 		已完成□　未完成□
故障总结			

（续）

6S 现场管理			
序号	操作步骤	完成情况	备注
1	建立安全操作环境	已完成□　未完成□	
2	清理及整理工具、量具	已完成□　未完成□	
3	清理及复原设备	已完成□　未完成□	
4	清理场地	已完成□　未完成□	
5	物品回收和环保	已完成□　未完成□	
6	完善和检查工单	已完成□　未完成□	

评价反馈

1）各组代表展示汇报 PPT，介绍任务的完成过程。

2）以小组为单位，请对各组的操作过程与操作结果进行自评和互评，并将结果填入表 4-1-5。

表 4-1-5　学生评价表

姓名			学号			班级				组别			
实训任务													
评价项目	分值	等级				评价对象（组别）							
		A	B	C	D	1	2	3	4	5	6	7	8
方案合理	20	20	15	10	5								
团队合作	20	20	15	10	5								
工作质量	20	20	15	10	5								
工作规范	20	20	15	10	5								
汇报展示	20	20	15	10	5								
合计	100	各组得分											
总结与反思													
（如：学习过程中遇到什么问题→如何解决的 / 解决不了的原因→心得体会）													

3）教师对学生工作过程与工作结果进行评价，并将评价结果填入表 4-1-6。

表 4-1-6 教师对学生评价表

姓名			学号	班级	组别	
实训任务						
评价项目			评价标准		分值	得分
考勤（10%）			无故意迟到、早退和旷课的现象		10	
工作过程（60%）	知识目标	获取信息	掌握工作相关知识		10	
		进行决策	制订工作方案，方案合理可行		10	
	技能目标	任务实施	能够通过诊断流程确定车辆 EV 功能受限的原因		10	
			能够排除秦 EV 的驱动电机限功率故障		10	
	素养目标	工作态度	认真严谨、积极主动、安全生产、文明施工		5	
		团队合作	与小组成员同、学之间能合作交流，协调工作		5	
		工作质量	能按照工作方案操作，按计划完成工作任务		10	
项目成果（30%）		工作完整	能按时完成工作任务的所有环节		10	
		工作规范	能在整个操作过程中规范操作，避免意外事故的发生		10	
		汇报展示	能准确表达、汇报工作成果		10	
合计					100	
综合评价	学生评价（50%）		教师评价（50%）	综合得分		
综合评语	（作业过程中存在的问题及改进建议）					

任务二　驱动电机异响故障的检修

任务目标

知识目标

1. 掌握维护的基本原则、级别和周期。
2. 掌握驱动电机控制系统维护过程。
3. 能够完成驱动电机控制系统高压母线异响的检查及处理办法。

技能目标

1. 具备完成驱动电机控制系统高压母线的检查能力。
2. 具备处理驱动电机控制系统异响检查的能力。

素养目标

1. 认真严谨、积极主动、安全生产、文明施工。
2. 与小组成员、同学之间能合作交流，协调工作。
3. 获得分析问题和解决问题的基本方法。
4. 与小组成员交流、讨论学习成果，取长补短，完成自我提升。

任务框图

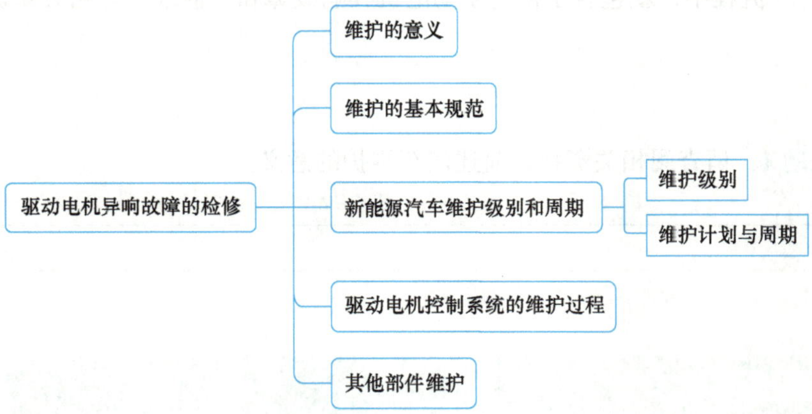

任务导入

小王是秦 EV 运营车车主，大量的时间都是在路上奔波。买回新车还不足两年里程已超过 12 万 km，他决定前往 4S 店进行一次全面的维护。维修技师在维护与检查电机控制系统时，发现空转电机时有微小的异响，转动不够灵活。如果你是维修技师，该如何处理呢？

任务分组

学生任务分配表见表 4-2-1。

表 4-2-1 学生任务分配表

班级		组号		指导老师	
组长		学号			
组员	姓名：______ 学号：______ 姓名：______ 学号：______ 姓名：______ 学号：______ 姓名：______ 学号：______		姓名：______ 学号：______ 姓名：______ 学号：______ 姓名：______ 学号：______ 姓名：______ 学号：______		
任务分工					
（就组织讨论、工具准备、数据采集、数据记录、安全监督、成果展示等工作内容进行任务分工）					

获取信息

竞赛指南

在 2019 年中国技能大赛——全国新能源汽车关键技术技能大赛的竞赛流程中，就包含了检查驱动电机异响故障和车辆维护等相关知识。

引导问题 1：请查阅相关资料，简述汽车维护的意义。

____

____

知识点提示

一、维护的意义

汽车维护是根据各种车型的设计要求、车辆不同的使用情况以及各种零部件的磨损规律，把磨损程度相近的项目集中起来，在其正常磨损期内进行相应的清洁、检查、润滑、紧固、调整和校验等一系列汽车检查维护的工作。

在现实生活中，由于驾驶人对汽车维护意识淡薄，易因冷却液浓度下降使防冻和冷却效果下降，可能会导致散热器的水道产生水垢后堵塞，进而使整个冷却系统的冷却效能下降，令驱动电机和控制器内的 IGBT 模块温度居高不下，最终导致驱动电机高温退磁。因此，对纯电动汽车进行经常性维护是非常有必要的，具有以下意义：

1）减缓纯电动汽车零部件的磨损速度，预防故障发生。

2）延缓纯电动汽车技术状况变坏的速度，减少因纯电动汽车故障而造成其停歇的概率，从而提高纯电动汽车运输的产量和经济收入，同时减少因出现故障而需支付的大量修理费用。

3）延长驱动电机和纯电动汽车的大修里程，实现了驱动电机和纯电动汽车的全寿命无大修，提高汽车投资效益。

4）提高汽车行驶的安全性，可以减少或避免交通事故以及降低因事故造成的人员伤亡和财产损失的风险，使纯电动汽车运行保持良性循环。

引导问题 2：请查阅相关资料，简述现行的汽车维护制度的特点。

____

____

知识点提示

二、维护的基本规范

目前，我国现行的汽车维护制度贯彻“预防为主，强制维护”的原则。“预防为主”是国际通用的设备管理原则，做好预防性工作，使设备经常保持在良好的技术状态，可减少其故障频率，降低损耗，延长其使用寿命。“强制维护”则是为了进一步强调维护的重要性和必要性，使运输单位和个人更加重视车辆的维护，防止因迫切追求眼前利益而不及时维护，导致车况严重下降，发生安全事故。

维护作业包括清洁、润滑和紧固等内容。一般除主要总成发生故障必须解体外，其他情形下不得对车辆总成进行解体，这就明确了维护和修理的界限。车辆进行维护时，不能对其主要总成大拆大卸，只有在发生故障需要解体时方允许进行解体。与过去的维护制度比较，现行的汽车维护制度有以下特点：

1）规定了日常维护、一级维护和二级维护的内容，取消了整车解体式的三级维护。经生产实践证明，对主要总成大拆大卸的工艺方法是不科学的，也是不符合技术经济原则的。同时“三级维护”作业内容既有维护的作业又有修理的作业，不便于维护与修理的区分。

2）没有对各级维护周期进行统一规定，由各省、市、自治区按车型，结合本地区具体情况提出统一的维护周期；但制订了车辆维护技术规范，以保证车辆正常维护质量。

3）对季节性维护做了规范：当车辆进入冬、夏两季运行时，一般结合二级维护对车辆进行季节性维护。

引导问题 3：请查阅相关资料，简述日常维护的内容。

____

____

知识点提示

三、新能源汽车维护级别和周期

1. 维护级别

新能源汽车维护分级可以分为日常维护、一级维护和二级维护。

（1）日常维护　日常维护是指以清洁、补给、安全检视和电控仪表检视为作业中心内容，由驾驶人负责执行的车辆维护作业。包括内容如下：

① 对车辆外观、驱动电机、高压电气控制器、低压电气控制器、动力蓄电池壳体与防尘网外表进行清洁，保持车容整洁。

② 对驱动电机运转状态、电控系统及动力蓄电池储电量进行检视。

③ 对车辆各部润滑油（脂）、冷却液、制动液、各种工作介质进行检视补给，并检查轮胎气压。

④ 对车辆制动、转向、传动、悬架、灯光、信号及仪表等安全部位进行检视。

（2）一级维护　除日常维护作业外，以清洁、润滑和紧固为作业中心内容，并检查有关制动、操纵等安全部件，由维修企业负责执行的车辆维护作业。

（3）二级维护　除一级维护作业外，包括以检查和调整安全部件为主，并拆检轮胎，进行轮胎换位，检测调整驱动电机工作状况等基本作业项目和附加作业项目，由维修企业负责执行的车辆维护作业。

2. 维护计划与周期

车型不同，使用情况不同，汽车的保养计划和周期也具有差异性。

以比亚迪秦 EV 的维护计划和周期为例，在用户手册中提到：维护计划制订的目的是保证行车稳定、减少故障发生、安全以及经济的驾驶。其维护计划周期有以下几个特点：

1）计划维护的间隔时间，可参看周期表，按里程表的读数或时间间隔而定，以先到者为准。

2）对于已经超过最后期限的维护项目，也应在同样的时间间隔里进行维护。

3）橡胶软管（用于汽车空调制冷系统和暖风系统、制动系统等）应按维护周期表，由专业技术人员进行检查。

4）特别重要的维护项目，每个项目的维护间隔，均记载在维护周期表中。其中，软管只要有任何的劣化或损坏就应立刻更换。

5）维护周期表列出了为保证车辆始终处于最佳运行状态所必需的全部维护项目。车辆须按照正常维护周期表进行维护。

6）如果主要是在下列一种或一种以上特殊条件下操作的车辆，则某些维护计划项目需要更频繁地进行。

① 路面状况。在崎岖、泥泞或融雪路面上行驶。

在多尘路面上行驶。

② 行驶状况。在特殊情况下拖曳挂车，或使用野营挂车和车顶托架，这两种情况都会对车辆造成损伤，需要及时维护。

在 8km 以内，进行反复短距离的行驶以及外界气温在 0℃以下。

长期空转和 / 或低速长途行驶，诸如警车、出租汽车或运送货物的车辆等。

以秦 EV 为例，其维护项目与周期见表 4-2-2 和表 4-2-3。

表 4-2-2　秦 EV 维护项目与周期

维护项目	周期（里程 ×1000）									
	12	24	36	48	60	72	84	96	108	120
空调滤清器	清洁	●	清洁	●	清洁	●	清洁	●	清洁	●
更换制动油	检查	检查	●	检查	检查	●	检查	检查	●	检查
更换冷却液	检查	检查	检查	检查	检查	检查	检查	●	检查	检查
更换齿轮油	检查	检查	●	检查	检查	●	检查	检查	●	检查
前车 28 模块扫描升级检查与维护	●	●	●	●	●	●	●	●	●	●
四轮制动除锈保养	检查	●	检查	●	检查	●	检查	●	检查	●
四轮换位动平衡	检查	●	检查	●	检查	●	检查	●	检查	●
四轮定位调整	检查	●	检查	●	检查	●	检查	●	检查	●
空调系统清洗、消毒	—	—	—	—	●	—	—	—	—	●

表 4-2-3　秦 EV 运营车维护项目与周期

维护项目	周期（里程 ×1000）									
	132	144	156	168	180	192	204	216	228	240
空调滤清器	清洁	●	清洁	●	清洁	●	清洁	●	清洁	●
更换制动油	检查	●	检查	检查	●	检查	检查	检查	●	检查
更换冷却液	检查	检查	检查	检查	检查	●	检查	检查	检查	检查
更换齿轮油	检查	●	检查	检查	●	检查	检查	检查	●	检查
前车 28 模块扫描升级检查与维护	●	●	●	●	●	●	●	●	●	●
四轮制动除锈维护	检查	●	检查	●	检查	●	检查	●	检查	●
四轮换位动平衡	检查	●	检查	●	检查	●	检查	●	检查	●
四轮定位调整	检查	●	检查	●	检查	●	检查	●	检查	●
空调系统清洗、消毒					●					●

关于表 4-2-2 和表 4-2-3 中需要说明：

1）●表示对项目进行周期性的更换、清洁、紧固等维护工作。

2）各项目的维护里程周期如下：

① 空调滤清器每 24000km 更换。

② 制动油每 40000km 更换。

③ 冷却液每 100000km 更换。

④ 齿轮油每 36000km 更换。

⑤ 全车 28 个模块每 12000km 用故障诊断仪检查模块软件升级、清除故障码等维护。

⑥ 四轮制动，换位动平衡，定位每 24000km 维护。

⑦ 空调系统每 60000km 清洗、消毒。

3）在维护过程中，可以集中周期相近的项目定期维护，也可以对先达周期者进行维护。

引导问题 4：请查阅相关资料，简述驱动电机控制系统的组成。

____

____

知识点提示

四、驱动电机控制系统的维护过程

以秦 EV 为例，其驱动电机控制系统由驱动电机、电机控制器以及变速器三者集成，位于整车前机舱。其中，驱动电机主要是将电机控制器提供的电能转换为机械能输出至变速器，以及将变速器输入的机械能转换为电能输出至电机控制器；电机控制器主要是控制动力蓄电池与驱动电机之间能量传输的装置；变速器主要是实现对驱动电机的减速增扭作用。技术参数见表 4-2-4。

表 4-2-4　秦 EV 驱动电机控制系统技术参数

项目	技术参数
驱动电机最大输出转矩	180N · m/［(0~3714r/min)/30s］
驱动电机额定转矩	70N · m/［(0~4775r/min)/ 持续］
驱动电机最大输入功率	100kW/［(5305~6000r/min)/5s］
驱动电机额定功率	35kW/［(4775~12000r/min)/ 持续］
驱动电机最大输出转速	12100r/min
电力总成重量	64kg
变速器润滑油量	(0.65 ± 0.05) L
变速器润滑油类型	壳牌 S3-ATF-MD3

驱动电机控制系统的技术参数与电动汽车的应用性能和安全性能密切相关。通过维护可有效提高驱动系统的使用性能，延长电动汽车的使用寿命。驱动电机控制系统维护常见的内容如下：

1）每天开车前，检查膨胀水箱中的冷却液在 Max 与 Min 之间。如果冷却液液位位于 Min 之下时，必须补充。

2）每 12000km 进行定期检查驱动电机及其控制器各固定点，检查螺栓是否松动，线束和插件是否存在松动、老化、破损和腐蚀等现象（参考实训任务驱动电机控制系统高压母线的检查）。

3）每两个月检查驱动电机本体和电机控制器水冷管道是否通畅，若冷却水道有堵塞现象，应及时清理堵塞物。

4）根据里程周期，更换驱动电机冷却液，以及驱动电机控制系统的齿轮油。

5）每半年检查、清理一次驱动电机本体和电机控制器的表面灰尘。清理方法是断开动力电源，用吸尘器清理驱动电机本体和电机控制器表面灰尘。注意：禁止使用高压气体清洁灰尘，否则有可能造成粉尘爆炸。禁止用高压气枪直接对准控制器外壳上的“呼吸器”吹气，应用软毛刷进行清理。

6）驱动电机轴承在一个大修周期内，不需要加油脂。当轴承发生异响故障时，应解体驱动电机，检查轴承异响的原因（参考实训任务驱动电机控制系统异响检查及处理办法）。

7）若电机很长时间未用，最好测量驱动电机的绝缘电阻。检查绝缘电阻应使用绝缘测试仪，检测值应不低于 20MΩ；否则需对绕组进行干燥处理，以去除潮气。

引导问题 5：请查阅相关资料，简述检查 EPS 搭铁处是否有异物或者被烧蚀的现象。

____

____

知识点提示

五、其他部件维护

新能源汽车其他部件的维护过程可以参考秦 EV 的维护项目，见表 4-2-5。

表 4-2-5　秦 EV 汽车维护项目与步骤

维护项目	维护步骤
更换冷却液	详见冷却系统：冷却液的检查与更换
更换制动液	详见制动系统：制动系统排气
更换变速器油壳牌齿轮油 S3-ATF-MD3	详见前驱动力系统总成的拆卸与维修、变速器的拆卸与维修
检查 EPS 搭铁处是否有异物或者被烧蚀	C-EPS：车辆升起，拆下驱动电机下护板，检查 R-EPS 搭铁是否牢固或烧蚀 C-EPS：拆下左 A 柱内饰护板，检查 C-EPS 搭铁是否牢固
检查 EPS 接插件是否松动，接插件端子是否被烧蚀	C-EPS：车辆升起，拆下驱动电机下护板，重新插拔接插件检查是否松动，端子是否烧蚀 C-EPS：拆下转向管柱罩，重新插拔接插件检查是否松动，端子是否烧蚀
检查 EPS ECU 外观是否被腐蚀（C-EPS）	C-EPS：车辆升起，拆下驱动电机下护板，检查 R-EPS ECU 外观是否被腐蚀 C-EPS：拆下转向管柱罩，检查 C-EPS ECU 外观是否被腐蚀
检查 EPS ECU 和驱动电机连接处是否有异物或者被腐蚀	C-EPS：车辆升起，拆下驱动电机下护板，检查 R-EPS ECU 与驱动电机连接处是否有异物或被腐蚀 C-EPS：拆下转向管柱罩，检查 C-EPS ECU 与驱动电机连接处是否有异物或被腐蚀
检查安全气囊模块及 ECU、传感器	1）检查仪表安全气囊故障指示灯，上电后亮 3s 后熄灭，如果故障指示灯常亮，需要检修安全气囊系统 2）拆下组合开关罩，检查时钟弹簧输入小线接插件是否固定好，如未固定，需要固定好 3）拆下杂物箱，检查副驾驶人侧安全气囊接插件是否固定好，如未固定，需要固定好 4）检查座椅下方座椅侧安全气囊（装有时）接插件是否固定好，如未固定，需要固定好 5）检查安全气囊附近是否放置物品，如果有，需要取下 6）检查座椅是否装有座椅套（装有座椅侧安全气囊时）. 如果有，需要取下
检查高效滤清器（装有时）	拆掉副驾驶人侧的杂物箱，将空调箱体滤网的护板拆下，将滤网抽出，检查滤网是否有树叶和石头等杂物，是否有较多灰尘，如有，需要更换滤网

（续）

维护项目	维护步骤
检查 PM2.5 测试仪滤网（装有时）	拆掉 PM2.5 测试仪的吸气接头，将滤网取出，检查滤网是否有较多灰尘，如有，需要更换高效滤网
检查静电滤清器（装有时）	拆掉副驾驶人侧的杂物箱，将空调箱体滤网的护板拆下，将滤网抽出，检查滤网是否有较多灰尘，气孔是否有脏堵，如有，需要更换滤网
检查普通滤网（空调）	拆掉副驾驶人侧的杂物箱，将空调箱体滤网的护板拆下，将滤网抽出，检查滤网是否有树叶和石头等杂物，是否有较多灰尘，如有，需要更换滤网
更换空调冷却液（装有时）	当发现空调冷却液液位严重不足或液体出现异常时，需要更换空调冷却液
检查灯具灯泡、LED 是否点亮正常	依次打开每个灯具开关，检查每个灯具有无灯泡、是否能够点亮、LED 是否正常工作
检查前照灯调光功能是否正常	1）打开近光灯，车辆停在平地对着墙或其他屏幕，保证可以看到近光明暗截止线的光型 2）调节前照灯高度调节开关档位至 0 档，近光光线高度调至最高 3）调节前照灯高度调节开关档位至最高档，近光光线高度调至最低 4）调节前照灯高度调节开关档位至 0 档，近光光线高度调恢复至最高；调节过程中光线移动无卡滞或停顿

工作计划

按照前面所了解的知识内容和小组内部讨论的结果，制订工作方案，包括资料查阅渠道的落实、任务实施的内容分工等。工作计划表见表 4-2-6。

表 4-2-6　工作计划表

步骤	工作内容	负责人
1		
2		
3		
4		
5		

进行决策

1）各组派代表阐述资料查询结果。

2）各组就各自的查询结果进行交流，并分享技巧。

3）教师结合各组完成的情况进行点评，并选出最佳方案。

任务实施

请复习本任务所学内容，并完成下列驱动电机控制系统检查的实训工单，见表 4-2-7 和表 4-2-8。

表 4-2-7 实训准备

序号	设备及工具图片	设备及工具名称	数量	设备及工具是否完好
1				□是 □否
2				□是 □否
3				□是 □否
4				□是 □否
5				□是 □否
6				□是 □否
7				□是 □否
8				□是 □否
质检意见	原因：			

表 4-2-8 实训工单

姓名		班级（专业）		完成日期	

实训任务 1：驱动电机控制系统高压母线的检查			
序号	操作步骤	记录	完成情况
1	取下辅助蓄电池负极，断开充配电端动力母线，等待 5min 至完全放电 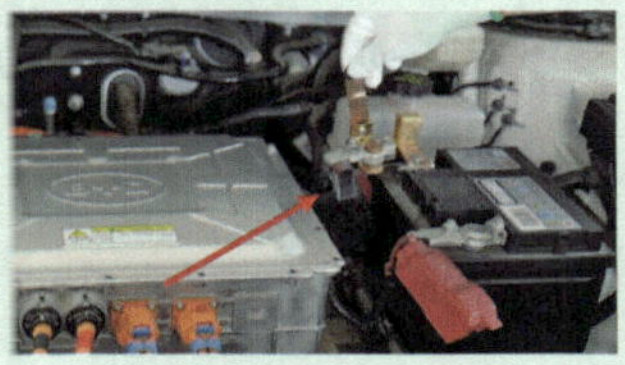	拆卸工具： 防护工具：	已完成□ 未完成□
2	断开动力蓄电池高压锁止，取下充配电端动力蓄电池母线 		已完成□ 未完成□
3	使用万用表进行验电，选择电压 V 档位，红黑表笔插入动力蓄电池母线正负极。测量结束后用绝缘胶封住动力蓄电池母线插头 	测得电压：	已完成□ 未完成□
4	取下充配电端驱动电机两相线	拆卸工具：	已完成□ 未完成□

（续）

序号	操作步骤	记录	完成情况
5	外观检查 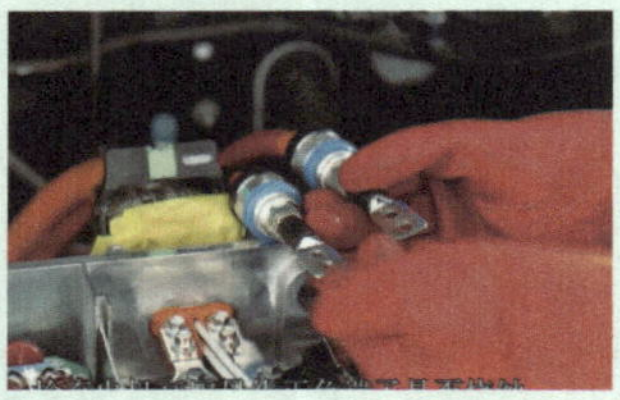	驱动电机高压母线正负端子表面情况： 驱动电机高压线束表面情况： 驱动电机高压线束与高压端子连接处情况：	已完成□　未完成□
6	驱动电机高压母线弯曲度检查	线缆的最小弯曲半径： 是否符合要求：	已完成□　未完成□
7	驱动电机高压母线绝缘检查 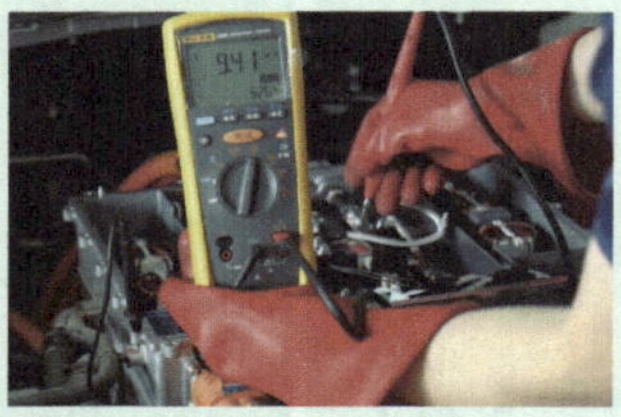	驱动电机高压线束正极对壳体的绝缘阻值： 驱动电机高压线束负极对壳体的绝缘阻值：	已完成□　未完成□

实训任务 2：驱动电机控制系统异响的检查及处理办法

序号	操作步骤	记录	完成情况
1	举升车辆，一人在驾驶室控制加速踏板，另一人在车底检查驱动电机控制系统下侧驱动电机是否有异响，再一人作为安全员观察车辆状况	人员安排：	已完成□　未完成□
2	挂入前进档，使车辆处于怠速状况，检查驱动电机控制系统在怠速状况下是否出现异响	检查情况：	已完成□　未完成□
3	确定故障原因	故障原因：	已完成□　未完成□
4	确定处理方法		已完成□　未完成□
5	异响外观检查后，使用故障诊断仪检查驱动电机控制系统有无异响，读取故障码，无故障码时，驱动电机控制系统检查完成	故障码：	已完成□　未完成□

6S 现场管理

序号	操作步骤	完成情况	备注
1	建立安全操作环境	已完成□　未完成□	
2	清理及整理工具、量具	已完成□　未完成□	
3	清理及复原设备	已完成□　未完成□	
4	清理场地	已完成□　未完成□	
5	物品回收和环保	已完成□　未完成□	
6	完善和检查工单	已完成□　未完成□	

评价反馈

1）各组代表展示汇报 PPT，介绍任务的完成过程。

2）以小组为单位，请对各组的操作过程与操作结果进行自评和互评，并将结果填入表 4-2-9。

表 4-2-9　学生评价表

姓名		学号			班级				组别			
实训任务												
评价项目	分值	等级				评价对象（组别）						
		A	B	C	D	1	2	3	4	5	6	7	8
方案合理	20	20	15	10	5								
团队合作	20	20	15	10	5								
工作质量	20	20	15	10	5								
工作规范	20	20	15	10	5								
汇报展示	20	20	15	10	5								
合计	100	各组得分											
总结与反思													

（如：学习过程中遇到什么问题→如何解决的 / 解决不了的原因→心得体会）

3）教师对学生工作过程与工作结果进行评价，并将评价结果填入表 4-2-10。

表 4-2-10 教师对学生评价表

<table>
<tr><td>姓名</td><td colspan="2"></td><td>学号</td><td colspan="2">班级</td><td colspan="2">组别</td></tr>
<tr><td colspan="3">实训任务</td><td colspan="5"></td></tr>
<tr><td colspan="3">评价项目</td><td colspan="3">评价标准</td><td>分值</td><td>得分</td></tr>
<tr><td colspan="3">考勤（10%）</td><td colspan="3">无故意迟到、早退和旷课的现象</td><td>10</td><td></td></tr>
<tr><td rowspan="7">工作过程（60%）</td><td rowspan="2">知识目标</td><td>获取信息</td><td colspan="3">掌握工作相关知识</td><td>10</td><td></td></tr>
<tr><td>进行决策</td><td colspan="3">制订工作方案，方案合理可行</td><td>10</td><td></td></tr>
<tr><td rowspan="2">技能目标</td><td rowspan="2">任务实施</td><td colspan="3">能够完成驱动电机控制系统高压母线的检查</td><td>10</td><td></td></tr>
<tr><td colspan="3">能够完成驱动电机控制系统异响的检查及处理办法</td><td>10</td><td></td></tr>
<tr><td rowspan="3">素养目标</td><td>工作态度</td><td colspan="3">认真严谨、积极主动、安全生产、文明施工</td><td>5</td><td></td></tr>
<tr><td>团队合作</td><td colspan="3">与小组成员、同学之间能合作交流，协调工作</td><td>5</td><td></td></tr>
<tr><td>工作质量</td><td colspan="3">能按照工作方案操作，按计划完成工作任务</td><td>10</td><td></td></tr>
<tr><td colspan="2" rowspan="3">项目成果（30%）</td><td>工作完整</td><td colspan="3">能按时完成工作任务的所有环节</td><td>10</td><td></td></tr>
<tr><td>工作规范</td><td colspan="3">能在整个操作过程中规范操作，避免意外事故的发生</td><td>10</td><td></td></tr>
<tr><td>汇报展示</td><td colspan="3">能准确表达、汇报工作成果</td><td>10</td><td></td></tr>
<tr><td colspan="6">合计</td><td>100</td><td></td></tr>
<tr><td colspan="2" rowspan="2">综合评价</td><td colspan="2">学生评价（50%）</td><td colspan="2">教师评价（50%）</td><td colspan="2">综合得分</td></tr>
<tr><td colspan="2"></td><td colspan="2"></td><td colspan="2"></td></tr>
<tr><td colspan="2">综合评语</td><td colspan="6">（作业过程中存在的问题及改进建议）</td></tr>
</table>

任务三　驱动电机温度过高故障的检修

任务目标

知识目标

1. 了解电驱动热管理的意义、电驱动系统温度的获取方法。
2. 掌握常用的电驱动系统冷却方式，纯电动汽车、混合动力汽车的热管理系统。
3. 掌握驱动电机及控制系统的热管理系统的组成。

技能目标

1. 能正确完成驱动电机水泵的检修。
2. 能正确完成电驱动系统冷却系统的检修。

素养目标

1. 认真严谨、积极主动、安全生产、文明施工。
2. 与小组成员、同学之间能合作交流，协调工作。
3. 获得分析问题和解决问题的基本方法。
4. 与小组成员交流、讨论学习成果，取长补短，完成自我提升。

任务框图

- 驱动电机温度过高故障的检修
  - 电驱动热管理的意义
  - 电驱动系统温度的获取方法
    - 通过温度传感器采样
    - 通过模型计算
  - 常用的电驱动系统冷却方式
    - 风冷
    - 水冷
    - 油冷
  - 纯电动汽车的热管理系统
  - 混合动力汽车的热管理系统

任务导入

随着我国新能源汽车的蓬勃发展和消费者需求的不断升级，永磁同步电机被众多新能源汽车企业优先选择作为驱动源。因车辆在低速高扭矩下，驱动电机的温升非常快，当永磁体温度超过 160℃时就会产生磁退现象，影响驱动电机的性能。因此使用永磁同步电机的新能源汽车需要一个相当完善的热管理系统来保证车辆的安全运行。

任务分组

学生任务分配表见表 4-3-1。

表 4-3-1 学生任务分配表

班 级		组 号		指导老师	
组 长		学 号			
组 员	姓名：____ 学号：____		姓名：____ 学号：____		
	姓名：____ 学号：____		姓名：____ 学号：____		
	姓名：____ 学号：____		姓名：____ 学号：____		
	姓名：____ 学号：____		姓名：____ 学号：____		
任务分工					
（就组织讨论、工具准备、数据采集、数据记录、安全监督、成果展示等工作内容进行任务分工）					

获取信息

引导问题 1：请查阅相关资料，简述电驱动热管理的意义。

____

____

知识点提示

一、电驱动热管理的意义

电驱动系统是电动汽车的核心部件之一，驱动电机的性能直接影响汽车的动力、效率和舒适度等性能。在驱动电动汽车行驶过程中，电驱动系统将动力蓄电池的电能转化成驱动电机转动的动能，而在能量转化的过程中，损失的能量（比如绕组产生的热量、各种机械部件摩擦产生的热量）将以热能的形式表现出来，这些热量将导致电驱动系统部件的温度升高，继而直接影响部件自身的使用性能和使用寿命。

比如，目前永磁同步电机占纯电动汽车装机量的 90% 以上，但永磁同步电机的性能是随着温度上升而衰减的。因此，为了防止永磁体可逆和不可逆退磁，总是期望有一个低温的转子环境。

因此，需要高效可靠的电驱动热管理系统，确保电驱动的各个部件在使用工况下维持在适宜的温度范围内，以此提高驱动电机、发电机和控制器等部件的使用效率和使用寿命。

引导问题 2：请查阅相关资料，简述电驱动系统温度的获取方法。

____

____

知识点提示

二、电驱动系统温度的获取方法

温度的获取一般有通过温度传感器采样和模型计算两种方法。

1. 通过温度传感器采样

电驱动系统的主要产热源为其功率晶体管，它通常与一个铝散热片相连接，由铝散热片将晶体管产生的热传递给变频器冷却系统。通常情况下，变频器会自带温度传感器，进行温度监控，以防止出现过热的情况。变频器的温度传感器可以安装在如电路板或晶体管组件等变频器元件上，或直接安装在变频器的冷却系统介质（空气或液体冷却液）中。通过温度传感器直接采样这种方法的优点是软件逻辑简单，无须建模标定，但是布置多个传感器增加了硬件失效风险、成本提高、工艺更复杂，某些位置无法布置传感器（如电机转子）。此外，传感器直接测量的温度不代表该部件最热点的温度，因此并不能很好地起到保护的作用。

2. 通过模型计算

通过模型计算这种方法的优点是硬件失效风险小，缺点是软件逻辑复杂，标定难度大，如图 4-3-1 所示。

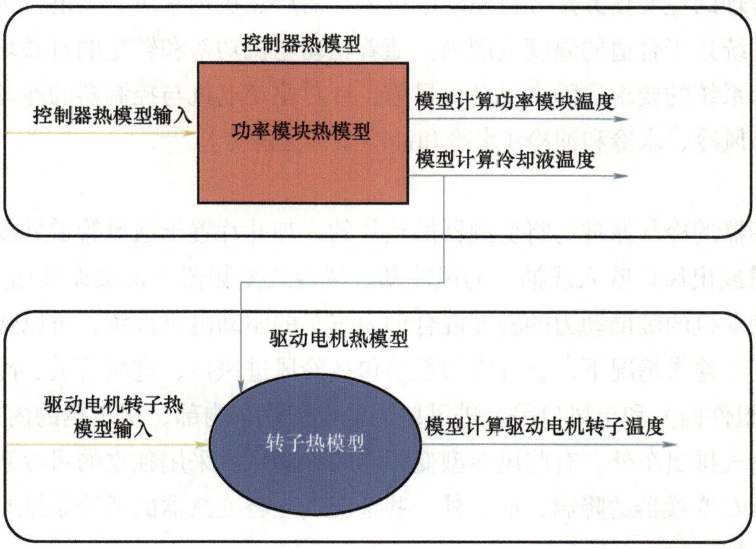

图 4-3-1　热模型示意图

引导问题 3：请查阅相关资料，简述风冷的特点。

____

____

引导问题 4：请查阅相关资料，简述水冷的特点。

____

____

引导问题 5：请查阅相关资料，简述油冷的特点。

____

____

职业认证

智能新能源汽车职业技能等级要求（中级）中的驱动系统冷却管路检查维护任务就要求考生能进行电驱动系统冷却水泵的检测和更换。通过智能新能源汽车职业技能等级（中级）考核可获得教育部职业技能等级证书中的《智能新能源汽车职业技能等级证书（中级）》。

知识点提示

三、常用的电驱动系统冷却方式

对于电动汽车，驱动电机作为动力源，电机控制器提供能量转换，两者缺一不可。驱动电机及其电控热管理的主要任务是分析驱动电机内部的产热机理，对驱动电机进行冷却，保证驱动电机及电控系统处于合适的温度范围内。随着驱动电机功率和转矩的日益增大，对驱动电机和控制器热管理系统的要求也随之提高。目前，针对驱动电机与控制器的冷却方式，依据介质的不同，可分为风冷、水冷和油冷（水冷和油冷又称为液冷）。

1. 风冷

风冷式变频器的冷却原理为将变频器散热片的冷却叶片置于通风管道处或电动风扇出风口处，使其被管道或出风口吹入或抽入的风冷却。风冷式变频器通常被设计用来产生适度动力，主要作为汽车发动机的辅助动力的轻度混合动力汽车的驱动电机系统，可以通过风冷的方式对其进行降温处理。通常情况下，空气冷却系统包括冷风进风口、进风管道、冷却风扇、散热器（安装于变频器组件内）和出风口等。进风口通常位于汽车内部，从车辆的内部抽取新鲜空气。出风口通常将空气排出车外。有些风冷型变频器的冷却系统采用独立的风冷系统，用于变频器和 / 或车辆 DC/DC 变换器的降温，而另外一些情况则是将变频器的风冷系统与车辆动力蓄电池的冷却系统整合到一起。

由于风冷式变频器不需要散热器或液体冷却液管路，它也可以被安装在前机舱之外的区域。例如，大多数本田思域混合动力汽车的所有主要高压部件都采用风冷，所以其采用风冷式的变频器与风冷式的动力蓄电池和DC/DC变换器一起，都装在汽车后座后。

风冷这一方式的优点是结构简单，不需要设计独立的冷却零部件，维护方便，并且成本低，但冷却效果较差。为了保证足够的散热量需求，驱动电机与控制器需要增大与气流的接触面积，这导致驱动电机和控制器体积和成本的增加；驱动电机和控制器在车辆上使用时对应的工况较为复杂，风冷无法在各工况下都能保持所需的散热量，因此仅有热负荷小的小型车驱动电机或辅助电机采用风冷。

2. 水冷

水冷式变频器的冷却原理为冷却液从散热器泵入变频器内部，但不接触变频器的工作部件。散热设备将变频器部件产生的热能传递给冷却液，然后冷却液流回到散热器，在冷却风扇的帮助下，散热器将热能传递到周围空气中。

大多数混合动力汽车和纯电动汽车采用的是水冷式变频器，这种变频器位于前机舱内，其冷却液的进、出口能容易地被连接到散热器上，以方便对冷却液降温。其冷却液通常与发动机冷却液类似或相同。在混合动力汽车中，几乎所有此类水冷系统的冷却液回路都完全独立于发动机的冷却系统。水冷式变频器的冷却回路至少包括一个散热器、一个膨胀水箱、一个冷却风机、冷却液软管、一个电子水泵以及穿过变频器的内部冷却管道，如图4-3-2所示。由于变频器冷却系统用于散热而不是调节保温变频器，所以该冷却系统不需要恒温器。

图 4-3-2　水冷式变频器

相比风冷，液体具有更高的比热，并且可以根据需要主动调节系统温度，因此液冷具有更好的稳定性。对于电动汽车的驱动电机和控制器等元件，采用液冷可以迅速带走热量，实现温度的快速降低，保证驱动电机和控制器的使用效率和使用寿命。现阶段水冷技术是主流的散热方式，国内自主品牌主要采用冷却液作为介质，如比亚迪、蔚来、北汽新能源和吉利等。但是，水冷无法直接冷却热源，绕组处的热量需经过槽内绝缘层、驱动电机定子才能传递至外壳被水带走，传递路径长，散热效率低，且各部件之间的配合公差更是影响了传递路径的热阻大小。

3. 油冷

与冷却液相比，油冷驱动电机的体积更小，使前机舱更为紧凑，雷克萨斯RX450h和三菱PHEV的前驱动电机和发电机采用的为油冷的技术，但其控制器仍然采用冷却液冷却。

引导问题6：请查阅相关资料，简述纯电动汽车的热管理系统工作流程。

____

____

知识点提示

四、纯电动汽车的热管理系统

由于纯电动汽车没有发动机，因此为了驱动电机和控制器散热，沿用原车散热器及膨胀水箱，采用电动水泵，全新设计水管。比亚迪 e5 采用电子水泵冷却循环系统、双散热风扇，冷却电动水泵安装在驱动电机前部，如图 4-3-3 所示。冷却系统由主控制器进行控制，通过对冷却液温度传感器的检测，并且参考空调请求状态共同决定对冷却风扇和冷凝风扇的控制，确保各系统在正常温度下工作。

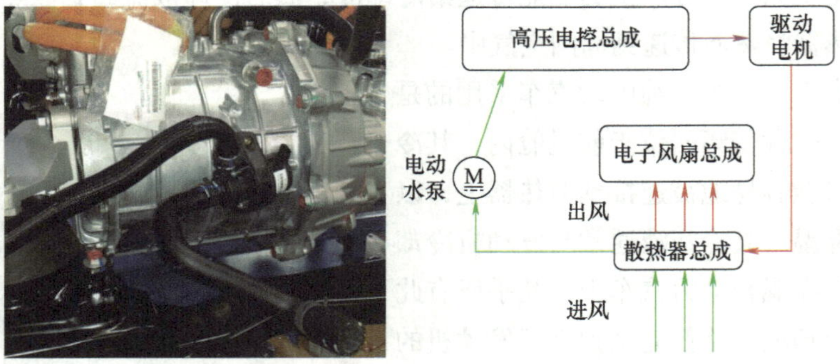

图 4-3-3　驱动电机和电机控制器的热管理系统

为了更加清晰地展示，选择宝马 i3 选装所有配置的冷却系统为例进行阐述，如图 4-3-4 所示。纯电动汽车热管理系统所有循环回路均为彩色，蓝色表示冷却液温度较低，红色表示冷却液温度较高，不同的红色表示不同程度的高温。

待冷却的组件接入冷却液循环回路内，以便保持组件所要求的最高温度水平。电机控制器所要求的温度比电机低，因此选择按该顺序串联。由于电动驱动装置和车载充电机不同时运行，因此选择了并联。增程电机和增程电机控制器首先串联连接。由于这两个组件与车载充电机和电机控制器不同时运行，因此与其串联连接。

此外，冷却系统也无须针对所有热功率之和进行设计，因为实际上只需在一个或两个并联支路中排出热量。在装有增程器的车辆上，冷却液循环回路内带有用于冷却 W20 发动机的冷却液制冷剂热交换器（即冷却单元）。驱动组件冷却液循环回路内的冷却液通过一个电动冷却液泵（80W）进行泵送，经过 5 个驱动组件，以及必要时还经过冷却液制冷剂热交换器。如果行驶风不足以冷却散热器内的冷却液，还会通过接通电子风扇的方式进行辅助冷却，电子风扇功率为 400W。

在动力蓄电池充电期间，会自动接通冷却液泵及电子风扇。因此，打开前机舱盖进行冷却模块作业时不允许为动力蓄电池充电。由于电机控制器和车载充电机内转换的电功率较大，因此也会产生热量，必须借助在此所述的冷却液循环回路排出热量。因此，充电期间电机控制器和车载充电机内温度相对较高时，也会接通电动冷却液泵和电子风扇。

与传统车辆常用的冷却系统不同，冷却液温度不作为控制功能输入参数使用。因此，宝马 i3 电动驱动装置冷却系统内没有冷却液温度传感器。而是根据所列输入参数和当前冷却需求控制电动冷却液泵和电子风扇。冷却液最高温度约为 85℃（电机回流管路）。因此，与宝马内燃机冷却系统相比，温度水平也较低。增程器冷却循环回路具有较高温度，因此可通过冷却液制冷剂热交换器降低增程器冷却循环回路内的冷却液温度。在宝马 i3 上进行冷却系统作业前也必须采取常规预防措施。

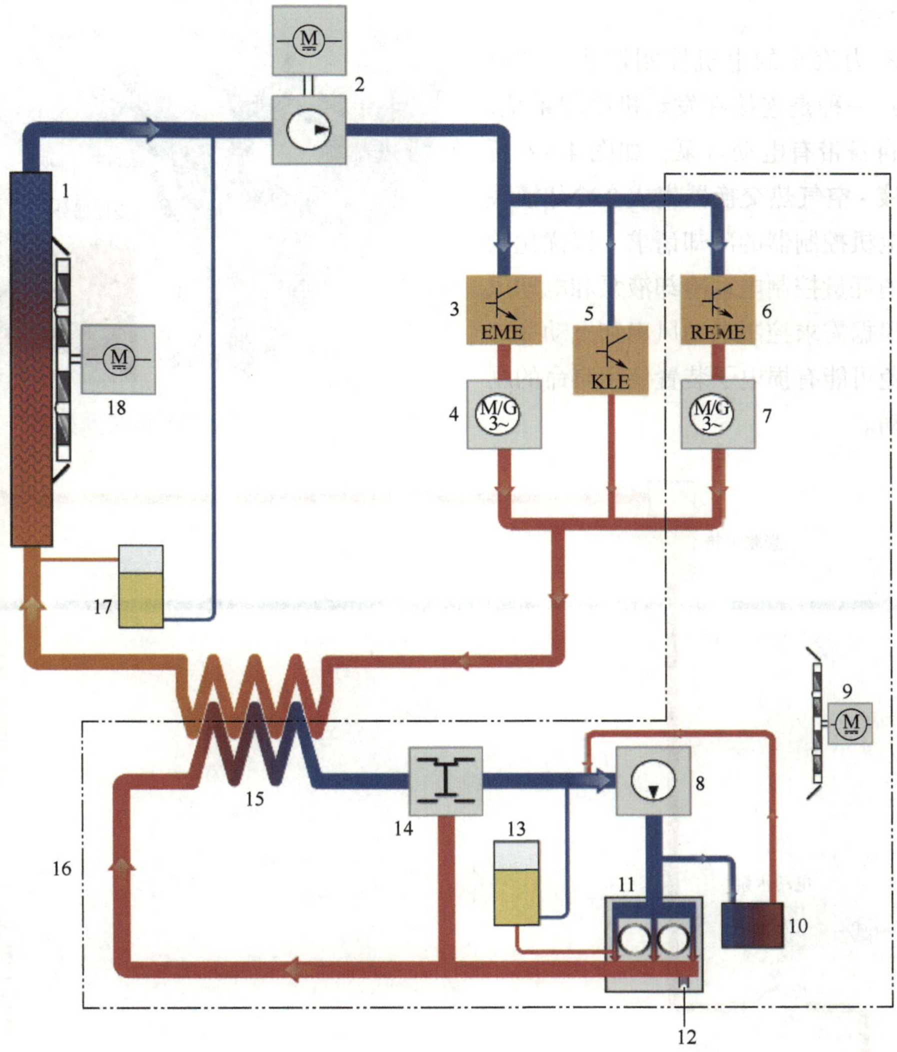

图 4-3-4　宝马 i3 驱动组件冷却系统概览（选装所有配置）

1—散热器　2—电动冷却液泵（80W）　3—电机控制器 EME　4—驱动电机　5—车载充电机 KLE　6—增程电机控制器 REME　7—增程电机　8—机械冷却液泵　9—用于增程器冷却总成（冷却液制冷剂热交换器）的附加电风扇　10—发动机油冷却液热交换器　11—增程器（W20 发动机）　12—冷却液温度传感器　13—内燃机补液罐　14—节温器　15—用于增程器的冷却液制冷剂热交换器　16—该区域仅限于带有增程器时　17—高压驱动组件补液罐　18—用于散热器的电子风扇

引导问题 7： 请查阅相关资料，简述电机控制器热管理的两种方式。

____

____

知识点提示

五、混合动力汽车的热管理系统

由于混合动力汽车配有发动机，因此电机连接在发动机的冷却液循环系统中，如图 4-3-5 所示。

混合动力汽车的电机控制器热管理有两种方式：一种是连接在发动机冷却系统，另一种是自身带有电动水泵，如图 4-3-6 所示，冷却液 - 空气热交换器集成在冷却模块中。根据电机控制器的冷却请求，以优化的需求量和消耗量控制电动冷却液泵和电动风扇。通过根据需求控制电动风扇和电动冷却液泵，避免可能有损电子装置使用寿命的剧烈温度波动。

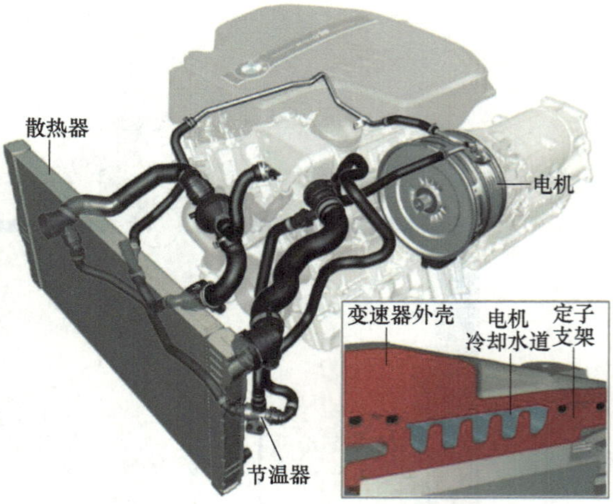

图 4-3-5　电机热管理系统

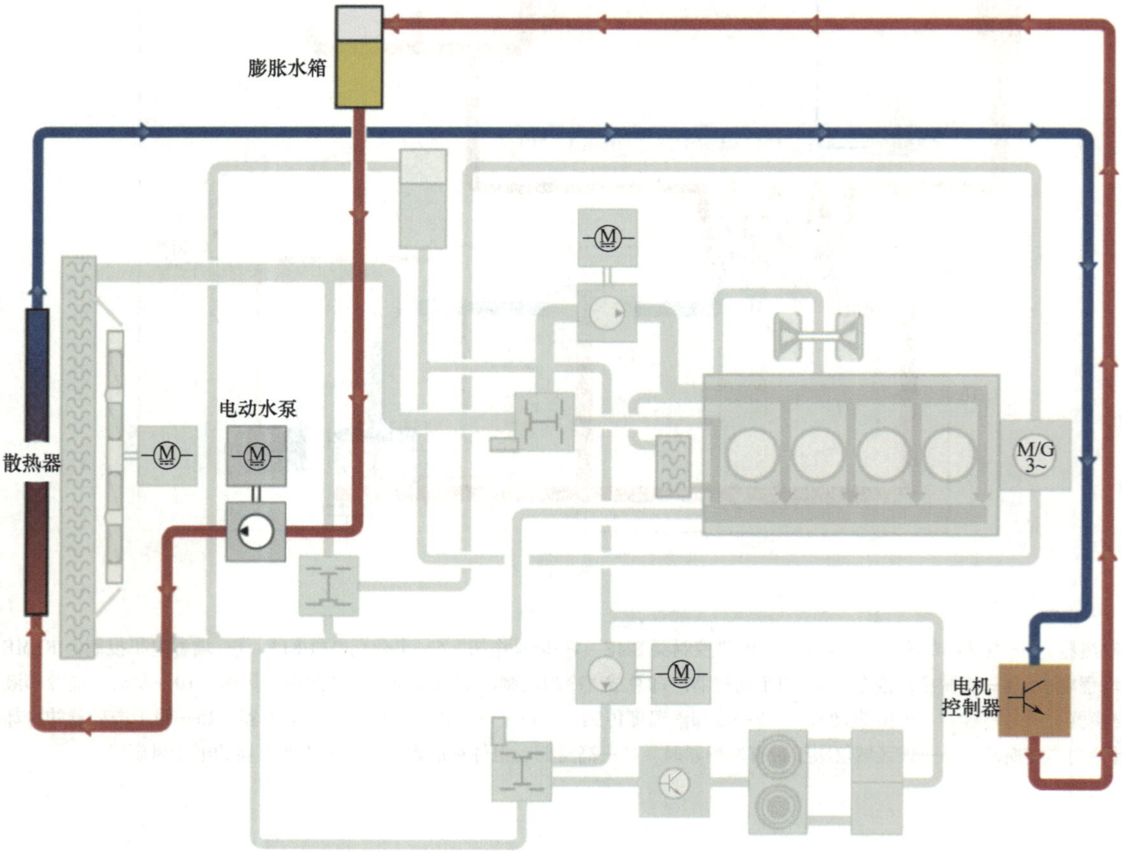

图 4-3-6　电机控制器热管理示意图

工作计划

按照前面所了解的知识内容和小组内部讨论的结果，制订工作方案，包括资料查阅渠道的落实、任务实施的内容分工等。工作计划表见表 4-3-2。

表 4-3-2　工作计划表

步骤	工作内容	负责人
1		
2		
3		
4		
5		

进行决策

1）各组派代表阐述资料查询结果。

2）各组就各自的查询结果进行交流，并分享技巧。

3）教师结合各组完成的情况进行点评，并选出最佳方案。

任务实施

请复习本任务所学内容，并完成下列秦 EV 电机冷却系统综合检修的实训工单，见表 4-3-3 和表 4-3-4。

表 4-3-3　实训准备

序号	设备及工具图片	设备及工具名称	数量	设备及工具是否完好
1				□是　□否
2				□是　□否
3				□是　□否
4				□是　□否
5				□是　□否
6				□是　□否
质检意见	原因：			

表 4-3-4　实训工单

姓名		班级（专业）		完成日期	
实训任务 1：比亚迪秦 EV 冷却系统水路的识别					
序号	操作步骤	记录	完成情况		
1	打开前机舱盖，识别冷却系统各部件以及舱内位置：副水箱总成、循环水管、散热系统总成、电机水泵、充配电总成、电机控制器、驱动电机		已完成□　未完成□		
2	识别比亚迪秦 EV 水冷却系统循环回路，并完成回路图绘制		已完成□　未完成□		

（续）

实训任务 2：电机水泵的检修			
序号	操作步骤	记录	完成情况
1	打开前机舱盖，找到电机水泵	电机水泵位置：	已完成□　未完成□
2	车辆下电，松开蓄电池螺钉，断开蓄电池负极	拆卸工具：	已完成□　未完成□
3	拔下电机水泵低压插接器	方法：	已完成□　未完成□
4	万用表打欧姆档，表笔分别搭在电机水泵插座端子，测量电机水泵电阻值	测得电阻值：	已完成□　未完成□
5	连接蓄电池负极，车辆上电，万用表打直流电压档，红黑表笔分别插入电机低压插接器的 B43/1 号端子和 B43/3 号端子。测得电机水泵对地电压	测得对地电压：	已完成□　未完成□

实训任务 3：电驱动系统冷却系统的检修			
序号	操作步骤	记录	完成情况
1	打开前机舱盖，检查冷却液液面刻度线 		已完成□　未完成□
2	了解冷却液的作用		已完成□　未完成□
3	了解冷却回路接口		已完成□　未完成□
4	车辆上电，连接 VCI，打开故障诊断仪，进入整车控制器，读取数据流。查看冷却液温度报警与冷却液温度值 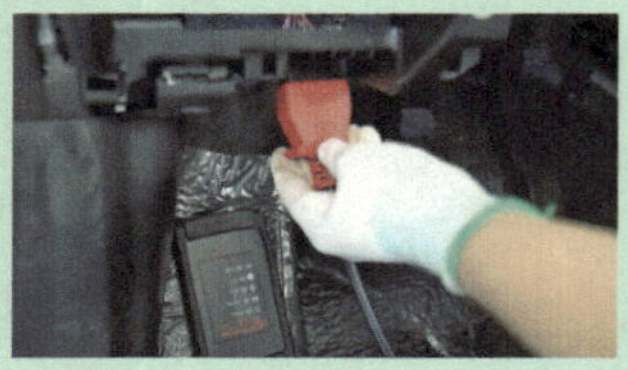		已完成□　未完成□
5	检查前驱动电机控制器，读取数据流，查看 IGBT 温度、IPM 温度、散热器温度是否在参考值范围内 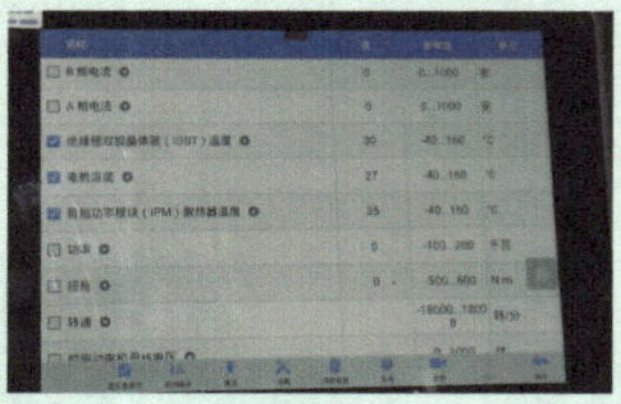		已完成□　未完成□
6	检查车载充电机，读取数据流，查看内部温度		已完成□　未完成□
7	检查电机水泵有无泄漏，是否存在异响。检查水泵线束是否有老化、破损等情况，若有，则需要进行相应维修		已完成□　未完成□
8	检查散热器，若散热片上有杂物堆积，使用清洗剂进行清洗，可以使用压缩空气吹散热片，否则会造成散热片损坏，导致车辆散热不良		已完成□　未完成□

（续）

6S 现场管理			
序号	操作步骤	完成情况	备注
1	建立安全操作环境	已完成□　未完成□	
2	清理及整理工具、量具	已完成□　未完成□	
3	清理及复原设备	已完成□　未完成□	
4	清理场地	已完成□　未完成□	
5	物品回收和环保	已完成□　未完成□	
6	完善和检查工单	已完成□　未完成□	

评价反馈

1）各组代表展示汇报 PPT，介绍任务的完成过程。

2）以小组为单位，请对各组的操作过程与操作结果进行自评和互评，并将结果填入表 4-3-5。

表 4-3-5　学生评价表

姓名		学号		班级		组别						
实训任务												
评价项目	分值	等级				评价对象（组别）						
		A	B	C	D	1	2	3	4	5	6	7	8
方案合理	20	20	15	10	5								
团队合作	20	20	15	10	5								
工作质量	20	20	15	10	5								
工作规范	20	20	15	10	5								
汇报展示	20	20	15	10	5								
合计	100	各组得分											
总结与反思													
（如：学习过程中遇到什么问题→如何解决的 / 解决不了的原因→心得体会）													

3）教师对学生工作过程与工作结果进行评价，并将评价结果填入表 4-3-6。

表 4-3-6 教师对学生评价表

姓名			学号	班级	组别	
实训任务						
评价项目			评价标准		分值	得分
考勤（10%）			无故意迟到、早退和旷课的现象		10	
工作过程（60%）	知识目标	获取信息	掌握工作相关知识		10	
		进行决策	制订工作方案，方案合理可行		10	
	技能目标	任务实施	能正确完成电机水泵的检修		10	
			能正确完成电驱动系统冷却系统的检修		10	
	素养目标	工作态度	认真严谨、积极主动、安全生产、文明施工		5	
		团队合作	与小组成员、同学之间能合作交流，协调工作		5	
		工作质量	能按照工作方案操作，按计划完成工作任务		10	
项目成果（30%）		工作完整	能按时完成工作任务的所有环节		10	
		工作规范	能在整个操作过程中规范操作，避免意外事故的发生		10	
		汇报展示	能准确表达、汇报工作成果		10	
合计					100	
综合评价	学生评价（50%）		教师评价（50%）		综合得分	
综合评语	（作业过程中存在的问题及改进建议）					

情智课堂

每个人都是独立的个体，都有自己的独特之处，那么在日常的学习生活中，我们是应当发扬自己的个性，还是强调与其他人的趋同和一致呢？

关于这个问题，可以从传统文化中寻得答案。我国文化十分强调“和”的境界，追求一种天人之间、人人之间的和谐共处。儒家思想的创始人孔子对“和”也有自己十分睿智的见解，他认为：“君子和而不同，小人同而不和”。

“和而不同”要如何理解呢？需要从当时的社会时代背景入手，孔子生活的时代，正值“礼乐崩坏”的社会转型期，各诸侯国之间战争频繁，百家争鸣，每个学派都从自己的观点和立场提出了改造社会的方法。战争的频繁，思想的不统一，使原本的社会制度面临巨大的挑战。

孔子认为若要改变当时的现状，达成人与人之间的和谐，就要面对当时多种观念并存的社会现实，这就是“不同”，只有使这些不同的观念和谐相处，也就是实现一种“和而不同”，才有可能做到“天下归仁”，解决当时存在的社会问题。

孔子“和而不同”的思想彰显了对不同观点的包容，认为不同的个体可以选择不同的生活方式，而不必强求整齐划一，也就是肯定了每一个人选择的自主性。这种思想对当前人与人之间的交往依然有十分重要的价值。在生活方式日益多元化的当今社会，没有办法用一种生活方式来要求所有的人，因而要想使人与人之间的关系能够和谐，就必须做到包容彼此之间的差异。可以发现，在现实生活中人与人之间产生的误解甚至争执，往往都是因为不能包容彼此之间的差异而引发的，只有做到尊重彼此之间的差异，采取一种较为包容的心态，才能实现人际关系的和谐。要正确看待人与人之间的差异性，只有尊重彼此之间的差异，才能构建良好的人际关系。

一个单体蓄电池无法让车辆运转起来，只有当许多个单体蓄电池通过种种方法联合在一起，组成一个动力蓄电池，才能提供车辆运转所需要的能量。在日常的学习生活中也是如此，只有注重团结协作的精神，才能充分发挥自己的聪明才智，做出更大的贡献。

参考文献

[1] 吕冬明，杨运来.新能源汽车电机及控制系统检修 [M].北京：机械工业出版社，2018.

[2] 戴庆忠.电机史话 [M].北京：清华大学出版社，2016.

[3] 姜久春，郭希铮.电动汽车电机及驱动系统 [M].北京：北京交通大学出版社，2018.

[4] 邹国棠.电动汽车电机及驱动设计、分析和应用 [M].北京：机械工业出版社，2018.

[5] 周旭，石未华.新能源汽车动力蓄电池与驱动电机系统结构原理及检修 [M].北京：机械工业出版社，2021.